COLEÇÃO *margens* ☼ AMÉRICA LATINA

volume 1

COLEÇÃO *margens* ✺ AMÉRICA LATINA

volume 1

Revoluções de independências e nacionalismos nas Américas
REGIÃO DO PRATA E CHILE

João Paulo G. Pimenta Jorge Myers Rafael Sagredo Baeza
Fernando Purcell Bernardo Ricupero

Marco A. Pamplona
Maria Elisa Mäder
organização

PAZ E TERRA

© Maria Elisa Mäder e Marco A. Pamplona

Tradução
Miriam Xavier

Revisão
Alessandra Miranda de Sá

Projeto gráfico e capa
Miriam Lerner

CIP-BRASIL. CATALOGAÇÃO-NA-FONTE
SINDICATO NACIONAL DOS EDITORES DE LIVROS, RJ

R35

Revoluções de independências e nacionalismos nas Américas: Região do Prata e Chile/João Paulo G.Pimenta ...[et al.]; Marco A. Pamplona, Maria Elisa Mäder, organização. – São Paulo: Paz e Terra, 2007.
(Coleção Margens. América Latina; v.1)

   Inclui bibliografia
   ISBN -978-85-7753-035-9

   1.América Latina – História – Guerras de independência, 1806-1830. 2. Revoluções – América Latina. 3. Nacionalismo. I. Pamplona, Marco Antonio Villela. II. Mäder, Maria Elisa. III. Série.

07-1229

CDD: 980
CDU: 94 (8)

001345

EDITORA PAZ E TERRA
Rua do Triunfo,177
Santa Ifigênia, São Paulo, SP - CEP 01212-010
tel: (11) 3337-83-99
E-mail: vendas@pazeterra.com.br
home page: www.pazeterra.com.br
2007
Impresso no Brasil/ *Printed in Brazil*

Sumário

Introdução _____ 7

Sobre os autores _____ 25

Província Oriental, Cisplatina, Uruguai: elementos para uma História da identidade Oriental (1808-1828)
– *João Paulo G. Pimenta* _____ 27

Documentos _____ 56

A revolução de independência no Rio da Prata e as origens da nacionalidade argentina (1806-1825)
– *Jorge Myers* _____ 69

Documentos _____ 93

Nação, espaço e representação. Chiloé: de ilha imperial a território continental chileno
– *Rafael Sagredo Baeza* _____ 131

Documentos _____ 148

Discursos, práticas e atores na construção do imaginário nacional chileno (1810-1850)
– *Fernando Purcell* _____ 173

Documentos _____ 203

As nações do romantismo argentino
– *Bernardo Ricupero* _____ 215

Documentos _____ 251

Introdução

O estudo da *América Latina*, tão recorrente nos anos 1970 e 1980, merece e necessita ser revisitado hoje, sob outros e novos olhares. A proposta desta coleção é abordar tópicos do âmbito da história cultural, política e intelectual desenvolvida em diversos países da América Latina, que possam vir a ser trabalhados numa perspectiva comparada. Nosso objetivo é menos o de acentuar a existência de qualquer unidade ou identidade latino-americana, sobretudo hoje; e mais o de explorar a diversidade do continente. Valorizamos, assim, a riqueza das diferenças encontradas, ou, com outras palavras, as *margens* – aqui entendidas como múltiplos "espaços de troca" ou entrelugares – existentes entre as várias sociedades que com o termo se identificam ou são por ele identificadas.

O volume atual e os quatro seguintes (a coletânea será composta ao todo de cinco volumes) se ocuparão da análise das revoluções de independência e da construção das nações e do nacionalismo nas Américas. A elaboração de novas identidades coletivas ao longo do século XIX, em especial aquelas que acabariam por se apresentar como nacionais; a delimitação territorial dos novos estados soberanos ou a sua ressignificação pela nação; e a transformação desta última em pátria para muitos são, em resumo, algumas das muitas questões e temas em torno dos quais se organizarão os vários artigos e documentos desta coleção.

Com o objetivo de apresentar ao público leitor brasileiro discussões historiográficas mais atualizadas sobre os distintos temas tratados, selecionamos artigos inéditos de um número de destacados autores contemporâneos em diferentes países das Américas. Todos os colaboradores desta obra são especialistas em estudos sobre a América Latina. Em seus respectivos textos, cada autor comenta um rico conjunto de documentos primários, alguns dos quais aparecem publicados ao final de cada artigo para uma consulta mais detalhada por parte do leitor. Muitos desses documentos têm tradução inédita no Brasil.

As discussões historiográficas recentes sobre as independências e a construção de estados-nação soberanos nas Américas vêm buscando compreender esses processos, estabelecendo novos diálogos com os diversos grupos que protagonizaram os acontecimentos do início do século XIX. Indígenas, intelectuais, religiosos, elites letradas, membros da burocracia civil e militar, todos, enfim, tiveram recuperadas as suas significações com esses estudos ao longo da constituição dos novos vínculos entre as antigas colônias e a metrópole, e da relação desenvolvida com aqueles outros que, com eles, passariam a compor as nações emergentes.

Quando nos deparamos com a questão da nação e do nacionalismo nas Américas, é sempre importante chamarmos a atenção para o perigo do anacronismo e da postura teleológica. É equivocado pressupor a existência de uma nação e de um nacionalismo preexistentes ao processo de construção dos estados nacionais, como se a maioria das nações americanas já existisse no momento da independência. Ao se fazer isso, apenas projeta-se sobre esse momento uma experiência política inexistente, baseada em um conceito – o estado-nação – ainda em construção naquele período, e vários sentidos de nacionalidade utilizados atualmente, mas que só seriam desenvolvidos ao longo das décadas seguintes. Além disso, tal enfoque encobre aspectos importantes do processo de formação dos estados nacionais, tais como a emergência, no momento inicial da independência, de novas ou de já existentes entidades políticas soberanas no âmbito de províncias ou de cidades, embora não necessariamente representassem àquele momento qualquer ideal nacional.

Nos artigos desta coleção há, pois, a preocupação de não apenas combater os anacronismos dessa natureza, mas também a de salientar a multiplicidade de projetos políticos, caminhos e possibilidades de desenvolvimento de novas ordens que existiram, em embate, na maioria das vezes, à época do ocaso da ordem colonial. A conjuntura iniciada com o bloqueio napoleônico em 1807 marcaria a irrupção desses múltiplos projetos no mundo ibérico.

Já durante a segunda metade do século XVIII e as primeiras décadas do século XIX, o mundo espanhol sofrera grande transformação. Os reinados de Carlos III e Carlos IV (1759-1808) testemunharam o desenvolvimento de um pensamento político moderno ilustrado – que já enfatizava a liberdade, igualdade, direitos civis, o governo das leis, a representação constitucional e o *laissez-faire* econômico – entre um pequeno, porém significante, número de espanhóis-peninsulares e espanhóis-americanos.

Enquanto a Coroa efetivamente governasse, tais idéias permaneceriam, em grande medida, objetivos intelectuais a serem alcançados, mas não imediatamente traduzidos em ações políticas. Entretanto, a invasão francesa da península e o colapso da

Monarquia espanhola, em 1808, deixaram essa minoria liberal em condições, sem precedentes, para implementar alguns dos seus objetivos. A desintegração da Coroa fez-se acompanhar de uma série de eventos que resultaram no estabelecimento de um governo representativo no mundo espanhol. O primeiro passo nesse sentido foi dado pela formação, tanto na Espanha como na América, de juntas de governo locais. Essas juntas invocavam o princípio legal hispânico de que a soberania, na ausência do rei, reverteria para os povos. Se, no entanto, as províncias peninsulares puderam fazer essa transição mais facilmente, os reinos americanos encontraram forte oposição de oficiais realistas, europeus residentes e seus aliados. A criação da *Junta Suprema Central Gubernativa del Reino* pareceu prover uma solução à crise da monarquia. Esse corpo reconhecia não apenas os direitos das províncias espanholas, mas também os reinos americanos, e os referendava como partes integrantes e iguais da monarquia, possuidoras, nessa condição, do direito à representação no governo.

As vitórias francesas decisivas de 1809, no entanto, destruíram o frágil equilíbrio tentado pela Junta Central. Quando esta se dissolveu, em janeiro de 1810, e designou um Conselho de Regência para atuar em seu lugar, algumas províncias da Espanha e vários reinos da América recusaram-se a reconhecer a legitimidade do novo governo. A reunião das Cortes resolveu encaminhar as preocupações das províncias da Espanha e de muitas partes do Novo Mundo. O parlamento espanhol proveu um meio pacífico aos autonomistas americanos para a obtenção da ordem doméstica. Mais ainda, os extensos debates naquele congresso, amplamente disseminados pela imprensa no período de 1810 a 1812, influenciaram significativamente tanto os espanhóis-americanos, que apoiaram, como aqueles que se opuseram ao novo governo na Espanha.

Os deputados da Espanha e da América, que promulgaram a Constituição da Monarquia Espanhola em 1812, transformaram de fato o mundo hispânico. A Constituição de Cádiz não foi apenas um documento espanhol, foi igualmente americano – atendendo ao mundo atlântico como um todo. Em verdade, pode-se dizer que, sem a participação dos deputados do Novo Mundo, dificilmente a Carta de 1812 tomaria a forma que tomou. Foram os seus argumentos e propostas que convenceram os espanhóis da necessidade de importantes reformas liberais, como no caso da criação de comissões ou delegações provinciais. Do mesmo modo, transformações inicialmente pensadas para a Península – como os *ayuntamientos* das pequenas cidades – acabaram tendo um efeito profundo no Novo Mundo, onde os *ayuntamientos* eram restritos, antes disso, aos centros urbanos maiores.

A Constituição de Cádiz aboliu as instituições senhoriais, a Inquisição, o tributo pago pelas comunidades de índios e o trabalho forçado – como a *mita* na região andina e a servidão pessoal na Península. Criou um estado unitário com leis iguais para todas as partes da Monarquia espanhola, restringiu substancialmente a autoridade do rei e confiou às Cortes o poder da decisão final. Ao conferir o direito de voto a todos os homens, com exceção dos de ascendência africana, sem requerer qualificações de renda ou exigir grau de alfabetização, a Constituição de 1812 superou as dos demais governos representativos existentes à época – como Grã-Bretanha, Estados Unidos e França – no que se refere à extensão de direitos políticos para a vasta maioria da população adulta masculina.

A expansão do eleitorado aumentou dramaticamente o escopo da atividade política. A nova Carta estabeleceu o governo representativo em três níveis: o da municipalidade, o da província e o da monarquia. Permitiu que cidades com mais de mil habitantes formassem *ayuntamientos*, assim transferindo o poder do centro para muitas localidades em que um grande número de pessoas passava a ser incorporado ao processo político. Embora a elite continuasse claramente dominando o jogo político, centenas de milhares de homens de classes média e baixa, incluindo índios, mestiços ou *castas*, envolveram-se de forma significativa com esse universo da política e nele fizeram sentir a sua presença.

Em que pese à ampliação sem paralelos da representação política, guerras civis irromperam na América entre aqueles grupos que, insistindo na formação de juntas locais, se recusavam a aceitar o governo na Espanha e aqueles outros que reconheciam a autoridade da Regência e das Cortes, mantendo-se fiéis a elas. As divisões políticas entre os membros das elites mesclavam-se às antipatias regionais e tensões sociais, na exacerbação dos conflitos no Novo Mundo.

Os movimentos pela soberania iniciados em 1810 na América, tais como os da Espanha, expressaram a oposição à dominação francesa. Alguns reinos do Novo Mundo e algumas províncias da Península questionaram a legitimidade do Conselho de Regência e o seu direito de falar em nome da nação espanhola. A grande diferença entre as regiões da Península e as da América é que nas primeiras combatia-se um inimigo externo, enquanto nas últimas as dissensões eram mormente internas. Os conflitos na América tanto avançaram como recuaram ao longo do primeiro período constitucional, de 1810 a 1814. Houve momentos em que, com as autoridades régias agindo com moderação, uma acomodação parecia possível. Mas a situação mudou drasticamente com a volta de Fernando VII ao trono, em 1814, abolindo as Cortes e a Constituição, e restaurando o absolutismo. Uma vez livre de quaisquer restrições constitucionais, as autoridades régias no Novo Mundo perseguiram e sufocaram a maioria dos movimentos que buscavam a autonomia. Apenas a região mais isolada do Rio da Prata permaneceu fora do alcance da repressão deflagrada pela já enfraquecida monarquia espanhola.

Até então, toda ação desde 1808 – o combate aos franceses na Península, a revolução política iniciada pelas Cortes e os movimentos autonomistas deflagrados na América – havia sido empreendida em nome do rei. A atitude de Fernando VII, quando de seu retorno, ao recorrer à solução de força para restaurar a ordem régia na América, apenas desencadeou reações mais decisivas por parte de uma minoria da população politicamente ativa que defendia a independência. Em 1817, os republicanos retomaram, sob novas bases, a luta na Venezuela e, já em 1819, a monarquia se ressentiu na região quando neogranadinos e venezuelanos acabaram derrotando os realistas em Boyacá, forçando o vice-rei e outros altos oficiais a deixarem a cidade de Bogotá. Mais ao sul, José de San Martín ganhava, em abril de 1818, uma vitória decisiva para os chilenos na Batalha de Maipu.

Com o conflito renovado e a militarização da luta política, o poder dos homens de armas aumentou, conferindo imenso prestígio quer a generais autoproclamados, como era o caso de Simón Bolívar, quer àqueles que haviam sido soldados profissionais no passado, como o fora José de San Martín. Ainda que as instituições civis e eclesiásticas continuassem funcionando – *ayuntamientos*, cortes, paróquias, capítulos das catedrais –, novos governos fossem formados e congressos eleitos, o poder dos líderes militares predominou. O ritmo e a intensidade das lutas variaram bastante. Nas regiões mais setentrionais da América do Sul, a militarização e centralização política foram características principais. Convocado por Bolívar em fevereiro de 1819, o Congresso de Angostura legitimou o seu poder. Em dezembro criou-se a República da Colômbia – por vezes chamada de *Gran Colombia* –, incorporando a Venezuela, Nova Granada e Quito. Venezuela e Nova Granada ainda possuíam alguma representação em Angostura, já Quito não tinha nenhuma. Mais tarde, em 1821, o Congresso de Cúcuta, pressionado pelo então presidente Bolívar e intimidado pelo exército, ratificou a formação da República da Colômbia, mas novamente sem a representação de Quito. Contrariamente ao espírito da Constituição de Cádiz, a nova Constituição colombiana criara um governo altamente centralizado com uma autoridade excessiva atribuída ao presidente.

No Rio da Prata e no Chile também houve menor influência dos processos associados à Constituição de 1812, entretanto verificou-se a existência de um poder militar mais rarefeito nessas regiões. Porque nelas os autonomistas ganharam controle precocemente, não se deu aí a formação de *ayuntamientos* constitucionais e deputações provinciais, ou mesmo a participação em eleições populares estabelecidas pela Constituição de Cádiz. Embora Buenos Aires e Santiago experimentassem desde muito cedo conflitos partidários e guerras civis, a região como um todo pareceu escapar às campanhas armadas brutais do tipo das que pontuaram a região mais setentrional da América do Sul. O Rio da Prata obteve sua autonomia e, em última instância, sua independência praticamente por *default*, isto é, experimentando bem poucos conflitos armados no combate aos realistas. Semelhantemente, no Chile conflitos armados limitados também acompanharam a luta pela emancipação. Depois de 1818, os contingentes militares deixaram essas regiões para assegurar a independência do Peru, ao norte, mesmo com as tropas realistas permanecendo no sul. Em geral, predominaram nessas áreas governos com autoridades civis.

Na Espanha, já a partir de 1819, ficava clara a impossibilidade de manter o controle sobre a América sem o envio de forças expedicionárias para reconquistar o Novo Mundo, o que apenas aumentava a insatisfação interna. Os liberais na Península exploraram o desencantamento do exército com os muitos fracassos impostos pela guerra na América e, eventualmente, forçaram o rei a restaurar a Constituição em março de 1820. A volta da ordem constitucional transformaria o sistema político hispânico, pela terceira vez, no espaço de uma década apenas.

A restauração do governo constitucional provocou respostas diferenciadas em quatro grandes regiões americanas. Os povos da Nova Espanha e Guatemala receberam as notícias em abril e, de forma entusiasmada, restabeleceram o sistema constitucional. Nos meses seguintes realizaram eleições para diferentes *ayuntamientos* constitucionais, deputações provinciais e as Cortes. A instabilidade política da Península, que vinha durando cerca de doze anos, já havia convencido boa parte dos *novohispanos* que era mais prudente estabelecer um governo autônomo no interior da Monarquia espanhola.

Quanto aos autonomistas – os membros da elite que haviam ganhado poder com a independência –, optaram pela instauração de uma monarquia constitucional. Dois cursos de ação foram seguidos. Os deputados da Nova Espanha junto às Cortes propuseram um projeto para a autonomia do Novo Mundo que criava três reinos americanos, governados por príncipes espanhóis e aliados à Península. A maioria espanhola nas Cortes rejeitou, entretanto, tal proposta, temerosa em dar aos americanos a autonomia nas questões de governo, buscada desde 1808. Ao mesmo tempo, autonomistas da Nova Espanha encorajaram e apoiaram o coronel Agustín de Iturbide, um realista simpático ao plano pela autonomia, que muito se assemelhava ao proposto às Cortes. A independência foi assegurada quando Iturbide e seus seguidores ganharam o apoio da maioria do exército real para tais propostas.

Assim, no México, a independência não foi obtida com a derrota militar das forças realistas, mas sim porque os *novoshispanos* deixaram de apoiar politicamente a Coroa. As províncias na América Central declararam também sua independência em 1821 e juntaram-se ao Império mexicano. Em 1823, entretanto, com o fim do período monárquico, separaram-se do México e passaram a formar a Federação Centro-americana, que vigoraria até 1839. O sistema constitucional espanhol continuou sendo referência, tanto para o México recém-independente e monárquico como para o México que se tornou república federal após 1824. O congresso constituinte encarregado da nova Carta republicana contou com a presença daqueles mesmos *novoshispanos* que, em 1812, haviam participado da elaboração da Constituição de Cádiz – estadistas como José Guridi y Alcocer e Miguel Ramos Arizpe, por exemplo. Assim, em consonância com as práticas constitucionais hispânicas, o México e as repúblicas da América Central formaram governos com legislativos poderosos, em contraste com o frágil poder executivo que os caracterizou nesse primeiro momento.

Na América do Sul, os movimentos independentistas se desenvolveram sob circunstâncias em que o conflito militar e a derrota das autoridades realistas foram inevitáveis. Dois movimentos armados distintos, um iniciado ao norte e outro ao sul do vasto continente, acabaram eventualmente convergindo para a libertação da cidade de Lima, no Vice-reino do Peru.

Em 1820, as tropas republicanas ao norte deram início à libertação da Venezuela e de Nova Granada. Em outubro do mesmo ano, Guayaquil tornou-se independente e, formando uma república, tentou, sem sucesso, libertar as províncias das terras altas, então pertencentes à jurisdição de Quito. Uma força mista, composta sobretudo por tropas locais, reunindo colombianos e homens do exército de San Martín, sob o comando do general Antonio José de Sucre, acabou derrotando as tropas espanholas em Quito, em maio de 1822, na batalha de Pichincha. Bolívar, que chegou do norte no mês de junho, com mais combatentes colombianos, incorporou a nova região libertada à então República da Colômbia, em que pese à oposição tanto de Quito, como de Guayaquil. Decretou, a seguir, lei marcial no antigo reino de Quito, de modo a poder melhor recrutar homens, confiscar dinheiro, víveres e suprimentos para continuar a luta contra os realistas no Peru, o último bastião do poder do rei da Espanha na América do Sul.

As forças sulinas lideradas por San Martín chegaram a Lima em agosto de 1820. Seu exército de libertadores compunha-se de chilenos e rio-platenses. Embora controlasse o litoral, San Martín não conseguiu derrotar os realistas no altiplano. Os constitucionalistas espanhóis reorganizaram seus exércitos e quase expulsaram as tropas de Martín do litoral. A vitória haveria de esperar pela chegada do exército de Bolívar à região, anos depois. As forças colombianas ali, desde 1823, pouco progresso puderam fazer. E, mesmo com a derrota impingida aos realistas pelo general Sucre, na batalha de Ayacucho, em dezembro de 1824, a região do Alto Peru continuaria sob controle dos realistas, liderados pelo general Olañeta, até 1825. Ainda que divididas entre absolutistas e constitucionalistas, as forças realistas só se renderiam no ano de 1826.

Duas tradições políticas, em permanente disputa, iriam emergir desse período das lutas de independência: uma primeira, forjada ao longo de mais de uma década de guerra, enfatizaria a necessidade de um forte poder executivo; uma outra, baseada na experiência do parlamentarismo civil, sublinharia a dominação do legislativo. Ambas exemplificavam um impasse fundamental acerca da natureza do governo. A Nova Espanha, que obtivera a independência por meio do compromisso político, mais do que pela força das armas, representaria a tradição civil. Ali, o sistema constitucional espanhol triunfou efetivamente e continuou a se desenvolver. Apesar de golpes subseqüentes dos militares, os civis nunca deixaram de dominar a política mexicana ao longo do século XIX.

Em contraste, as forças militares que libertaram, em última instância, a região mais setentrional da América do Sul – Colômbia, Peru e Bolívia – garantiram a vitória e dominação dos homens de armas sobre os homens da lei. A experiência constitucional hispânica, diferentemente do ocorrido no México, exerceu bem pouca influência nesses novos estados. Nos três países foram criados governos centralizadores, com fortes poderes executivos e frágeis legislativos. Em 1830, a Colômbia fragmentou-se em três: Venezuela, Nova Granada e Equador.

Resta-nos mencionar uma última experiência americana que também particularizou a luta pela independência com o uso da força, mas sem resultar, devido a isso, em governos controlados por militares. Referimo-nos ao cone Sul, uma região onde o conflito armado com as tropas realistas foi limitado e onde a maior parte das lutas políticas militarizadas deu-se entre as próprias províncias. Ainda que as cidades de Santiago e Buenos Aires flertassem com o federalismo, no Chile acabou sendo estabelecida uma república oligárquica altamente centralizada, e no Rio da Prata foi formada uma frágil confederação com uma aliança entre as várias províncias. Em que pesem as diferenças entre os dois regimes adotados, políticos civis dominaram ambos os estados-nação de que falamos nesse período formativo.

Quando chegamos em 1826, percebemos que as possessões no ultramar da Monarquia espanhola – sem dúvida um imponente império ainda em final do século XVIII – consistiam apenas de Cuba, Porto Rico, Filipinas e algumas outras poucas ilhas no Pacífico. Aquele império bastante flexível de quase trezentos anos, que soube por tanto tempo acomodar tensões sociais e interesses econômicos e políticos conflitantes, ruíra rapidamente com a emancipação de suas províncias e Vice-reinos americanos. Nos anos que se seguiram, a Espanha e a América experimentaram de tudo um pouco: a monarquia e a república, o centralismo e o federalismo, governos representativos e ditaduras.

Pode-se dizer que, ao longo da busca de autonomia política para esses jovens estados-nação, gestou-se na Espanha e na América uma particular cultura política, baseada menos em modelos estrangeiros e mais nas tradições e experiências próprias ao mundo hispânico. A independência dos reinos americanos e a morte de Fernando VII na Península decretariam o fim da monarquia absoluta. Os povos do mundo hispânico se tornariam cidadãos. Nos dois lados do Atlântico, experimentariam novos sistemas políticos consolidados com base na tradição liberal do governo constitucional e da representação política que emergiram das Cortes de Cádiz.

É essa perspectiva atlântica que nos leva a propor para os cinco volumes da Coleção o importante tema *Revoluções de independências e nacionalismos nas Américas*. Cada volume vai se referir à análise dos movimentos de independência e da construção dos estados nacionais politicamente soberanos em uma dada região da América de colonização espanhola. Este primeiro se ocupa da área do antigo Vice-reino do Prata (que abrange atualmente Argentina, Uruguai e Chile). O segundo abordará a área do antigo Vice-reino da Nova Espanha (México) e das províncias da América Central. O terceiro tratará da região de Nova Granada (Colômbia, Venezuela e Equador) e da área caribenha (ilhas e istmo) e o quarto, do Vice-reino do Peru (Peru, Bolívia). No quinto e último apresentaremos alguns ensaios comparados sobre o outro mundo ibérico das Américas, e uma discussão sobre o surgimento do estado-nação brasileiro.

Entendemos que a Coleção Margens surge em boa hora. Ela inaugura, pode-se assim dizer, o ciclo de comemorações dos 200 anos das independências na América Ibérica. Iniciado com o Bloqueio de 1807 na Península, um conjunto de transformações se mostraria irreversível, como vimos antes, e modificaria o porvir do continente radicalmente daí para frente. Entre essa data e 1820, novos estados politicamente soberanos, em número significativo, afirmaram-se precocemente deste lado do Atlântico. E, sob a forma quer de repúblicas modernas, quer de monarquias constitucionais, tornaram indelével o modelo que já no início do século XX se generalizaria para todo o hemisfério ocidental – o do moderno estado-nação.

Os artigos que se seguem exploram as particularidades da afirmação desse modelo, de forma um tanto ou quanto pioneira, entre nós, neste lado americano do Atlântico.

João Paulo Pimenta, em seu artigo "Província Oriental, Cisplatina, Uruguai: elementos para uma história da identidade oriental (1808–1828)", resume a trajetória política da Província Oriental do Vice-reino do Rio da Prata, desde o início dos conflitos por sua jurisdição, em 1808, passando pela criação da Província Cisplatina sob dominação portuguesa, até a criação da República Oriental do Uruguai, vinte anos depois. Tendo em vista a conjuntura revolucionária ibero-americana da época, o enfoque de sua análise recai no problema das identidades políticas coletivas e da questão nacional. Nesse plano, são analisadas duas décadas de coexistência conflituosa de alternativas, envolvendo vários atores políticos, e de cujo embate resultou o surgimento do estado e nação uruguaios.

Mais do que isso, o autor nos apresenta uma crítica consistente daquela historiografia mais tradicional que tinha como foco privilegiado a construção de narrativas históricas nacionais e entendia os processos de independência como momentos fundadores de nacionalidades previamente existentes. Discute, ademais, as revisões historiográficas e outras críticas atuais que têm sido dirigidas a esta historiografia nacional. Trata-se, portanto, de uma tentativa de, sobre novas bases, se retomar a discussão do advento dos estados e das nações modernas no continente americano.

O artigo de Jorge Myers, intitulado "A Revolução de Independência no Rio da Prata e as origens da nacionalidade argentina, 1806–1825", ocupa-se da complexa gestação do movimento revolucionário no Prata e das distintas modalidades identitárias a que ele deu origem, em um momento em que a eventual emergência de uma nova nacionalidade não aparecia ainda como necessária. O texto analisa os principais acontecimentos que deram forma à revolução de independência nas Províncias Unidas do Rio da Prata, desde a crise de legitimidade do poder do Vice-reino, iniciada em 1806, até o reconhecimento definitivo da independência por parte da Grã-Bretanha em 1825.

O autor enfatiza o caráter ambíguo e cambiante das distintas formas em que foi representada a identidade do povo que protagonizava aquela luta, perpassando, entre outras, as seguintes alternativas: espanhóis americanos *versus* espanhóis peninsulares; identidades centradas em regiões e cidades do antigo Vice-reinado; o discurso autóctone, que representava o movimento de independência como uma restauração da antiga independência dos povos indígenas; e as representações americanistas. Ele também analisa a relação entre essas distintas modalidades de se conferir uma definição identitária ao território e seus habitantes que protagonizavam a luta pela independência, e as distintas alternativas políticas que foram objeto de disputa por parte das novas elites revolucionárias. Sua conclusão é a de que em quase toda a América hispânica, ainda que com mais força na região do Rio da Prata, a emergência de novos estados nacionais sobre as ruínas da antiga ordem imperial foi um ponto de chegada, e não de partida. Afirma, mais ainda, que, no caso das nações hispano-americanas, as nações surgiram depois da construção de uma ordem estatal moderna, baseada no princípio da soberania dos povos, e o fizeram em grande parte como conseqüência da política ativa seguida por aqueles novos estados.

Rafael Sagredo Baeza, no artigo "Nação, espaço e representação. Chiloé: de ilha imperial a território continental chileno", aborda a passagem da colônia para a república sob a perspectiva da noção espacial e da representação cartográfica dos territórios ocupados pela realidade geográfica que hoje é associada ao Chile. Procura assim, por meio do estudo das representações dos territórios sobre os quais os novos estados nacionais começaram a exercer sua soberania, apresentar e desenvolver uma nova perspectiva na abordagem historiográfica do complexo processo de organização e administração dos estados recém-independentes e em vias de consolidação nas Américas.

Nesse sentido o texto aborda a evolução experimentada por uma dada porção do território chileno, a ilha de Chiloé, que, de percepção insular na época colonial, passou a ser crescentemente continentalizada à medida que foi se tornando parte integrante do estado chileno independente. Para tal o autor utiliza o trabalho de três naturalistas que percorreram e exploraram o território chileno entre as décadas de 1790 e 1840: José de la Moraleda e Alejandro Malaspina, os dois a serviço do Império espanhol; e Cláudio Gay, contratado pelo estado chileno para estudar e dar a conhecer ao mundo a nova república; para isso ele irá percorrer a região da antiga capitania e arredores exaustivamente entre 1829 e 1842.

Também sobre o Chile, o artigo de Fernando Purcell, "Discursos, práticas e atores na construção do imaginário nacional chileno, 1810–1850", analisa a construção da nação ao longo da primeira metade do século XIX. Purcell debruça-se sobre os inúmeros discursos, práticas e atores sociais que conformaram, à época, um complexo processo discursivo e simbólico sobre o tema da nação. Sua tese é de que, nas três primeiras décadas de vida independente, o Chile teria dado passos importantes na conformação de um imaginário nacional poderoso, tendo com isso alcançado o país um grau de estabilidade político-institucional bem pouco comum no cenário latino-americano daqueles tempos. Esse imaginário, segundo Purcell, foi projetado sobre diversos setores da população, e teve o estado como seu principal motor. A construção da nação no Chile representaria, assim, um caso típico em que coube ao estado forjar a nação, só consolidada mais plenamente em meados do século XIX. Nesse sentido o estado foi o principal agente para o fortalecimento de uma dada idéia de nação, considerada vitoriosa, baseada no princípio da ordem, e, portanto, impositora de normas e regulamentos específicos. Nunca absoluta, o autor nos mostra como essa dada concepção teve de se confrontar com outras tantas distintas formas de conceber e celebrar a nação, identificadas a diferentes grupos sociais, nem sempre vencedores, e que, em alguma medida, teve de absorvê-las ou assimilá-las.

Finalmente, no artigo de Bernardo Ricupero, "As nações do romantismo argentino", parte-se da idéia de que a Argentina não existe como nação antes da independência política, aparecendo, em verdade, naquele momento, mais como um conjunto de povoados, cidades e províncias. A tese central desse autor é a de que, se coube ao vocabulário jusnaturalista fornecer argumentos para a constituição do estado logo após a independência da região, a idéia de nação precisou, entretanto, esperar um pouco mais de tempo para vingar ali. Seu desenvolvimento coincidiu com o aparecimento do romantismo nas letras argentinas. A maneira como o romantismo tratou o problema da nação, o que inclusive lhe garantiu um papel de destaque na história argentina, é sua maior preocupação aqui.

Ricupero mostra-nos como, no esforço para criar uma nova identidade que substituísse as antigas identidades coloniais, os românticos argentinos elaboraram múltiplas e diversas concepções de Argentina. Entre elas, destaca quatro distintas visões que comentará com detalhes: a elaborada por Juan Bautista Alberdi, durante o período do *Salón Literario*, em seu *Fragmento preliminar al estudio del derecho*; a constituída por Estebán Echeverria no *Dogma socialista*, quando é criada a *Jovem Argentina*; a pensada por Domingo Faustino Sarmiento, no seu clássico *Facundo*; e a formulada por Alberdi no momento posterior à queda de Rosas, em seu livro *Bases*.

SOBRE OS AUTORES QUE CONTRIBUÍRAM NESTE PRIMEIRO VOLUME:

JOÃO PAULO G. PIMENTA é doutor em História e professor do Departamento de História da Universidade de São Paulo. Autor de quatro livros e de cerca de duas dezenas de artigos, publicados no Brasil e no exterior, sobre a crise do Antigo Regime na América ibérica, a independência e a formação do estado nacional brasileiro. Dentre suas publicações, destacamos *Estado e Nação no fim dos Impérios ibéricos no Prata, 1808–1828* (São Paulo: Hucitec/Fapesp, 2002).

JORGE MYERS é doutor pela Universidade de Stanford e pertence ao Programa de História Intelectual do Centro de Estudios e Investigación, da Universidad Nacional de Quilmes/Conicet. Dentre suas principais publicações encontram-se: *Orden y virtud: el discurso republicano del régimen rosista*, Editorial de la Universidad Nacional de Quilmes, 1995, Buenos Aires; *Resonancias románticas* (compilado em colaboração com

Graciela Batticuore y Klaus Gallo), Eudeba, 2005, Buenos Aires; e "Language, History and Politics in Argentine Identity, 1840–1850", in *Nations and Nationalism in the New World* (org. Marco Pamplona e Don Doyle). Athens: U. Georgia Press, 2006.

RAFAEL SAGREDO BAEZA é doutor em História pelo Colegio de México, acadêmico do Instituto de Historia de la Pontificia Universidad Católica de Chile e Conservador da Sala Medina de la Biblioteca Nacional. É autor de numerosas obras sobre história do Chile e América. Entres seus textos mais recentes estão *Vapor al norte tren al sur. El viaje presidencial como práctica política en Chile. Siglo XIX* (2001) e *La Expedición Malaspina en la frontera austral del imperio español* (2004).

FERNANDO PURCELL é professor da Pontificia Universidad Católica de Chile em Santiago e doutorou-se pela Universidade da Califórnia, em Davis. Trabalhou temas da história do Chile e dos Estados Unidos no século XIX, com ênfase nas perspectivas transnacionais. Dentre seus trabalhos destaca-se o livro *Diversiones y juegos populares. Formas de sociabilidad y crítica social, Colchagua 1850–1880*, e sua tese de doutoramento, em processo de revisão para ser publicada, intitulada "'Too Many Foreigners for my Taste.' Mexicans, Chileans and Irish in Northern California, 1848–1880".

BERNARDO RICUPERO é doutor e professor de Ciência Política na Universidade de São Paulo. É autor de *Caio Prado Jr. e a nacionalização do marxismo no Brasil* (São Paulo: Editora 34, 2000) e *O romantismo e a idéia de nação no Brasil (1830–1870)* (São Paulo: Martins Fontes, 2004).

PROVÍNCIA ORIENTAL, CISPLATINA, URUGUAI: ELEMENTOS PARA UMA HISTÓRIA DA IDENTIDADE ORIENTAL (1808-1828)

João Paulo G. Pimenta

Foco privilegiado na construção de narrativas históricas nacionais, nas quais freqüentemente adquire o caráter de conteúdo fundador mais importante, o entendimento dos processos de independência política da América ibérica ocorridos na primeira metade do século XIX padeceu, durante uma considerável parcela de sua posteridade, dos males advindos de uma paradoxal operação ideológica. Por um lado, tais processos foram tomados como momentos culminantes de trajetórias coletivas singulares que, supostamente remontando aos tempos coloniais, representariam a elevação dessas coletividades à condição de sujeitos históricos únicos (isto é, nacionais).

Por outro, não raras vezes tal concepção assumiu abertamente que a singularização dessas trajetórias teria sido desdobramento de um panorama geral, comum a outras das quais aquela em questão deveria, necessariamente, se diferenciar. Assim, o reconhecimento de uma unidade histórica a marcar a crise e a dissolução, na América, dos Impérios espanhol e português, e das quais surgiriam novos estados e nações, criaria uma aura de imprescindível legitimidade – mimetizada por uma imagem de grandiosidade – a movimentos específicos dela desdobrados; no entanto, dado o caráter "regressivo" de tal concepção, na qual essa unidade histórica seria, não obstante sua anterioridade temporal, mais um ponto de chegada do que de partida, ele implicaria grave distorção.

Viciadas em suas origens, as escritas da história oitocentista ibero-americana ofereceram aos ulteriores historiadores pressupostos que, com o passar dos anos, se tornariam obstáculos difíceis de remover e ultrapassar. Como entender o surgimento de um determinado estado e de uma determinada nação em coerente sintonia com a unidade histórica que, atualmente – e por motivos radicalmente distintos dos que motivaram gerações anteriores de estudiosos –, é amplamente reconhecida como inescapável enquadramento de uma história desse tipo?

Não obstante a crítica aos mitos de origem, às historiografias nacionais e às indevidas associações entre ordens coloniais e ordens nacionais terem se tornado recorrente nas diferentes historiografias do continente,[1] ainda parece cedo para asseverarmos a devida resolução do problema, pelo menos no que diz respeito à maioria dos estados e nações ibero-americanos. Penso em três pontos de entrave:

1) as tradicionais construções *fundacionistas* sobre o passado ibero-americano ainda são fortes, entranhadas inclusive em *locus* de conhecimento histórico não-especializado, o que seguramente torna mais difícil a tarefa de extirpá-las;

2) o conhecimento acadêmico atualmente disponível no tocante às realidades específicas que compõem a unidade histó-

---

[1] Dentre várias e valiosas contribuições nesse sentido, destaco duas que me são especialmente caras: José Carlos Chiaramonte. "Formas de identidad en el Rio de la Plata luego de 1810". In: *Boletín del Instituto de Historia Argentina y Americana Dr. Emilio Ravignani*, n. 1, 3ª série, 1º sem. 1989; e François-Xavier Guerra. "A nação na América espanhola: a questão das origens". *Revista Maracanan*, n. 1, ano I, Rio de Janeiro: Uerj, 1999-2000, pp. 9-30. Para a América portuguesa, sugestivo ensaio é o de Rogério Forastieri da Silva. *Colônia e nativismo: a história como "biografia da nação"*. São Paulo: Hucitec, 1997.

rica da crise e dissolução dos impérios ibéricos na América ainda é muito desigual, o que dificulta sobremaneira sua caracterização (alguém duvidará de que casos como os de Nova Espanha ou Rio da Prata, mesmo naquilo que tenham de lacunar, são muito mais conhecidos do que os de Paraguai ou norte da América portuguesa?);

3) não se pode ignorar que a necessária crítica às historiografias nacionais muitas vezes surgiu com virulência suficiente para colocar os historiadores diante da tarefa redobrada de reconstruir um panorama estilhaçado, sem pontos de partida aparentemente insuspeitos que não os da própria destruição de paradigmas.

Nessa perspectiva, as páginas que se seguem pretendem oferecer elementos para a compreensão de uma dessas realidades específicas que, contaminada durante muito tempo por um apaixonado nacionalismo historiográfico,[2] foi recolocada em novos patamares por uma profunda revisão de seus pressupostos,[3] mas ainda parece pouco prestigiada pelos historiadores da conjuntura política ibero-americana das primeiras décadas do

---

[2] Alguns dos representantes uruguaios mais proeminentes dessa atitude historiográfica, em diferentes épocas, são Francisco Bauzá, Pablo Blanco Acevedo e Juan E. Pivel Devoto. Para uma avaliação de suas obras: Letícia Soler. *La historiografía uruguaya contemporánea: aproximación a su estúdio*; Ana Ribeiro. *Historiografía nacional (1880–1940): de la épica al ensayo sociológico*. Montevidéu: Ediciones de la Plaza, 1994; da mesma autora, *Historia e historiadores nacionales (1940–1990): del ensayo sociológico a la historia de las mentalidades*. Montevidéu: Ediciones de la Plaza, 1991.

[3] Carlos Real de Azua. *Los orígenes de la nacionalidad uruguaya*. Montevidéu: Arca, 1991; Guillermo Vázquez Franco. *La historia y sus mitos*. Montevidéu: Cal y Canto, 1994; Pablo Buchbinder. "La historiografía rioplatense y el problema de los orígenes de la nación". *Cuadernos del CLAEH* n. 69, 2ª série, ano 19, Montevidéu, 1994; Hugo Achugar & Gerardo Caetano (org.). *Identidad uruguaya: mito, crisis o afirmación?* Montevidéu: Trilce, 1992; João Paulo G. Pimenta. *Estado e nação no fim dos impérios ibéricos no Prata (1808–1828)*. São Paulo: Hucitec/Fapesp, 2002.

século XIX: a região conhecida como Banda Oriental, cuja trajetória desemboca, em 1828, na criação da República Oriental do Uruguai. Uma trajetória que, em sua singularidade, carrega consigo um componente fundamental de caracterização da unidade histórica na qual ela se inscreve: mais do que em qualquer outra, é nela que se cruzam, com especial intensidade, os mundos hispano e luso-americano.

A trajetória política da Banda Oriental entre 1808 e 1828 será observada em linhas preliminares e analisada tendo como foco principal o desenvolvimento, no seu bojo, de identidades coletivas que, ao mesmo tempo que revelam dimensões mais amplas da história da região e de sua inserção conjuntural em um quadro histórico mais amplo, se constituem elementos de intervenção e transformação da realidade que as engendrou. Não que se pretenda abordar *todas* as identidades aí presentes, sempre várias e coexistentes, senão a(s) mais importante(s). Um foco, portanto, que, conforme se espera mostrar, pode oferecer ferramentas bastante úteis para a recolocação de velhos problemas concernentes à história de um quadrante fundamental e essencial da história do advento dos estados e das nações modernas no continente americano.

A constituição política dos espaços coloniais hispano e luso-americano durante a vigência do Antigo Regime obedeceu a projetos, naturezas e circunstâncias bastante distintas entre si. Passando ao largo de uma tarefa comparativa situada além de meus propósitos, cabe destacar um dentre os vários pontos que, seguramente, se encarregariam mais de aproximá-los do que de afastá-los. Trata-se da existência de um substrato identitário, inerente a ambos e organizado em torno, respectivamente, das nações espanhola e portuguesa. De conteúdos bastante diferentes daqueles relativos ao caráter *moderno* das formações nacionais, tal substrato, ao configurar identidades coletivas específicas nos espaços coloniais, reproduzia o próprio esquema geral de constituição dos domínios monárquicos ibéricos.

Tanto no mundo hispânico quanto no português, a colonização das terras americanas engendrou um estado de coisas cuja complexidade se expressava e tinha plena correspondência no plano das identidades coletivas, isto é, de expressões de reconhecido e abrangente uso coevo que funcionavam como mecanismos de auto-identificação grupal e de diferenciação recíproca.

Obedecendo a variados, coexistentes e por vezes misturados critérios de tipo étnico, territorial, econômico, cultural e social, tais identidades dispunham de dois níveis de enquadramento organizativo geral, de ordem respectivamente religiosa e política: a cristandade e a monarquia. Na condição de agentes propagadores da fé cristã e de súditos de seus correspondentes monarcas, os elementos espanhóis e portugueses no Novo Mundo, partícipes das respectivas nações espanhola e portuguesa, acabavam por reproduzir valores e atitudes que configuravam um sistema de matriz européia.

Nos ambientes coloniais, tais valores e atitudes necessariamente se metamorfoseavam e produziam novas sínteses, do que resultava que os complexos universos hispano e luso-americano, ao mesmo tempo que tinham suas lógicas históricas determinadas por suas inserções num conjunto de relações de ordem sistêmica e de abrangência tendencialmente planetária – a *economia-mundo* européia –, eram pautados por profundas especificidades.

Paisagens geográficas e disponibilização de recursos naturais diversificados; perfis demográficos e graus de utilização, assimilação e dominação dos povos nativos distintos; escalas e impactos específicos da escravização de povos africanos e afrodescendentes; diferentes possibilidades de ascensão social segundo projetos político-econômico-administrativos estruturados e transformados a depender das variáveis posições ocupadas por Espanha e Portugal no concerto da competição européia; tudo isso condicionava, em ritmos e temporalidades próprios, as feições assumidas pelas expressões identitárias no mundo colonial ibero-americano, bem como determinava a capacidade de as mesmas operarem como instrumentos de mediação com a própria realidade que as criava.[4]

De modo geral, pode afirmar-se que, pelo menos até a segunda metade do século XVIII, tais identidades não comportavam quaisquer conteúdos políticos, estando desprovidas de referências a formas de organização estatais; caso contrário, fatalmente comprometeriam sua articulação com o nível mais abrangente de identificação em voga – esta sim de caráter político – que era a nação. Uma nação que gravitava em torno do monarca, representante do corpo social e guardador da soberania em nome de seus representados, substancialmente distinta da moderna, cuja soberania residirá, fundamentalmente, num estado representante da sociedade.[5]

Um panorama dessa ordem disponibilizou, a historiadores oitocentistas empenhados na tarefa de justificar e legitimar as

---

[4] François-Xavier Guerra. "A nação moderna: nova legitimidade e velhas identidades". In: István Jancsó (org.). *Brasil: formação do estado e da nação*. São Paulo: Hucitec/Fapesp, 2003, pp. 33-60; István Jancsó & João Paulo G. Pimenta. "Peças de um mosaico (ou apontamentos para o estudo da emergência da identidade nacional brasileira)". In: Carlos G. Mota (org.). *Viagem incompleta: a experiência brasileira. Formação: histórias*. São Paulo: Senac, 2000; e J. P. G. Pimenta. "Portugueses, americanos, brasileiros: identidades políticas na crise do Antigo Regime luso-americano". In: *Almanack Braziliense* n. 3, maio 2006. Disponível em: <www.almanack.usp.br>.

[5] J. C. Chiaramonte. "Metamorfoses do conceito de nação durante os séculos XVII e XVIII". In: Jancsó (org.). *Brasil...*, op. cit., pp. 61-91.

modernas nações surgidas na América ibérica do século XIX, um rico caldo de poderosos e sedutores argumentos, via de regra convergentes para a idéia de que expressões identitárias observáveis em tempos e espaços coloniais específicos revelariam a gênese de identidades nacionais, consagradas pelos processos de independência. Com isso, se encarregaram de operar uma linha de continuidade entre dois mundos cujos referenciais políticos em geral – e, portanto, suas identidades – eram, em realidade, totalmente distintos.

Este é precisamente o caso da Banda Oriental. A fundação de Montevidéu em 1724 representa o marco do início regular de ocupação espanhola de uma considerável porção de território que, de sul a norte, se estendia do Prata à imprecisa fronteira portuguesa, e, de leste a oeste, do Atlântico ao rio Uruguai. Medida estratégica de contenção da expansão sulina portuguesa promovida com a criação da Colônia do Sacramento em 1680, a fundação de Montevidéu obedecia à lógica territorial dos domínios ibéricos na América, onde o estabelecimento de um centro urbano – e neste caso portuário – costumava esboçar uma jurisdição a seu redor e em direção ao interior.

Rapidamente, Montevidéu se converteu em centro de distribuição de gêneros derivados da pecuária que, desde o século XVII, era praticada na região. Com as políticas reformistas levadas a cabo pelos Bourbon de Espanha a partir da segunda metade do século XVIII, o porto de Montevidéu, dotado de condições naturais privilegiadas, cresceu em importância.

Em 1778, a abertura do comércio colonial espanhol favoreceu tanto Montevidéu quanto outro importante porto platino, Buenos Aires, acentuando disputas que vinham se esboçando pela prevalência do comércio na região. Em 1794 foi criado o

Consulado de Comércio de Buenos Aires, e Montevidéu tornou-se porto de monopólio do comércio de escravos na América espanhola; cinco anos depois, esta veria fracassar sua solicitação para sediar um estabelecimento similar. No plano político, desde sua criação, Montevidéu respondia ao governo de Buenos Aires, condição confirmada com a criação do Vice-reino do Rio da Prata em 1776, e também motivadora de vários pedidos, dirigidos à Coroa entre 1769 e 1806, de ampliação de sua jurisdição.[6]

As disputas comerciais entre os portos coloniais de Montevidéu e Buenos Aires se converteram num tema clássico da historiografia nacionalista uruguaia, segundo a qual denunciariam a gênese de um sentimento de autonomia e emancipação que evoluiria, de modo seguro, até o processo de independência, quando a nacionalidade finalmente teria podido florescer. Tal postura encontra síntese perfeita, por exemplo, no *Gobierno colonial en el Uruguay y los orígenes de la nacionalidad*, de Pablo Blanco Acevedo, publicado em 1929,[7] que, não obstante ter recebido posteriores críticas demolidoras como a de Carlos Real de Azua,[8] parece encontrar ressonância em análises de historiadores como John Lynch, cuja conversão de rivalidades regionais em *crioulismo* reforça a tese continuísta tão cara aos nacionalismos historiográficos iberoamericanos.

Em seu influente *The Spanish American Revolutions* (1973, mas com sucessivas reedições revisadas e ampliadas), Lynch afirma que "a rivalidade entre Buenos Aires e Montevidéu [...]

---

[6] Jeanne Lynn Friedman. *Free trade and Independence: the Banda Oriental in the World System, 1806–1830*. The Ohio State University, 1993.

[7] Utilizei a 4ª edição: Montevidéu: LIGU, 1959.

[8] Carlos Real de Azua. *Los orígenes...*, op. cit., esp. cap. 19 e respectivo apêndice.

tinha uma longa história e procedia de um choque de interesses", sendo, portanto, "quase inevitável que em 1808 cada uma reagisse de modo diferente diante das notícias da crise de governo na Espanha, e que a latente rivalidade estalasse em uma aberta hostilidade". Eis um caso específico que reforçaria uma de suas teses formuladas para o processo independentista hispano-americano de modo geral:

> Poder político, ordem social: estas eram as exigências básicas dos crioulos. Mas mesmo que a Espanha quisesse e pudesse ter respondido às suas necessidades, os crioulos não se satisfariam por muito tempo. As petições de cargos públicos e de segurança expressavam uma consciência mais profunda, um desenvolvido sentido de identidade, uma convicção de que os americanos não eram espanhóis. Esse pressentimento de nacionalidade só poderia encontrar satisfação na independência. Ao mesmo tempo em que os americanos começavam a negar a nacionalidade espanhola se sentiam conscientes das diferenças entre si mesmos, porque inclusive em seu estado pré-nacional as distintas colônias rivalizavam entre si por seus recursos e pretensões.[9]

Os grandes estragos de compreensão acarretados – e não apenas na historiografia uruguaia – pela concepção de que disputas regionais presentes nos cenários coloniais indicariam "pressentimentos de nacionalidade" ou fenômenos semelhantes não deve deixar de lado um tipo de questionamento da maior importância e que, no caso aqui analisado, pode ser formulado nos seguintes termos: como lidar com a evidência de conflitos

---

[9] Utilizei a 8ª edição espanhola: Barcelona: Ariel, 2001, pp. 29 e 95.

como os observados ao longo do século XVIII entre Montevidéu e Buenos Aires? E ainda: como avaliar seus impactos nos acontecimentos futuros que culminariam na independência da Banda Oriental e na formação da República do Uruguai? Acredito que respostas a tais indagações podem ser bem encaminhadas com base na observação de transformações no há pouco referido substrato identitário da colonização espanhola – e neste caso no da colonização portuguesa também.

Os decisivos acontecimentos políticos do mundo iberoamericano da primeira década do século XIX acenaram, no Rio da Prata, para um aprofundamento de interesses divergentes sediados em Montevidéu e em Buenos Aires. As tentativas britânicas de conquista das duas cidades tiveram resultados imediatos diferentes: enquanto a primeira permaneceu ocupada por oito meses (fevereiro a setembro de 1807), a segunda assistiu à bem-sucedida formação de milícias locais que resultou na expulsão dos invasores em duas diferentes ocasiões (junho de 1806 e julho de 1807).[10]

Dessas milícias se configurariam grupos de poder político que se mostrariam capazes de influir, decisivamente, no futuro da região quando, em 1808, chegaram à América as notícias dos acontecimentos espanhóis peninsulares: as abdicações de Bayona, o início de um reinado francês a mando de Napoleão Bonaparte e a acefalia da monarquia e da nação espanholas, doravante desprovidas de seu centro de coesão. Um amplo espectro de possibilidades, variáveis, contraditórias e até então inimagináveis, começava a se abrir.

---

[10] Túlio Halperin Donghi. *Revolución y guerra. Formación de una élite dirigente en la Argentina criolla.* Buenos Aires, Siglo XXI, 1972; John Street. *Gran Bretaña y la independencia del Rio de la Plata.* Buenos Aires: Paidós, 1967.

A crise dinástica espanhola levaria à derrubada do vice-rei de Buenos Aires, Santiago de Liniers (janeiro de 1809), cuja ascendência francesa despertava temores e suspeitas de colaboração com os usurpadores peninsulares. Capitaneada pelo governador de Montevidéu, Francisco Javier de Elío, a primeira tentativa de deposição levaria ao contra-ataque da nomeação de um novo governador para a Banda Oriental. Na noite de 20 de setembro de 1808, movimentações públicas convocavam espanhóis de Montevidéu para a formação de um *cabildo abierto*[11] que, no dia seguinte, deveria decidir medidas a serem tomadas. Em um dos pasquins afixados pela cidade lia-se:

> Habitantes de Montevidéu: No Cabildo que se há de celebrar hoje às dez, tende presente que nosso Rei Fernando está preso na França: Que é um Francês suspeito quem governa o Vice-reinado: Que este quer arrancar-nos o grande Rei, o melhor e mais leal Espanhol que conhecemos: que quer colocar em seu lugar um partidário Francês e assim em vossa união que será na Praça, decidi todos: viva o Rei.[12]

Enxergar em tais palavras expressões de um ressentimento antiportenho longamente maturado e que agora encontrava condições de florescer não parece a mais adequada das interpre-

---

[11] Os *cabildos* eram instituições que, no Império espanhol, correspondiam à esfera municipal. *Cabildos abiertos* eram reuniões extraordinárias que contavam com a participação não apenas de seus funcionários como também de autoridades religiosas e demais habitantes "notáveis", que juntos deliberavam sobre questões de interesse coletivo.

[12] Montevidéu, 20-9-1808. Publicado por Ana Frega. "Tradición y modernidad en la crisis de 1808. Una aproximación al estudio de la junta de Montevideo". In: Luis Ernesto Behares & Oribe Cures (orgs.). *Sociedad y cultura en el Montevideo colonial*. Montevideo, Universidad de la República/Intendência Municipal de Montevideo, 1997, p. 284.

tações.¹³ A conclamação feita aos "habitantes de Montevidéu" indica a importância – ademais generalizada por toda a América espanhola – dos *pueblos* como unidades primordiais de enraizamento, identificação e inserção no conjunto da nação espanhola; unidades estas que, na ausência do monarca, mobilizavam-se de diferentes formas em busca da manutenção dos princípios de legitimidade dinásticos e da soberania do monarca impedido.¹⁴

As denúncias contra o vice-rei Liniers (que, cabe lembrar, se faziam também em Buenos Aires) não evocam a sede do Vicereino ou rivalidades desta com a Banda Oriental ou *pueblo* de Montevidéu; muito pelo contrário, se fazem em nome do bem comum da unidade política à qual ambas as cidades pertenciam, e que em nome daqueles princípios deveriam continuar a pertencer.

Se Montevidéu seguira já em 1808 o exemplo das juntas peninsulares espanholas criando a sua própria, a generalização desse tipo de solução política por todo o continente americano em 1810 denunciava o aprofundamento da crise da monarquia bourbônica. Contudo, a gravidade da situação não implicou, de imediato, nenhum projeto de independência da Banda Oriental que, aliás e muito pelo contrário, tornou-se uma espécie de baluarte, na América, da manutenção da soberania do rei da Espanha em moldes tradicionais, isto é, sem a aceitação de submissão a novos espaços de autoridade política como, por exemplo, a junta formada em Buenos Aires em 25 de maio.

Ao passo em que isso ocorria, o cenário americano contava com a presença reforçada da política portuguesa que, uma vez

---

¹³ No que sigo a interpretação geral de Frega, cit.

¹⁴ F. X. Guerra. "A nação na América espanhola...". In: J. C. Chiaramonte. *Ciudades, províncias, Estados: orígenes de la nación Argentina (1800–1846)*. Buenos Aires: Ariel, 1997.

estabelecida de maneira incisiva na região platina, levaria muito tempo para dela se retirar. Em 1808, poucas semanas após a instalação da Corte bragantina no Rio de Janeiro, fugindo dos mesmos exércitos franceses que logo ocupariam a Espanha, o ministro D. Rodrigo de Sousa Coutinho recomendava ao príncipe regente D. João, como meio de barrar a expansão francesa no continente americano, a adoção imediata de uma política externa voltada com especial interesse para os domínios hispânicos. A crise de autoridade que recaía sobre os domínios bourbônicos oferecia, ao governo português, possibilidades favoráveis de intervenção nos assuntos da sua nova vizinhança. O que, efetivamente, viria a ocorrer.[15]

Em 1810, a umbilical articulação de trajetórias que, no Prata, se construía entre os mundos hispano e luso-americano, se expressaria, em vários momentos, por meio de uma solidariedade em torno do interesse de manutenção, no continente, dos princípios de legitimidade dinástica, por ora mais abalados no primeiro do que no segundo. Manifestação bastante eloqüente nesse sentido é a fornecida pelo prospecto da *Gazeta de Montevideo*, periódico criado nesta cidade, com apoio da Corte portuguesa e com o intuito expresso de oferecer contrapropaganda à *Gazeta de Buenos Aires*:

> Montevidéu, a quem ainda devemos considerar no estado de sua infância, manifestou com traços heróicos a posse dos mais nobres desejos para a verdadeira glória. Seu sistema constante de

---

[15] Para uma análise da política portuguesa em relação à América espanhola nos anos 1808 e 1809, ver: J. P. G. Pimenta. *O Brasil e a América espanhola*. São Paulo: FFLCH-USP, 2003 (doutorado). Uma das faces mais visíveis dessa política, o projeto carlotista, tem merecido recentes estudos, o melhor dos quais é: Sara Marques Pereira. *D. Carlota Joaquina e os "espelhos de Clio": actuação política e figurações historiográficas*. Lisboa: Horizonte, 1999.

lealdade ao mais digno dos Monarcas, fez com que merecesse o título de MUI FIEL, e que seu nome se registre na lista dos povos beneméritos da Pátria. A energia com que sustenta a causa dos direitos sagrados de seu legítimo Soberano, o Senhor Dom Fernando VII, e o caráter de sua dignidade desde a desgraçada época das comoções populares de Buenos Aires, lhe mereceu o apreço da Corte do Brasil.[16]

Nestas palavras, a exemplo do que denunciara a convocação para o Cabildo Aberto de setembro de 1808, a referência ao *pueblo* de Montevidéu continua primordial, sendo base identitária para a reafirmação de sua lealdade a Fernando VII e, portanto, da condição de seus habitantes como parte da nação espanhola.[17] Em outros números, evidencia-se que a base física do *pueblo* é domínio do rei da Espanha, referida muito imprecisamente por "este solo da banda oriental",[18] "esta banda"[19] ou "banda oriental",[20] sempre em letras minúsculas. Território, portanto, sem qualquer contorno político.

No entanto, a identidade de "Montevidéu" não deixa de acentuar particularismos e um senso de distinção que tem claros contrapontos: de um lado – e como contraponto *negativo* – a junta e a *Gazeta* de Buenos Aires, seu projeto político e todos os

---

[16] "Prospecto", 08/10/1810. A *Gazeta* era uma publicação semanal, editada de outubro de 1810 a dezembro 1811 (*Gazeta de Montevideo*. Reimpressão facsimilar: Montevideo, Universidad de la Republica/Facultad de Humanidad y Ciências, 1948-82, 3 v.).

[17] São considerados "Españoles legítimos de estas Américas". *Gazeta de Montevideo* n.14, 18/04/1811.

[18] *Gazeta de Montevideo* n. 30, de 8/8/1811.

[19] *Gazeta de Montevideo* n. 31, de 9/8/1811.

[20] *Gazeta de Montevideo* n. 35, de 24/8/1811.

demais que, na América, estariam se voltando contra a soberania de Fernando VII; de outro – e como contraponto *positivo* – a Corte e nação portuguesas, também defensoras dos mesmos princípios que Montevidéu e sua *Gazeta*. Contrapontos que continuarão decisivos para o desenrolar dos acontecimentos nesse cenário e, também, das identidades nele presentes.

Em fevereiro de 1811 foi declarada guerra entre os governos de Buenos Aires e Montevidéu – esta agora sede de um Vice-reino do Rio da Prata *pro forma* chefiado por Elío. Uma das estratégias de combate utilizadas pelo primeiro foi a de fomentar um levante que, sob a liderança de José Gervasio Artigas e conhecido como *Grito de Ascencio*, rapidamente se estenderia por toda a Banda Oriental. Com o reforço do exército portenho Montevidéu foi sitiada, e a Corte portuguesa interveio. Após o armistício entre Buenos Aires e Montevidéu, firmado em outubro de 1811 (a retirada das tropas portuguesas seria acordada somente em maio de 1812), Artigas abandonou o sítio, rompeu com seus antigos aliados e, consolidando sua condição de liderança política autônoma, rumou para Entre Rios acompanhado de um contingente civil e militar que totalizava algo em torno de quarenta por cento da população total da Banda Oriental.

Sob a égide de Artigas e com exceção de Montevidéu, a Banda Oriental ascenderia à condição de entidade política, dotada de organização, autonomia e reconhecimento até então inexistentes. Em janeiro de 1813, por exemplo, assinou com o governo de Buenos Aires o *Pacto de Ayuí* que, na prática, significava o reconhecimento recíproco de autoridades; representantes artiguistas seriam enviados ao congresso constituinte do Prata, enquanto uma assembléia paralela sediada em Tres Cruces instituiria, formalmente, uma *Província Oriental* sediada em

Guadalupe de los Canelones, elaboraria um conjunto de instruções a serem observadas pelos seus representantes em Buenos Aires (13 de abril) e um projeto de Constituição para a Província. Um periódico oficial chegou a ser projetado, o *Periódico Oriental*, mas não foi além de seu "prospecto".[21]

Em linhas gerais, a política artiguista voltaria seus esforços em direção à formação de uma confederação política platina, da qual deveria estar ausente um executivo forte, o que colidia frontalmente com as tendências centralizadoras encampadas pelos grupos políticos majoritários em Buenos Aires. A partir de então, e em meio a uma conjuntura na qual grande parte dos governos revolucionários hispano-americanos ainda evitava oficializar o rompimento com a metrópole, o governo da Província Oriental adquiria um caráter peculiar. Sua luta primordial não seria contra a metrópole, mas sim contra a centralização portenha e, progressivamente, também contra as influências provenientes da Corte portuguesa.[22]

A ascensão de Artigas, a criação da Província Oriental e os conflitos decorrentes de seu posicionamento em meio a um fogo cruzado entre Buenos Aires e a América portuguesa forneceram os mais fortes e eloqüentes pretextos para a construção, na his-

---

[21] Mesmo tendo orientação política completamente diferente da *Gazeta de Montevideo*, também pretendia fazer oposição à *Gazeta de Buenos Aires*, que continuava a ser editada. Quando Mateo Vidal redigiu seu "prospecto" (15/10/1815), Artigas o considerou "el primer fruto de la prensa de nuestro Estado Libre Oriental". Daniel Ferret Jans. *Crónica del periodismo en el Uruguay*. Montevideo: Fundación Hanns-Seidel, 1986, pp. 39-42.

[22] Noemí Goldman (dir.). *Nueva historia argentina: revolución, república, confederación (1806–1852)*. Buenos Aires: Sudamericana, 1998; Washington Reyes Abadie. *Artigas y el federalismo en el Río de la Plata*. Buenos Aires: Hyspamérica, 1974, caps. III, IV e V; Ana Frega. "La virtud y el poder: la soberanía particular de los pueblos en el proyecto artiguista". In: N. Goldman & R. Salvatores (comps.). *Caudillismos rioplatenses: nuevas miradas a un viejo problema*. Buenos Aires: Eudeba, 1998, p. 119.

toriografia, de uma visão heróica da nação uruguaia e de seu suposto passado.[25] Neste caso, pode-se dizer que os anos 1810 constituem aquele momento máximo, típico de toda e qualquer historiografia nacional, que nele enxerga seus principais conteúdos, argumentos e justificativas. De modo geral, e arrolando pontos cruciais já apontados pela crítica historiográfica uruguaia, a debilidade dessa visão resume-se ao fato de que:

1) o projeto político artiguista previa, conforme já apontado, uma confederação entre diferentes *pueblos* e províncias, não se limitando, portanto, à Província Oriental;

2) dessa confederação deveria, de início, participar Buenos Aires;

3) a territorialidade, as instituições, as pessoas e o funcionamento da Província Oriental não correspondem plenamente àqueles da República Oriental do Uruguai, criada em 1828, tampouco as destas duas àqueles existentes na Banda Oriental colonial;

4) o projeto artiguista fracassou.

No entanto, não se deve menosprezar as importantes mudanças que esse momento trouxe no plano das identidades. A criação da Província Oriental parece ter jogado por terra a vigência da identidade *espanhola*, e cristalizado uma expressão até então de pouca importância política que passaria, doravante, a ser identificação majoritária de seus habitantes: *oriental*. É bem verdade que ela funcionaria primeiro e melhor para os habitantes de outras regiões que não Montevidéu, assim como aos partidários de Artigas; logo, porém, e agregando percepções de particularismos anteriores e indicados nas páginas anterio-

---

[25] Ver Ana Ribeiro. *Historiografia nacional...*, op. cit.; também Ana Frega & Ariadna Islas (coords.). *Nuevas miradas en torno al artiguismo*. Montevideo: Facultad de Humanidades y Ciencias de la Educación/Universidad de la República, 2001.

res, o termo se generalizaria e destacaria como identidade dominante em toda a província.

Em 1816, a Corte portuguesa do Rio de Janeiro novamente invadiu a região, dando início a uma presença efetiva que se mostraria mais duradoura do que a de cinco anos antes. A ocupação de Montevidéu em 20 de janeiro de 1817 atendia ao anseio de grupos de interesses econômicos que, sediados numa província exaurida por guerras que acarretavam sérias perdas à grande propriedade privada, à produção em larga escala, e a interrupção de fluxos mercantis, viam no início de uma administração portuguesa a possibilidade de reversão desse quadro.

O governo comandado por Carlos Frederico Lecor se mostraria bastante eficiente na ampliação de sua base de apoio, obtida com alguns dos mais ricos e influentes proprietários de terras, de gado e comerciantes da Província Oriental,[24] ramificados também na Província Portuguesa do Rio Grande do Sul.[25] No mesmo sentido contribuiriam a derrota final de Artigas diante das forças portuguesas em Tacuarembó (22 de janeiro de 1820), o declínio da influência portenha na região com as sucessivas recusas de Províncias Platinas a aderirem ao centralismo político pretendido pela Assembléia Constituinte reunida em Buenos Aires, e a criação, em julho de 1821, numa assembléia inteira-

---

[24] Alfredo Castellanos. *La Cisplatina, la independencia y la república caudillesca.* Montevideo: Editora de la Banda Oriental, 1998, pp. 5-7 e 12; Rosa Alonso Eloy et al. *La oligarquia oriental en la Cisplatina.* Montevideo: Pueblos Unidos, 1970, pp. 38 e 51.

[25] Helen Osorio. "La capitanía de Río Grande en la época de la revolución artiguista: economía y sociedad". In: A. Frega & A. Islas (coord.). *Nuevas miradas en torno al artiguismo,* op. cit., pp. 163-178; e Helga I. L. Píccolo. "O processo de independência numa região fronteiriça: o Rio Grande de São Pedro entre duas formações históricas". In: I. Jancsó (org.). *Independência: história e historiografia.* São Paulo: Hucitec/Fapesp, 2005, pp. 577-613.

mente controlada por Lecor em desobediência às ordens emanadas da Corte do Rio de Janeiro, da Província Cisplatina, sediada em Montevidéu e doravante integrada ao Reino Unido de Portugal, Brasil e Algarve.[26] Antes de observarmos algumas das identidades presentes nessa nova situação, convém recuperarmos uma sugestiva hipótese levantada por Carlos Real de Azua. Em sua profunda e radical crítica aos mitos de origem da história uruguaia concernentes ao período da independência, o autor relativiza o revisionismo que, ao contrário do sustentado pela historiografia tradicional, argumentava que antes de 1828 inexistiriam quaisquer alternativas que colocassem a possibilidade de uma independência absoluta da Província Oriental. Se tal possibilidade existiu, argumenta, foi durante o período português. Assim,

a pluralidade de direções e a ambigüidade de atitudes que se observou no setor dirigente oriental durante todo o processo independentista estiveram, talvez, nesta instância [de apoio ao governo português da Cisplatina] mais ostensíveis que em nenhuma outra: agora só corresponde o reconhecimento de que talvez antes do que a tese independentista ortodoxa costuma identificar tenham existido, então, posturas 'independentistas totais'. Menos mensurável – um elemento que costuma, como é óbvio, ser evitado – é a importância de tal fração independentista total com rela-

---

[26] Infelizmente trata-se de período ainda pouco estudado pela historiografia em geral; na uruguaia, ele padeceu por muito tempo da indisposição dos historiadores em relação ao que costumou ser tratado, simplesmente, como fase de "dominação estrangeira", portanto uma espécie de interregno no processo de independência. Ver, dentre outros: Juan E. Pivel Devoto. "El congreso cisplatino (1821)". *Revista del Instituto Histórico y Geográfico del Uruguay*, t. XII, Montevideo, 1936; A. Castellanos. *La Cisplatina...*, op. cit.; J. P. G. Pimenta. "O Brasil e a experiência cisplatina (1817–1828)". In: I. Jancsó (org.). *Independência...*, op. cit., pp. 755-798.

ção à outras que – bastante abertamente depois de 1822 – contenderam e ainda polemizaram com ela.[27]

Não se trata, em nosso caso, de testar a validade de tal hipótese; ela nos interessa como aliada na percepção de que foi durante o período de presença institucional portuguesa – e, a partir de 1822, também brasileira – na Província Oriental/Cisplatina que a identidade oriental pôde reafirmar fortemente sua especificidade e importância, na medida em que as circunstâncias permitiram a um grupo identificado como tal distinguir-se, e, não obstante a circunstancial união política costurada desde 1817 e oficializada em 1821, descartar identidades referentes a Portugal e ao Brasil.

Em dezembro de 1821 começou a circular o *Pacífico Oriental de Montevideo*, periódico francamente favorável à criação da Província Cisplatina e que, desde seu título, espelhava já os fundamentos oficiais de sua defesa: "pacificação", extinção dos males da guerra e das mazelas que seu prolongamento acarretava à produção e ao comércio orientais.[28] Em termos bastante práticos, afirmava que "por desgraças suscitadas pelas guerras civis, acreditou-se necessário ao sossego dos Estados de Sua Majestade a ocupação deste território", de modo que "a Liberdade proclamada pela heróica Nação Portuguesa nos pertence hoje, por direito".[29]

---

[27] Carlos Real de Azua. *Los orígenes...*, op. cit., pp. 81-82. Também o cap. 23.

[28] O *Pacífico Oriental de Montevideo* publicou 27 números, mais um suplemento e algumas folhas soltas, de 22/12/1821 a 4/7/1822. Tive acesso a duas coleções que se complementam: Museo Histórico Nacional (Montevidéu), Biblioteca Pablo Blanco Acevedo, ns. 1-10 (e folhas soltas); e Colegio Nacional Central (Buenos Aires), Biblioteca, ns. 11-27.

[29] *Pacífico Oriental de Montevideo* n. 2, de 29/12/1821.

No entanto, o próprio título espelhava também uma distinção fundamental em relação a esta nação: os *orientais* – identidade agora extensiva aos habitantes de Montevidéu – não eram portugueses. O caráter circunstancial da união política é claramente assumido, bem como elementos de alteridade por ela oferecidos. Assim, o *Pacífico* traz conteúdos de "periódicos do Brasil" sem neles se incluir[30] e refere-se a "portugueses americanos"[31] e "brasileiros",[32] mas seus leitores são "orientais". Muitos deles, cujas cartas foram publicadas no periódico, também assumem tal identidade, utilizando pseudônimos como "Oriental pacificado", ou "El labrador oriental". No caso de pseudônimos como "Un montevideano", "Un montevideano imparcial", "El Cisplatino" ou "El Cisplatino filantrópico", a tendência é de todos se aproximarem como distintos dos "portugueses" ou "brasileiros".[33]

Na mesma linha do *Pacífico Oriental de Montevideo*, outro periódico, o *Patriota*, revela conteúdos identitários semelhantes.[34] Também não se considera um periódico "português" ou "brasileiro", dividindo notícias entre "Montevideo" e "Brasil". Evocando a tradicional referência aos *pueblos* (*pueblos* de América e *pueblos* del Brasil),[35] considera-se parte da "Província de Montevideo"[36] e da "Banda Oriental del Rio de la Plata".[37]

---

[30] *Pacífico Oriental de Montevideo* n. 1, de 22/12/1821.

[31] *Pacífico Oriental de Montevideo* n. 9, de 16/2/1822.

[32] *Pacífico Oriental de Montevideo* n. 7, de 2/2/1822.

[33] J. P. G. Pimenta. *Estado e nação...*, op. cit., p. 181.

[34] O *Patriota* publicou oito números, de 17/8 a 4/10/1822. Pesquisei a coleção do Museo Histórico Nacional (Montevidéu), Biblioteca Pablo Blanco Acevedo.

[35] *Patriota* n. 2, de 23/8/1822.

[36] *Patriota* n. 1, de 17/8/1822.

[37] *Patriota* n. 4, de 5/9/1822.

Os termos expressos por esses dois periódicos revelam diversidade de expressões, muitas vezes imprecisas e pouco definidas. Identidades coexistiam e se redefiniam em meio a um ambiente de grande conturbação política como o vivido pela província no início da década de 1820. Porém, conforme já afirmei anteriormente, é importante perceber como a identidade *oriental*, de ampla utilização anterior pelo governo artiguista, também o era agora, mas por outros grupos de interesse. É bem verdade que a ordem portuguesa da Cisplatina desfrutava do apoio de vários elementos que, na década anterior, haviam depositado em Artigas suas expectativas iniciais de pacificação da província; no entanto, agora, a generalização da identidade oriental se fazia em um contexto que disponibilizava outras identidades – "portuguesa", "luso-americana", "brasileira" – que eram recusadas. Ou seja: *oriental* significava, dentre outras coisas, *não ser português, luso-americano ou brasileiro*.

Um dos principais elementos de configuração desse jogo de identidades e alteridades residia, sem dúvida, na escravidão e no caráter escravista da sociedade luso-americana. Questão evitada nos debates políticos que ganhavam intensidade e publicidade no Brasil, na Cisplatina ela era tratada frontalmente, considerada como uma anomalia, uma mancha na nação portuguesa e fator fundamental de diferenciação para com o Brasil.

Em Montevidéu, os anos entre 1810 e 1823 foram, em toda sua história, os de maiores proporções de escravos africanos sobre o total da população, atingindo cifras próximas de trinta por cento,[38] o que parecia causar incômodo em produtores e

---

[38] Ernesto M. Campagna Caballero. *A população de Montevideo. Sua demografia histórica urbana*. São Paulo: FFLCH-USP, 1987 (doutorado); Mónica Sans & Isabel Barreto. "El problema de la integración de los negros a la sociedad general". In: L. E. Behares & O. Cures (orgs.). *Sociedad y cultura en el Montevideo colonial*, op. cit., pp. 265-280.

negociantes que formavam a principal base de apoio ao governo português. Assim, vemos que o advogado de defesa de duas escravas que em 1821 assassinaram sua rica senhora em Montevidéu tiveram como advogado Lucas José Obes, figura de destaque dessa base – e que se destacaria também na adesão da Cisplatina à independência do Brasil após 1822 – cuja defesa escrita se configura num forte libelo antiescravista.[39] Periódicos montevideanos que traziam em suas páginas anúncios de compra e venda de escravos defendiam a Cisplatina e atacavam a escravidão.[40] O *Patriota* escrevia que

> ignoramos até que ponto se estende os poderes do governo português para extrair africanos; entretanto, não podemos negar que nossa sensibilidade foi comovida ao ver nas portas de algumas casas e armazéns desta cidade um grande número daqueles desgraçados, na qualidade de fardos de venda, com a única diferença de encontrar-se sentados como homens.[41]

Já o *Pacífico Oriental de Montevideo*, em réplica a um artigo publicado pelo *Argos de Buenos Aires*, afirmava que

---

[39] Aníbal Barrios Pinto. "Historias privadas de la esclavitud: un proceso criminal en tiempos de la Cisplatina". In: J. P. Barrán; G. Caetano; T. Porzecanski (orgs.). *Historias de la vida privada en el Uruguay*. t. I. Montevidéu: Taurus, 1996, pp. 173-195.

[40] Segundo Benjamín Fernánez y Medina, entre 1817 e 1829, anos correspondentes à presença ostensiva portuguesa na província, pelo menos 25 periódicos foram editados, tanto em espanhol quanto em português (*La imprenta y la prensa en el Uruguay desde 1807 a 1900*. Montevideo: Imprenta de Dornaleche y Reyes, 1900, p. 18). Também Ferret Jans. *Crónica del periodismo en el Uruguay*, op. cit. Esbocei algumas páginas a respeito em J. P. G. Pimenta. *Portugueses, americanos, brasileños: estúdios sobre Brasil y las revoluciones de Hispanoamérica*. Castellón: Publicacions de la Universitad Jaume I, 2006, em edição (cap. V, "En el origen de la prensa lusoamericana: el periodismo de la Provincia Cisplatina").

[41] *Patriota* n. 5, de 13/9/1822.

O pacífico oriental não quer nem deseja (e aborrece a quem isto queira), levantar obra má; longe disso, apetece edificar um sólido e suntuoso edifício por meio da união do Brasil com Portugal porque conhece que os africanos não são os mesmos que os índios para trabalhar pela liberdade civil; daquele modo, pois, evitam-se estes erros que ameaçam tão vasto e rico território; pela mesma razão deseja fora da união todas as causas que possam falsificar seus justos temores e quisera vê-las realizadas já. O Senhor deve saber muito bem que os índios no Peru supriram a falta das grandes máquinas para levantar e conduzir enormes e pesadas massas em várias distâncias, sem mais soldo do que o de seu íntimo desejo pela Liberdade: que depois da desgraçada jornada de Vilcapucyo de que falaremos mais extensamente, despojaram-se de tudo o que não fosse necessário para sua subsistência para enriquecer o exército reunido em Macha, e que em Ayoma participaram intensamente da salvação do general e de muitos oficiais os índios e os cochabambinos; isto é o que jamais hão de fazer os negros porque a experiência acredita constantemente suas inclinações e por isso tememos males para o Brasil.[42]

As dissonâncias na base de apoio à Cisplatina, bem expressadas em 1821 pela identidade oriental, cresceriam quando a formalização da independência do Brasil, entre setembro e outubro de 1822, colocaria à província a seguinte questão: se a incorporação ao Brasil se dera legitimada pelo constitucionalismo português e pelas garantias oferecidas pela "nação portuguesa", a quem ela deveria seguir, Portugal ou Brasil? Tema praticamente ignorado pela historiografia em geral – inclusive a brasi-

---

[42] *Pacífico Oriental de Montevideo* n. 11, de 2/3/1822.

leira –, a província seria a última a aderir formalmente ao Império do Brasil, em fevereiro de 1824. Quando os cabildos provinciais juraram a Constituição brasileira em maio daquele ano, a Cisplatina era uma unidade política profundamente debilitada.

Se a província – ao menos oficialmente – se mantivera ao lado do Império do Brasil, o discurso da diferenciação oriental embasado na condenação à escravidão teria na alteridade *brasileira*, desde então, o seu principal contraponto. Em 1823, por exemplo, o periódico *Ciudadano* se valia de uma metáfora política bastante comum à época para atacar o Império: *escravidão*, no sentido político, contraposta a *liberdade* e desqualificando o governo de D. Pedro I com base na referência ao regime de trabalho dominante no Brasil.[43]

A principal identidade expressada pelo *Ciudadano*, com a qual ele se reconhece e se diferencia de "brasilienses" e "portenhos",[44] é "oriental" (por vezes "montevideano"), o que assumidamente remonta a Artigas, considerado "oriental entusiasta", "dos patriotas mais ardentes" e "chefe dos orientais".[45] A província não é "Cisplatina", mas "banda oriental",[46] "Banda oriental", "Banda Oriental" ou "Provincia de Montevideo".[47] No entanto – o que é da maior importância – o *Ciudadano* representa uma tendência, bastante presente naquele cenário político, de conceber

---

[43] O *Ciudadano* era semanal, tendo publicado um prospecto, nove números e dois suplementos, entre 1/6 e 27/7/1823. Pesquisei a coleção do Museo Histórico Nacional (Montevidéu), Biblioteca Pablo Blanco Acevedo.

[44] *Ciudadano* n. 3, de 15/6/1823.

[45] *Ciudadano* n. 8, de 20/7/1823.

[46] *Ciudadano* n. 3, de 15/6/1823.

[47] *Ciudadano* n. 1, de 1/6/1823.

que a província "jamais renunciou aos vínculos de família que a ligavam às denominadas *províncias do Rio da Prata* [...] apoiada nas bases que sancionou a ilustração do século, ajustada aos princípios liberais e acomodada às antigas relações, hábitos, costumes de nós, os *americanos do Rio da Prata* e não brasilienses".[48] Assim, uma identidade americana é, ao mesmo tempo, não-portenha, antibrasiliense e *oriental*. Tal fórmula se fará presente nos anos imediatamente subseqüentes, cujos acontecimentos representaram, para a historiografia tradicional uruguaia, uma espécie de continuação das realizações de Artigas, e que desembocariam no triunfo do estado e da nação uruguaios. Elementos fundamentais nessa operação ideológica são a expedição antiportuguesa chefiada por Juan Antonio Lavalleja, o renascimento de uma "Província Oriental" contrária à Cisplatina e sua declaração de independência realizada pela Assembléia de Florida em 25 de agosto de 1825.[49]

Os termos da declaração de 25 de agosto eram bastante claros: considerando

> írritos, nulos, dissolvidos e sem nenhum valor para sempre todos os atos de incorporação, reconhecimento, aclamações e juramentos arrancados aos povos da Província Oriental pela violência da força, unida à perfídia dos intrusos poderes de Portugal e do Brasil [...] declara-se de fato e de direito independente do rei de Portugal, do imperador do Brasil e de qualquer outro do universo.

---

[48] *Ciudadano* n. 8, de 20/7/1823.

[49] Carlos Real de Azua. *Los orígenes...*, op. cit.; A. Ribeiro. *Historiografia nacional...*, op. cit., e *Historia e historiadores nacionais...*, op. cit. Uma boa fonte documental para os estudos destes acontecimentos é Flavio A. Garcia. *Los acontecimientos de 1825 en la Província Oriental através de la prensa rioplatense*. Montevideo, Comision Nacional de Homenaje del Sesquicentenário de los Hechos Históricos de 1825, 1976, 2 v.

Em seguida, sendo "voto geral decidido e constante da Província Oriental", afirmava "a unidade com as demais Províncias Argentinas a que sempre pertenceu pelos vínculos mais sagrados que o mundo conhece".[50] Compreensível, sem dúvida, os constrangimentos que a segunda parte do documento causaram àqueles que nele pretenderam ver um *momento fundador* do Uruguai e de sua nacionalidade; afinal, a "unidade" com outras províncias que, posteriormente, viriam a integrar a República argentina destoava dos princípios básicos nos quais se assentavam narrativas historiográficas oitocentistas.

No entanto, talvez ainda valha assinalar como as duas medidas constantes da declaração encontram perfeita correspondência com o desenvolvimento da identidade oriental aqui acompanhado. A exemplo da "orientalidade" pró-portuguesa que em 1821 reforçava sua especificidade em meio a uma união política, o mesmo ocorria em 1825 por parte de partidários de outra ordem: a província e a identidade oriental se cristalizavam como específicas justamente a partir do momento em que estabeleciam sua união com os opositores do Brasil.

A subseqüente guerra entre o Império e as Províncias Unidas do Rio da Prata, iniciada em fins de 1825, novamente reforça este caminho. Na *Gaceta de la Província Oriental*,[51] a província ainda pode ser referida como "Banda Oriental",[52] parte

---

[50] José Luis Romero & Luis Alberto Romero (orgs.). *Pensamiento político de la emancipación (1790-1825)*. v. II. Caracas: Ayacucho, 1977, pp. 227-228.

[51] Editada em Canelones, capital da Província Oriental contrária à Província Cisplatina. Publicou dezesseis números semanais entre 14/11/1826 e 23/2/1827 (*Gaceta de la Província Oriental*. Reimpressão facsimilar: Montevideo, Instituto Histórico y Geográfico del Uruguay, 1943).

[52] *Gaceta de la Província Oriental* n. 9, de 5/1/1827.

das Províncias Unidas. D. Pedro I é um "usurpador",[53] verdadeiro "Nero do Continente Americano"[54], e seus súditos os "escravos do imperador"[55] ou "escravos do tirano"[56]. A oposição discursiva entre *república* e *monarquia*, bem como entre *liberdade* e *escravidão*, persistiria no cenário sul-americano mesmo após o término de uma guerra sem vencedores. Igualmente, ofereceria elementos de reforço à generalizada percepção de que, entre os dois pólos desse conflito, havia uma zona ainda nebulosa, *oriental*, mas cuja imagem e auto-imagem eram suficientemente reconhecidas a ponto de fornecerem sólidos pretextos para a criação, em 1828, de uma República *Oriental* do Uruguai.

***

Reforçando a crítica de mitos de origem característicos de uma narrativa histórica nacional uruguaia, mas também relativizando excessos revisionistas como a idéia do Uruguai *Estado-tampão*, suposta criação exclusiva da diplomacia britânica que encerrou a guerra de 1828 e, portanto, desprovida de alicerces reais, o estudo da trajetória das identidades políticas na Banda-Província-República Oriental, aqui apenas esboçado, pode trazer luzes a pontos ainda pouco conhecidos de um processo político nem mais nem menos importante do que os demais que, à mesma época, ocorreram no continente americano, e com os quais ele interagiu profundamente.

---

[53] *Gaceta de la Província Oriental* n. 1, de 14/11/1826.

[54] *Gaceta de la Província Oriental* n. 9, de 5/1/1827.

[55] *Gaceta de la Província Oriental* n. 1 de 14/11/1826.

[56] *Gaceta de la Província Oriental* n. 3 de 28/11/1826.

Neste ponto, parece-me relevante constatar – e com isso concluir – que o pressuposto de que identidades coletivas são construídas fundamentalmente por meio de alteridades indique uma dimensão da realidade na qual o processo aqui observado se revela mais *típico* do que *singular* em meio ao cenário de crise e dissolução dos Impérios ibéricos na América, do qual resultaram diversas nações independentes. Refiro-me ao tão propalado princípio, que é também uma aparente obviedade, de que toda e qualquer história do surgimento dessas nações será necessariamente fragmentada e distorcida se não levar em devida conta processos articulados que no passado historiadores se encarregaram de consagrar como distintos, singulares e isolados. Um princípio, no entanto, que ainda aguarda seu devido lugar na prática dos historiadores.

DOCUMENTO Nº 1

Prospecto da *Gazeta de Montevidéu* (8/10/1810)

PROSPECTO DO DIÁRIO INTITULADO
GAZETA DE MONTEVIDÉU

Os Povos, assim como os homens, tornam-se ilustres por suas virtudes. O amor dos cidadãos às Leis, à Religião, ao Governo, aos costumes e às próprias preocupações da Nação, forma esta virtude eminente que é o patriotismo, fundamento da independência dos povos livres. Sem o amor à pátria, nem a Espanha teria ditado leis à Grécia, nem Roma teria se intitulado a Capital do mundo conhecido.

Montevidéu, a quem ainda devemos considerar na infância, manifestou com traços heróicos a possessão dos mais nobres desejos com vistas à verdadeira glória. Seu sistema constante de lealdade ao mais digno dos monarcas fez com que merecesse o título de MUITO FIEL e que seu nome fosse registrado na lista dos povos beneméritos da Pátria. A energia com que defende a causa dos direitos sagrados de seu legítimo soberano, o Senhor Dom Fernando VII, e o caráter de sua dignidade desde a época desgraçada das comoções populares de Buenos Aires fizeram com que adquirisse o apreço da Corte do Brasil. A Sereníssima Senhora nossa Infanta Dona Carlota Joaquina, interessada na conservação dos domínios de seu augusto irmão e nas glórias deste povo, teve a generosidade de proporcionar-nos uma gráfica para que se torne pública a sua conduta fiel e generosa.

O Governo que consagra todos os instantes à felicidade deste povo que tem a sorte de presidir, desejoso de gozar de tão apreciável benefício, determinou publicar nas quintas-feiras de cada semana um jornal com o nome de *Gazeta de Montevidéu*. Neste papel serão comunicadas as notícias da Espanha e do Reino, ordens reais, editos, proclamas, alguns discursos políticos e tudo o mais que possa interessar aos verdadeiros Patriotas. Terá lugar neste diário tudo o que ocorreu e ocorra durante as circunstâncias atuais da Província e, em uma palavra, tudo o que possa contribuir para dar uma idéia positiva da nossa situação. Publicar-se-ão também todos os papéis que se dirijam ao diretor da Gráfica, Dom Nicolas de Herrera, ou que se coloquem na caixa destinada a este efeito, depois de examinados como corresponde.

Tal é, precisamente, o objeto a que se propõe o Governo na obra que lhes anunciamos, habitantes generosos de Montevidéu. Reunir quanto suceda até o restabelecimento da tranqüilidade do Vice-reinado e publicá-lo sem adornos e com a simplicidade que caracteriza a verdade, para que vejais o retrato de vosso verdadeiro caráter. A vós cabe dar com vossas virtudes assuntos dignos do diário que em razão dela adquiriram, e sustentar com vossa proteção um estabelecimento tão útil aos interesses gerais da Monarquia, quanto necessário à conservação de vossa glória.

Montevidéu, 8 de outubro de 1810.

As Gazetas serão vendidas na Livraria a meio real cada uma.
Na gráfica da cidade de Montevidéu.

(Documento extraído de: *Biblioteca de Impresos Raros Americanos. Gazeta de Montevideo volumen primero*. 1810. Outubro-dezembro. Montevidéu, Universidade da República/ Faculdade de Humanidades e Ciências/Instituto de Investigações Históricas, 1948, pp. 3-4.)

Documento Nº 2

José Artigas: Instruções para os Deputados da Assembléia de Buenos Aires (13/4/1813)

"Instruções que se deram aos Representantes do Povo Oriental para o desempenho de suas funções na Assembléia Constituinte localizada na cidade de Buenos Aires."

Primeiramente pedirá a declaração da independência absoluta destas colônias, que elas estão livres de toda obrigação de fidelidade à Coroa da Espanha e à família dos Bourbons e que toda conexão política entre elas e o Estado da Espanha é e deve ser totalmente dissolvida.

Artigo 2º – Não admitirá outro sistema que o de confederação para o pacto recíproco com as províncias que formam nosso Estado.

Artigo 3º – Promoverá a liberdade civil e religiosa em toda a sua extensão imaginável.

Artigo 4º – Como objeto e fim do Governo, devem conservar-se a igualdade, a liberdade e a segurança dos cidadãos e dos povos, assim cada província formará seu governo sob estas bases, além do Governo Supremo da Nação.

Artigo 5º – Tanto este como aquele se dividirão entre poder legislativo, executivo e judiciário.

Artigo 6º – Estes três poderes jamais poderão estar reunidos entre si e serão independentes em suas atribuições.

Artigo 7º – O Governo Supremo atuará somente nos negócios gerais do Estado. O resto é peculiar ao Governo de cada província.

Artigo 8º – O Território que ocupam estes povos, desde a costa oriental do Uruguai até a fortaleza de Santa Teresa, forma uma província, denominada *Província Oriental.*

Artigo 9º – Que os sete povos das Missões, os de Batoví, Santa Tecla, San Rafael e Tacuarembó, que os portugueses hoje ocupam injustamente e que em seu devido tempo devem ser reclamados, serão em qualquer tempo território desta província.

Artigo 10º – Que esta província, pela presente, entre separadamente em uma firme liga de amizade com cada uma das outras para sua defesa comum, segurança de sua liberdade e para sua mútua e geral felicidade, obrigando-se todas a defender-se mutuamente contra toda violência ou ataque dirigido a qualquer uma delas e motivado por religião, soberania, tráfico ou algum outro pretexto, qualquer que seja.

Artigo 11º – Que esta província retém sua soberania, liberdade e independência, todo poder, jurisdição e direito que não é delegado expressamente pela confederação às Províncias Unidas juntas em congresso.

Artigo 12º – Que o Porto de Maldonado seja livre para todos os barcos que participem da introdução de mercadorias e exportação de frutos, colocando-se a correspondente Alfândega naquele povoado, solicitando para este efeito que se oficialize junto ao Comandante das Forças de Sua Majestade Soberana a abertura daquele porto para que proteja a navegação ou o comércio de sua nação.

Artigo 13º – Que o Porto da Colônia seja igualmente habilitado nos termos prescritos no artigo anterior.

Artigo 14º – Que nenhuma taxa ou tributo seja imposto sobre artigos exportados de uma província para outra; nem que nenhuma preferência seja dada devido a qualquer regulação de comércio ou renda aos portos de uma província em detrimento dos portos de outras, nem os barcos destinados desta província a outra serão obrigados a ancorar ou a pagar tributos em outra.

Artigo 15º – Não permita que sejam feitas leis para esta província sobre bens de estrangeiros que morram sem fazer testamento, sobre suas multas ou confiscos que se aplicavam antes para o Rei e sobre o seu território, enquanto esta província não elabore seu regulamento e determine para quais fundos devem ser aplicados, já que é a única que tem o direito de fazê-lo no âmbito de sua jurisdição econômica.

Artigo 16º – Que esta província terá sua constituição territorial e que ela tem o direto de sancionar a Constituição Geral das Províncias Unidas que elabora a Assembléia Constituinte.

Artigo 17º – Que esta província tem o direto de levantar os regimentos que necessite, nomear os oficiais de companhia, regulamentar sua milícia para a segurança de sua liberdade, pelo qual não poderá ser violado o direito dos povos de ter e guardar armas.

Artigo 18º – O despotismo militar será precisamente aniquilado com travas constitucionais que assegurem que a soberania dos povos será inviolável.

Artigo 19º – Que precisa e indispensável seja, fora de Buenos Aires, o local de residência do Governo das Províncias Unidas.

Artigo 20º – A Constituição garantirá às Províncias Unidas uma forma de governo republicana que proteja cada uma delas contra as violências domésticas, a usurpação de seus direitos, a liberdade e a segurança de sua soberania; de forma que com força armada nenhuma delas tente sufocar os princípios proclamados. E da mesma forma prestará toda sua atenção, honra, fidelidade e religiosidade a tudo quanto acredite ou julgue necessário para preservar nesta província as vantagens da liberdade e de manter um governo livre, de piedade, justiça, moderação e indústria. Para todo o qual, etc., etc.

(Documento extraído de: José Luis Romero & Luis Alberto Romero (orgs.). *Pensamiento político de la emancipación, 1790-1825.* v. II. Caracas: Ayacucho, 1977, pp. 15-17.)

DOCUMENTO Nº 3
○∽

Extrato do *Pacífico Oriental de Montevidéu* (nº 2, 29/12/1821)

ORIGEM DA NOSSA LIBERDADE

É inegável que sem a desmedida ambição do grande Napoleão não haveria ocasião mais oportuna para a emancipação americana; o mesmo ocorre em relação a Portugal, que, sem este acontecimeto, não tentaria sua liberdade. Desfeitos os diques que contrapunham a Tirania e o Fanatismo à guerra iniciada e perpetuada em nome da Liberdade, era natural que se estendesse o vôo da imaginação do homem em um espaço mais amplo. Já as ciências tinham trilhado o caminho e para acertar bastava seguir suas pegadas. Ao gênio americano não se escondiam inúmeras verdades, que olhadas pelos servis como ímpias, constituem a felicidade do homem social. Mais que outra causa, a dominante superstição cuidadosamente mantida impediu que a Liberdade em sua Aurora generalizasse seu império neste continente; entretanto a decisão dos Povos era tal na guerra da justiça contra a violência, que por todos os lados apresentava-se um imenso campo de cadáveres. Chegamos, ao que parece, ao desenlace da cena, quando pelas desgraças suscitadas pelas guerras civis acreditou-se necessário ao sossego dos Estados de Sua Majestade a ocupação deste território. Bem sabeis o ocorrido desde este momento, Cidadãos, e que depois de incalculáveis contrastes, males e reveses, a Liberdade proclamada pela heróica Nação Portuguesa hoje nos pertence por direito.

Para desfrutá-la de fato, precisamos criar infinitas garantias e em cada uma delas uma dificuldade contra a qual se dirigem os ataques do poder arbitrário: que sempre vigilantes fortaleçamos as Leis para reduzir os Magistrados à feliz impotência de somente trabalhar pelo bem; que zelosos na defesa de nossos direitos oponhamos o escudo da justiça frente ao abuso; que exatos observadores das liberais Bases Constitucionais acusemos perante o público o primeiro que as violasse; que fugindo do repouso inimigo da Liberdade entreguemo-nos ao exercício da virtude como o guia mais seguro da prosperidade. Por estes sinais se conhece o Governo justo, porque o ilegítimo está sentado sobre a força e a impostura.

Preenchidos estes primeiros deveres e dissipada a tempestade da guerra, nossos compatriotas devem dirigir-se a restituir a indústria e o comércio, fontes da verdadeira grandeza; assim somente mudará de aspecto o território e desaparecerão os graves males que o atacaram: todos os habitantes devem possuir estes princípios e quem negue a sua utilidade e justiça não é digno de viver entre nós.

O Governo, instrumento poderoso para promover nossa felicidade, só espera que nossos desejos se manifestem em conformidade com nossas urgentes necessidades; uniformemos nossos votos e não teremos mais que explicá-los para a sua execução; todos os meios para movimentar a máquina da nossa recuperação estão em nosso poder. O que falta a não ser revestir-nos de dignidade para sermos ouvidos? A indiferença nunca é mais criminosa do que quando se trata da felicidade pública; chamados e autorizados pela Lei, todos os amantes da justiça e da Pátria devem concorrer prontamente, escutar suas necessidades e remediá-las; não contentes com os primeiros progressos, agilizar seus cargos até que neles se radique o sistema de Liberdade em todo o pertinente. Respeitar as pessoas e as propriedades é o primeiro e mais santo dos deveres nos Governos representativos e onde isto não for aplicado não haverá Liberdade.

DOCUMENTO Nº 4

Declaração de Independência da Província
Oriental (25/8/1825)

DECLARAÇÃO DA INDEPENDÊNCIA

1º) Tornar írritos, nulos, dissolvidos e sem nenhum valor para sempre todos os atos de incorporação, reconhecimento, aclamações e juramentos arrancados aos povos da Província Oriental pela violência da força, unida à perfídia dos intrusos poderes de Portugal e do Brasil que a tiranizaram, humilharam e usurparam seus inalienáveis direitos, sujeitando-a ao jugo de um absoluto despotismo desde o ano de 1817 até o presente ano de 1825.

2º) Em conseqüência da antecedente declaração, reassume a Província Oriental a plenitude de seus direitos, liberdades e prerrogativas inerentes aos demais povos da terra; declara-se de fato e de direito independente do rei de Portugal, do imperador do Brasil e de qualquer outro do universo com amplos poderes para dar-se a forma que no uso e no exercício de sua soberania estime convenientes.

INCORPORAÇÃO ÀS PROVÍNCIAS UNIDAS

Sendo que o voto geral, decidido e constante da Província Oriental, era pela unidade com as demais províncias argentinas a qual sempre pertenceu pelos vínculos mais sagrados que o mundo conhece, fica a Província Oriental do Rio da Prata unida às demais deste nome no território do Sul da América, por ser a livre e espontânea vontade dos povos que a compõem, manifestada com testemunhos incontestáveis e esforços heróicos desde o primeiro dia da regeneração política de tais províncias.

(Documento extraído de: José Luis Romero & Luis Alberto Romero (orgs.). *Pensamiento político de la emancipación, 1790-1825*. v. II. Caracas: Ayacucho, 1977, pp. 227-228.)

DOCUMENTO Nº 5

Extrato da *Gazeta da Província Oriental* (nº 9, 5/1/1827)

INTERIOR

Quando o Nero do continente americano, arrebatado pelo frenesi de sua ambição e de seu orgulho, utilizou toda espécie de meios e recursos para sujeitar-nos a um jugo mil vezes mais pesado e irritante que aquele que quebrou a energia dos valentes, talvez nos momentos em que repousava mais tranqüilo no suposto adormecimento e submissão da província (graças às pomposas seguranças e garantias de seus sátrapas entronizados no poder e na perfídia); quando no delírio de sua audácia estende-se até projetar a ocupação da capital da República, da nova Roma, berço da liberdade e do heroísmo; quando ecoa por todo o país o clarim bélico convocando os filhos do Sul a defender a independência adquirida a um preço igual ao de sua estima: Qual é o dever das autoridades e dos habitantes da Banda Oriental? A que objeto devem hoje ter por fim seu desejo, suas solicitudes e seu constante empenho?

Olhemos o movimento que iniciou esta época: recordemos que nós, orientais inspirados ou pela força da opinião ou pelo desespero no qual nos colocava a tirania estrangeira sem medir a extensão dos riscos, a escala dos recursos ou a própria situação dos demais povos, arrojamo-nos à arena para reivindicar os nossos interesses e direitos.

Nossos passos quase tão rápidos quanto nosso desejo foram seguidos fielmente pela vitória e a empresa adquiriu então tal vôo e incremento que se transformou em uma demanda eminentemente nacional, sem que, portanto, devesse, a partir daí, diminuir nossos sacrifícios ou compromissos, mesmo que a esperança fosse consolidada e se multiplicassem os elementos para realizá-la.

Como conseqüência, hoje podemos ver reunidas e prontas para obrar as forças do Estado contra todas as hordas que pode reunir este imperador absoluto, que renunciando a qualquer consideração, a não ser a de destruir pelos fundamentos um sistema que choca com os seus princípios e arrisca sua existência no Brasil, faz uma aposta final em torno de seus decretos terríveis e executivos para assegurar um golpe de morte nas entranhas da pátria. Vemos o governo geral em um só dia ditando e arquitetando com a maior rapidez e destreza os meios para tornar inexpugnável a capital da nação, como centro dos principais recursos e da direção da contenda. Também o vemos com seu zelo não satisfeito apenas em agitar por si só todos os meios que estejam ao seu alcance, interpelar eficazmente os prefeitos das províncias para que tomem igual atitude e dispor-se à defesa comum fazendo uso dos arbítrios e do poderio que o gênio do patriotismo oferece à massa da população, nos casos extraordinários de salvar sua vida política ou arrastar as correntes de um conquistador.

Assim, em tais circunstâncias, quem, a não ser um indigno egoísta ou um claro inimigo do nome americano, não sentirá a necessidade de fazer o possível e o impossível para salvar a pátria e zelar pelos interesses públicos? Quem duvida que não resta outra alternativa que a de vencer ou sepultar-se entre as ruínas da República? Felizmente, a decisão dos habitantes da província é tão unânime e generosa, quanto seu voto claro de ódio à dependência estrangeira. Não haverá uma só pessoa que se escuse de cumprir o primeiro dever do cidadão quando a segurança pública está em perigo e as autoridades provinciais, partindo deste conceito, animadas por tão firme apoio e excitadas pelos modelos que oferecem os altos poderes da Nação Argentina, saberão adotar as medidas e as disposições que exigem urgentemente a custódia, a conservação da ordem, a liberdade e a honra do povo que presidem e cuja sorte está sob sua responsabilidade.

A REVOLUÇÃO DE INDEPENDÊNCIA NO RIO DA PRATA E AS ORIGENS DA NACIONALIDADE ARGENTINA (1806-1825)

Jorge Myers

Introdução

Para compreender adequadamente o desenvolvimento da Revolução de Maio e das guerras pela independência na região do Prata, é necessário inserir este processo no contexto mais amplo do colapso do Império espanhol, ocasionado pela invasão napoleônica de 1808. Desde o início do ciclo das guerras revolucionárias na Europa, a partir de 1792, a Monarquia espanhola viu-se arrastada a participar delas, ora aliada a uma das potências em luta, ora a outra, mas sempre com a mesma conseqüência: um debilitamento progressivo de sua capacidade ofensiva e uma crescente exposição de suas fronteiras a ataques por parte de países inimigos.

Com a entrada das tropas francesas no território espanhol, seguida da conquista de Madri e da abdicação forçada de Carlos IV (1788–1808) e de seu filho, Fernando VII (1808, 1814–1833), os vínculos de união entre os diferentes territórios que compunham o Império espanhol ficaram fortemente comprometidos. Enquanto, por um lado, formava-se uma Junta Central de Governo em Sevilha (que resistiria até 1810 aos esforços franceses por tomá-la), cuja legitimidade foi reconhecida pela maioria dos Vice-reinados, Capitanias Gerais e Províncias do Império, em 1809 iniciava-se, também, um incipiente movimento de criação de juntas autônomas de governo em diferentes cidades desse Império como, por exemplo, em Quito e em La Paz (cujo exemplo foi rapidamente imitado por Chuquisaca) – dois movimentos sem nenhuma ligação entre si.

Se entre 1808 e 1810 a queda do Império dinástico dos Bourbons espanhóis tinha criado uma situação na qual diversas alternativas políticas pareciam vislumbrar-se para as diferentes cidades e províncias deste país, a queda de Sevilha nos primeiros meses de 1810 e a dissolução da Junta Central – substituída pela ilha de Cádiz, último território livre de tropas francesas, por um Conselho de Regência que convocaria pela primeira vez, em décadas, o parlamento espanhol, as Cortes – abriram uma nova e mais grave etapa na crise política que o país atravessava.

A chegada da notícia da queda de Sevilha impulsionou, em cada cidade da porção americana do Império espanhol, a criação de juntas autônomas de governo, entre elas Buenos Aires. A partir de 1810, ao mesmo tempo que se iniciava uma guerra civil em solo americano que confrontava os que permaneciam leais ao Conselho de Regência e reconheciam nas Cortes de Cádiz uma instituição representativa legítima – ampliada para incluir deputados de diferentes regiões americanas –, e os que rechaçavam a legitimidade das instâncias de governo, dois processos de transformação política começavam a ser executados: a construção nas regiões leais como os Vice-reinados do Peru e da Nova Espanha, de uma monarquia constitucional – dotada de instituições representativas de governo e sem uma ruptura total com o antigo pacto colonial –, e a construção, nos territórios que eram contra a solução gaditana – como Caracas, Buenos Aires ou Santiago do Chile –, de sistemas autônomos de governo; em alguns casos, sob uma forma republicana; em todos eles, sob uma forma representativa.

Entretanto, a crise de legitimidade da ordem colonial tinha começado no Rio da Prata antes que na própria Espanha, devido às "invasões inglesas" de 1806 e 1807. Em certo sentido, é possível sustentar que a crise de legitimidade das instituições ligadas ao Vice-reinado em Buenos Aires coincidiu com a crise de legitimidade das instituições da monarquia dos Bourbons em seu conjunto, ambas potencializando-se mutuamente. No contexto da guerra sem quartel que os Impérios francês e britânico disputavam, e num momento de expansão imperial européia que Christopher Bayly caracterizou de maneira muito pertinente com o adjetivo "pró-consular", uma expedição militar enviada da recém-conquistada Colônia do Cabo (conquistada pela Inglaterra, antes pertencente à Holanda) penetrou no território do Vice-reinado do Rio da Prata no dia 26 de junho de 1806 e tomou a cidade de Buenos Aires no dia seguinte com apenas 1.600 tropas.[1]

O vice-rei que então governava a colônia, Marquês de Sobremonte, retirou-se para Córdoba, enquanto as principais instituições do Vice-reinado juravam lealdade ao monarca britânico. Entre essa data e o dia 12 de agosto, Buenos Aires permaneceu sob governo inglês. Esse acontecimento marcou o início de uma transformação na estrutura local de poder, já que os esforços bélicos realizados pelos crioulos e espanhóis para recuperar a cidade foram feitos à margem das estruturas tradicionais de dominação colonial. Como destaca com toda razão Tulio Halperín Donghi, em Buenos Aires a militarização revolucionária começou quatro anos antes da ocorrida nas demais cidades

---

[1] Ver Klaus Gallo. *Las Invasiones Inglesas*. Buenos Aires: Eudeba, 2004. Contém um importante apêndice documental.

do Império espanhol.[2] Sob a liderança de um militar francês, Jacques (Santiago) de Liniers, e de outro crioulo, Juan Martín de Pueyrredón, uma milícia crioula foi organizada de maneira improvisada e conduzida à vitória frente às tropas inglesas. A partir desse momento, os novos regimentos crioulos não seriam desmantelados, permanecendo como um importante fator na luta pelo poder que a perda de legitimidade do governo do vice-rei Sobremoente desencadeou.

Esse vice-rei foi suspenso em suas funções por decisão da Audiência de Buenos Aires, e, enquanto se realizavam os preparativos para enfrentar uma segunda invasão de tropas britânicas, a colônia permaneceu acéfala: a Audiência encarregou-se da administração civil, enquanto Liniers foi nomeado comandante militar supremo.

A segunda invasão britânica, que começou com a captura de Montevidéu em 10 de maio de 1807, e culminou com a derrota do segundo exército inglês em 6 de julho do mesmo ano, serviu para destacar ainda mais o prestígio de Liniers, nomeado a partir de então vice-rei provisório.[3] Esses acontecimentos tinham produzido três conseqüências de grande transcendência para a futura evolução política do Vice-reinado: tinham permitido o início de um potencial enfrentamento entre um "partido" ou "facção" crioula – leal a Liniers, ainda que liderado por crioulos como Pueyrredón e Cornelio Saavedra – e outro espanhol – liderado pelo alcaide de Buenos Aires, cujo título era

---

[2] Tulio Halperin Donghi. *Revolución y guerra. Formación de una élite dirigente en la Argentina criolla.* Siglo XXI, México, 1972.

[3] O estudo clássico sobre a atividade política de Santiago de Liniers continua sendo: Paul Groussac. *Santiago de Liniers, Conde de Buenos Aires* (1ª ed. 1907). Bueno Aires: El Elefante Blanco, 1998.

Alcalde de Primer Voto del Cabildo, Martín de Álzaga –; tinham originado uma veloz militarização da sociedade rio-platense; e tinham produzido uma crescente crise de legitimidade da ordem colonial, manifestada pela crescente autonomia política do *Cabildo* (o governo municipal de Buenos Aires) e a frágil autoridade dos dois últimos vice-reis, cujos títulos de legitimidade foram questionados pela incipiente opinião pública crioula.

Esses dois últimos governos coloniais sucederam-se em um clima político marcado por intrigas de facções, uma crescente capacidade, por parte de setores poderosos da sociedade local, de ditar políticas de estado – como, por exemplo, a autorização do livre comércio arrancada do vice-rei Baltasar de Cisneros (1809-1810), pela pressão de uma corporação de fazendeiros e o talento retórico de um jovem advogado, Mariano Moreno -, além de conspirações e revoltas, como o frustrado levante do Cabildo no início de 1809.[4]

A notícia da queda de Sevilha, recebida em Buenos Aires no início de 1810, funcionou como um detonador para a mudança de regime. Em uma última tentativa para preservar sua já muito questionada autoridade, o próprio vice-rei procurou criar uma Junta de Governo presidida por ele, em 22 de maio de 1810. Rechaçado esse propósito pelas principais corporações do Vice-reinado, Cisneros foi destituído a partir desse mesmo dia e após uma breve interinidade durante a qual o Cabildo de Buenos Aires encarregou-se do governo, no dia 25 de maio, foi celebrado um "Cabildo aberto", ou seja, uma assembléia política formada pelos principais moradores da

---

[4] Mariano Moreno. "La representación de los hacendados (1809)". In: Mariano Morno. *Escritos*. Buenos Aires: La Cultura Argentina, 1918.

cidade que nomearam uma Junta autônoma de governo, presidida pela comandante do Regimento de Patrícios das Milícias, Cornelio Saavedra.[5] Diferentemente do ocorrido na maioria das demais cidades americanas que aderiram ao movimento de criação de juntas autônomas de governo, Buenos Aires nunca mais seria governada por um representante do antigo poder colonial. É por essa razão que a Constituição de 1812, promulgada pelas Cortes de Cádiz para todo o Império espanhol, nunca chegou a ser aplicada nos territórios centrais do antigo Vice-reinado do Rio da Prata.

A "Década Revolucionária" de 1810–1820: suas principais características

A primeira década depois da independência *de fato* conquistada em 1810 foi marcada por sucessivas tentativas fracassadas de construir uma ordem institucional estável e legítima, em substituição à ordem colonial derrubada. A Primeira Junta de Governo tinha fundamentado seu direito de exercer o governo baseada na idéia do retorno da soberania – até esse momento investida no soberano cativo, Fernando VII – ao povo. Enquanto o monarca permanecesse ausente e enquanto nenhum governo cuja legitimidade merecesse ser reconhecida pela cidade de Buenos Aires e pelo Vice-reinado que ela presidia fosse constituído na Espanha, a Junta governaria em nome de Fernando VII.

---

[5] Os demais membros desse primeiro governo pátrio foram: Juan José Castelli, Manuel Belgrano, Miguel Azcuénaga, Manuel Alberti, Domingo Matheu e Juan Larrea como vogais; e Juan José Passo e Mariano Moreno como secretários. Ver "Reglamento de la Junta Provisional Representativa" (25 maio 1810). In: Arturo Enrique Sampay (comp.). *Las constituciones de la Argentina 1810–1972*. Buenos Aires: Eudeba, 1973.

Com efeito, devido ao caráter moderado da nova elite revolucionária, o movimento iniciado em 1810 só muito lentamente chegou a ver na independência política uma possível saída para a crise do Império espanhol. Salvo em breves momentos quando, sob o impulso do partido "morenista" e de seus sucessores – como a Sociedade Patriótica (1812) e a Logia Lautaro (1813– 1814) – o discurso revolucionário adquiriu um tom mais radical, a possibilidade de uma reintegração do Vice-reinado ao corpo de um Império espanhol reformado nunca desapareceu completamente do horizonte. Só a confluência de dois fatos – a tomada de poder em Buenos Aires por parte do grupo mais inclinado à independência do Rio da Prata e a restauração do regime absolutista com Fernando VII imediatamente após seu regresso ao trono em 1814 – fez com que a independência política das agora chamadas Províncias Unidas do Rio da Prata fosse formalmente declarada em 9 de julho de 1816.

Apesar dessa longa demora entre a consumação *de fato* da Independência e sua declaração formal, as novas autoridades tinham instituído desde um primeiro momento uma ordem política cuja principal característica era a dissolução dos mecanismos de dominação próprios do absolutismo. Uma sucessão vertiginosa de decretos promulgados durante 1810 – muitos deles não só incentivados, mas redigidos por Mariano Moreno – suprimiu os títulos de nobreza e o regime de castas, proclamou a liberdade de imprensa – direito que seria reafirmado em um decreto de 1811 e em uma lei de 1812, reafirmado outra vez em outra lei de 1821[6] – e estabeleceu o princípio de que a soberania residia agora no povo.

---

[6] Arturo Enrique Sampay, op. cit.

Nos últimos meses de 1810, uma tradução do *Contrato social* de Jean-Jacques Rousseau, feita por Moreno, começava a circular em Buenos Aires e seu estudo como manual cívico era recomendado pelo jornal *La Gaceta*, fundado e redigido por Moreno. E, mais ainda, a Primeira Junta anunciava a convocação de eleições para um congresso constituinte que deveria se reunir no final de 1810 ou início de 1811; um projeto frustrado como conseqüência de uma manobra da ala mais conservadora do grupo revolucionário. Uma vez realizadas as primeiras eleições para deputados, em vez de reunirem-se em um congresso constituinte, eles foram incorporados à Primeira Junta para formar assim a Junta Grande, dominada pelo setor mais conservador. De qualquer maneira, o início do governo representativo seria referendado por sucessivos comícios ao longo da década revolucionária, até receber uma formalização mais explícita na lei eleitoral da Província de Buenos Aires de 1821.[7]

Todos os esforços para adotar uma constituição política foram infrutíferos durante aqueles dez anos. Após o fracasso da primeira tentativa de organizar um congresso constituinte, seguiu-se um segundo e mais ambicioso esforço em 1813: a Assembléia convocada nesse ano chegaria a reunir-se, mas seria dissolvida antes de terminar de redigir um documento dessa natureza. Suas principais conquistas foram: decretar a extinção gradual do regime escravocrata no Rio da Prata, mediante a chamada Lei do Ventre Livre (1813) e uma lei corolária que estabelecia a liberdade automática de todo escravo que a partir daquele momento ingressasse no território das

---

[7] Marcela Ternavasio. *La revolución del voto. Política y elecciones en Buenos Aires 1820–1852.* Siglo XXI, Buenos Aires, 2002.

Províncias Unidas, salvo os pertencentes a visitantes estrangeiros; a supressão definitiva dos títulos de nobreza; a proibição de fundar *mayorazgos**; a proibição das torturas (*tormentos*) e a concessão definitiva da "liberdade dos índios e da igualdade frente a todos os demais cidadãos".[8]

Em 1816, um novo congresso geral, que elaborou um texto constitucional após proclamar a independência das Províncias Unidas, foi reunido na cidade de Tucumán. Submetido ao vaivém da política revolucionária e às diferentes soluções procuradas pelos sucessivos governos com sede em Buenos Aires, conseguiria, após seu translado a essa cidade em 1817, proclamar uma constituição, a de 1819. De caráter nacionalista e pensada para ser adaptável a um regime monárquico – já que até 1820 a opinião majoritária dentro da elite revolucionária favorecia o estabelecimento de um regime dessa natureza –, nunca chegou a entrar em vigor – já que, antes de ser ratificada pelos povos que compunham as Províncias Unidas, o Estado central, herdeiro do Vice-reinado, dissolveu-se em fevereiro de 1820.

O regime político instaurado logo após 1810 foi marcado, como destacaram Tulio Halperín Donghi e José Carlos Chiaramonte, por um elevado grau de temporariedade, refletido também no número e na variedade institucional dos governos que se sucederam um após outro durante aqueles dez anos: três juntas (1810–1811), dois triunviratos (1811–1814) e seis diretores supremos (1814–1820), dos quais o de maior permanência no governo foi Juan Martín de Pueyrredón (1816–1819).

---

* "Patrimônio familiar que, segundo instituição antiga, sempre é retransmitido ao filho mais velho." (N. do T.).

[8] Arturo Enrique Sampay, op. cit.

Para assegurar a lealdade de todo o território do antigo Vice-reinado ao novo governo, um exército revolucionário foi criado em 29 de maio de 1810 e enviado para o interior. Salvo uma mínima, ainda que perigosa, resistência na cidade de Córdoba, essa força prosseguiria sua marcha sem interrupção até ingressar no Alto Peru (hoje Bolívia), onde a proclama publicada por Juan José Castelli – pertencente à ala mais radical do grupo revolucionário e anunciada nos três idiomas dessa comarca: espanhol, quechua e aymará –, o fim do tributo indígena e a abolição do regime de castas terminaram de transformar a elite crioula local em inimiga obstinada do processo revolucionário.

Ainda perseguida pelo fantasma da rebelião de Tupac Amaru (1780–1782) e ocupada pelas tropas monarquistas enviadas no ano anterior para sufocar as rebeliões de La Paz e Chuquisaca, a zona sul do Alto Peru se converteria no limite mais distante aonde chegava a autoridade do novo governo rio-platense. A partir de outubro de 1810 e até a derrota final dos monarquistas na batalha de Ayacucho, em dezembro de 1824, essa linha de fronteira seria um importante palco de batalhas.

Em 1810, outro exército tinha sido enviado ao nordeste; no entanto, após alcançar a adesão dos povos do litoral, foi repelido pelas forças monarquistas que dominavam a Província do Paraguai. A autoridade da Junta e de seus sucessores nunca imperou nesse território: em 1811, uma revolução em Assunção criava um governo autônomo – que nunca reconheceu a autoridade de Buenos Aires –, e, em 1844, após o fim da longa ditadura do Dr. Francia, a independência paraguaia era formalmente declarada. Também em 1810 a Junta tinha enviado agentes à campanha da Banda Oriental, cujo governador, o general Elío, havia invocado o direito inerente a sua categoria de proclamar-se vice-rei do

Rio da Prata. Só em 1811 começaria a revolução oriental, liderada pelo caudilho dessa campanha, José Gervasio de Artigas. Montevidéu permaneceria sob controle da monarquia até sua conquista definitiva por tropas portenhas e orientais em 1814. Desde o início do processo revolucionário, duas concepções sobre como organizar politicamente o novo estado disputavam terreno: uma, defendida pelo grupo revolucionário de Buenos Aires e pelos governos sucessores dos vice-reis com sede nessa cidade, consistia em manter o sistema centralista herdado da Colônia, e outra, enunciada pela primeira vez por alguns dos representantes nomeados pelas cidades-sede das províncias, enviados a Buenos Aires no final de 1810, consistia em reivindicar alguma forma de autogoverno local, ou seja, um sistema descentralizado de tipo federal ou confederativo. Essas duas posições incentivariam, a partir da consolidação do movimento liderado por Artigas na Banda Oriental, duas revoluções contrapostas, cujas orientações político-ideológicas opostas, tanto quanto sua disputa pelo poder supremo no antigo Vice-reinado, não tardariam em desencadear uma guerra civil.

Tendo formulado com certa precisão, nas "Instruções" dadas aos deputados orientais enviados à Assembléia do Ano Treze, o ideário confederativo que sustentava seu movimento, Artigas criaria um estado alternativo àquele com sede em Buenos Aires, a Liga dos Povos Livres. Com um nível de institucionalização muito fraco, essa Confederação, criada em 1814, abrangeria em um primeiro momento o território da Banda Oriental, Santa Fé, Entre Rios e Corrientes, para estender-se logo, em 1815, até Córdoba e La Rioja (que fazia parte da Intendência de Córdoba): à frente, com o título de Defensor dos Povos Livres, estava o próprio caudilho oriental.

Entre 1814 e 1820, continuava a guerra civil travada entre as forças leais ao governo "diretorialista", com sede em Buenos Aires, e as que reconheciam a liderança dos artiguistas. Ainda que a invasão portuguesa da Banda Oriental – iniciada a partir de 1816 e que alcançaria um pleno domínio desse território em 1820, quando foi proclamada sua incorporação ao Reino português como *Província Cisplatina* – tenha terminado por debilitar a base política do próprio Artigas, obrigando-o a refugiar-se no Paraguai, a luta contra a antiga capital do Vice-reino continuou com os caudilhos do litoral, Estanislao López (governador da Província de Santa Fé, 1818–1838), e o "Supremo Entrerriano", chefe da efêmera "República de Entre Rios", Francisco "Pancho" Ramírez (1819–1820), que morreu assassinado por seus rivais.

A crise de legitimidade do regime provisório que tinha sustentado a existência prolongada de um "estado geral central" – para utilizar uma fórmula da época – após a deposição do último vice-rei aumentou durante 1819. Ao mesmo tempo que recrudesciam os combates na fronteira norte das Províncias Unidas, Bernabé Aráoz tomava o poder na Intendência de Tucumán e proclamava a criação de uma também efêmera "República de Tucumán" (que além da província homônima incluía Catamarca e Santiago del Estero, e que desapareceria em 1820).

No final de 1819, o supremo diretor, José Rondeau, ordenava ao exército do Norte desguarnecer a fronteira antimonarquista para marchar em defesa de Buenos Aires, mas esse exército negaria, em janeiro de 1820, na localidade cordobesa de Arequito, a autoridade do cambaleante governo diretorial. O coronel Bustos, líder desse pronunciamento, tomaria o poder em sua Córdoba natal proclamando sua autonomia. Em fevereiro de

1820, as tropas portenhas eram vencidas pelas do litoral na batalha de Cepeda, e os últimos vestígios de um governo central desapareceriam: tanto o cargo de supremo diretor quanto o Congresso desapareceram do cenário. Em lugar das Províncias Unidas da América do Sul, surgiram, entre esse ano e o de 1821, treze províncias completamente independentes umas das outras: Corrientes, Entre Rios, Santa Fé, Córdoba, La Rioja, Mendoza, San Juan, San Luis, Tucumán, Catamarca, Santiago del Estero, Salta e a ainda informe Província de Buenos Aires. (Anos mais tarde esse número aumentaria para catorze, quando Jujuy faria sua própria revolução autônoma contra a Província de Salta, em 1834.)[9]

De fato, aquelas treze províncias adotaram, a partir de então, uma forma de governo republicana. Apesar da preferência por um regime monárquico expressa por ampla maioria da elite revolucionária, as tentativas posteriores de reconstruir o desaparecido "estado geral" das Províncias Unidas partiriam da premissa de que a monarquia era uma forma de governo repudiada pela opinião pública do Rio da Prata e, portanto, impossível de adotar. Três novas tentativas de construir um estado unificado baseado nas províncias autônomas aconteceram depois disso.

A primeira foi impulsionada pelo grupo liderado por Bernardino Rivadavia, que tinha chegado ao poder na Província de Buenos Aires no final de 1820, e que, após dedicar todos os seus esforços à construção institucional desse novo estado, adotando uma chamada "política de isolamento" diante das demais pro-

---

[9] A melhor síntese deste processo, além de *Revolución y guerra*, continua sendo outro livro do mesmo autor: Túlio Halperin Donghi. *Historia argentina*. t. 2. "De la revolución de independencia a la confederación rosista". Buenos Aires: Paidós, 1980.

víncias, decidiu convocar um novo Congresso Geral Constituinte em 1824. Este, dominado pelo partido que tinha passado a autodenominar-se "unitário" (enquanto o partido da oposição assumia o nome de "federal"), estabeleceria um poder executivo nacional por decreto, antes de terminar de redigir um texto constitucional, e, no contexto da guerra com o Brasil pela questão da Banda Oriental (1825–1828) e de um novo ciclo de guerras civis dentro da região do Prata, terminaria fracassando tão estrondosamente como o Congresso de Tucumán. A constituição unitária promulgada em 24 de dezembro de 1826 não só nunca foi aplicada, como, em julho de 1827, tanto a Presidência Nacional como o Congresso Geral Constituinte desapareceriam novamente do cenário.

O segundo esforço para reconstruir a unidade das Províncias Unidas seguiu um caminho alternativo. Após a subida de Juan Manuel de Rosas e do Partido Federal ao poder em Buenos Aires (cuja conquista da "Súmula do poder público" demorou vários anos para tornar-se realidade: 1829–1835), os estados provinciais do Rio da Prata seriam ligados entre si pelos pactos interprovinciais, formando desse modo a agora chamada Confederação Argentina (1831–1861). O primeiro Pacto da Confederação foi acordado só entre três províncias – Buenos Aires, Santa Fé e Entre Rios; logo Corrientes se somaria ao pacto e nos anos seguintes as demais províncias do interior. Sem estabelecer nenhum órgão de governo "nacional", as províncias do interior, entretanto, aceitaram, mediante aquele sistema de pactos, delegar o tratamento das relações exteriores ao governo de Buenos Aires, por ser esta a única província com um porto que a mantinha em permanente conexão direta com o resto do mundo. Sem uma constituição nacional e sem instituições "nacionais", Rosas conseguiu unificar *de fato* a Argentina pela imposição de uma ditadura do Partido Federal em cada uma das províncias – resultado final da longa seqüência de guerras civis entre federais e unitários. Totalmente controladas por ele, a partir de 1845 todas as províncias salvo Corrientes foram submetidas ao seu governo, e a partir de 1848 absolutamente todas ficaram sob seu mando.

O levantamento da Província de Entre Rios em 1851, sob o comando de seu caudilho, general Justo José de Urquiza, abriu caminho para uma terceira tentativa de dotar esse conglomerado de províncias de uma constituição nacional. Derrubado Rosas em fevereiro de 1852, o novo governante assinou, em setembro daquele mesmo ano, o Acordo de San Nicolás com todos os governadores da Confederação. Mediante esse acordo, ficava autorizado a convocar uma nova Convenção Constituinte que se reuniria na cidade de Santa Fé no início de 1853 e, baseando-se no modelo constitucional proposto pelo jurista e intelectual Juan Bautista Alberdi em seu livro *Las bases* (1852), conseguiria promulgar a primeira Constituição Nacional em maio daquele mesmo ano. O Estado Livre de Buenos Aires, que tinha se separado da Confederação por uma rebelião em novembro de 1852, se reintegraria a ela após ser derrotado na segunda batalha de Cepeda em 1860, e renegociaria os termos de sua inserção no novo estado republicano e federal após sua vitória na Batalha de Pavón, em 1861. Seria só a partir de então que a tarefa de construir uma identidade nacional – entendida agora como "argentina" – pôde começar a ser encarada por quem na ocasião controlava os mecanismos do novo estado central.

As políticas de identidade na Revolução de Independência do Rio da Prata

Qual era o sujeito da revolução no Rio da Prata cuja realização custou tantos esforços e vidas? A quem representariam o novo estado ou estados que lentamente vinham se configurando no território do antigo Vice-reinado? Em primeiro lugar, os líderes do movimento revolucionário tinham invocado claramente, sobretudo no início da guerra no Norte e no Alto Peru, os antigos reclamos formulados pelos "espanhóis americanos" contra as atitudes depreciativas e o monopólio de todas as instâncias do governo por parte dos "espanhóis peninsulares": os primeiros, também designados pelo termo *crioulos* ou, o mais abrangente e impreciso, "americanos", manifestaram no discurso público do movimento revolucionário que essa luta confrontava explícita e deliberadamente crioulos e espanhóis.

Ao mesmo tempo que se procurava desmantelar o sistema comercial que até este momento tinha entregado poderes quase monopólicos aos comerciantes espanhóis mais poderosos agrupados no Consulado de Comércio local, houve várias tentativas – impulsionadas pelo grupo "morenista" e seus sucessores, e freadas pela ala mais conservadora do grupo revolucionário – de proibir a nomeação de espanhóis para cargos públicos, sendo estes, pelo contrário, reservados aos crioulos. Essa política, caso tivesse se mantido de maneira mais sistemática, teria implicado uma inversão da relação mantida com os Bourbons, já que até então a maior parte dos cargos na burocracia imperial era destinada aos espanhóis peninsulares e não aos espanhóis americanos.

Finalmente, em diversas instâncias durante a "década revolucionária", os espanhóis residentes nas Províncias Unidas foram obrigados a fazer contribuições extraordinárias para a causa revolucionária. Se não existia uma clareza completa sobre qual era a identidade precisa do povo que protagonizava a revolução, nem sobre quais seriam os limites do novo estado responsável por sua expressão política, era muito clara, pelo contrário, a identidade do adversário: os espanhóis peninsulares, ainda mais após a restauração de Fernando VII da Espanha.

Se é factível encontrar certos indícios de um "patriotismo crioulo" como elemento mobilizador do impulso revolucionário, ele não esgota em si mesmo o discurso identificador do movimento iniciado em maio de 1810. O repúdio retórico à "dominação espanhola" e ao regime absolutista também implicava o projeto de eliminação do sistema de castas, mediante o qual a monarquia tinha procurado tornar patente a desigualdade de raças e dos grupos étnicos. No Rio da Prata, tanto como no caso do movimento insurgente liderado pelos padres Hidalgo e Morelos na Nova Espanha, uma das primeiras medidas adotadas foi a abolição parcial desse sistema, sobretudo no que se referia à população indígena e mestiça.

Ainda que da mesma forma que a escravidão africana – cuja abolição gradual só daria lugar a uma abolição definitiva em 1853 –, os resquícios desse sistema perduraram durante várias décadas, mas o propósito enunciado explicitamente por sucessivas camadas revolucionárias tinha sido o de obter a sua eliminação total. O repúdio ao regime de castas – sempre vinculado, no discurso que circulava na nova imprensa política, às afrontas a que Espanha tinha submetido as suas colônias americanas tanto durante a Conquista quanto depois dela – mantinha uma relação implícita com os novos modos de representar a história da "América antes espanhola". A revolução em curso era entendida segundo as duas acepções desse termo: tanto como criação de uma *nova* ordem política e social, quanto como um retorno – assim como a órbita dos planetas – a uma ordem de coisas antiga, como uma restauração.

No discurso político-histórico, que teve um papel importante na polêmica antiespanhola veiculada pela imprensa, a emancipação implicava devolver sua independência autóctone ao continente conquistado trezentos anos antes pela Espanha. Não só ao continente, mas aos povos que antes da chegada dos espanhóis o tinham habitado. Mediante uma hábil supressão, a diferença que separava os descendentes dos primeiros habitantes da América daqueles que, ainda que nascidos também neste continente – e, portanto, tão "autóctones" quanto os outros –, descendiam dos conquistadores foi apagada. O discurso histórico em defesa da legitimidade do movimento revolucionário era caracterizado por um forte traço "autoctonista", em orações como a do letrado patriota da Banda Oriental, Damaso Larragaña, ou nos primeiros esforços para narrar a história da revolução e do território que se emancipava, como na *Historia*, de Deán Gregório Funes.

É também no contexto desse discurso autóctone que devem ser interpretados gestos como a proposta de Manuel Belgrano, formulada no recinto do Congresso de Tucumán, em 1816, de escolher como rei das Províncias Unidas um descendente da dinastia dos incas – o que provocou, cabe destacar, uma resposta irônica e racista por parte de outro membro desse corpo, o futuro colaborador de Rosas, Tomás Manuel de Anchorena; ou a decisão do ministro de governo de Buenos Aires, Bernardino Rivadavia, de outorgar uma pensão e moradia vitalícias ao último descendente de Tupac Amaru II, quem por essa razão terminou seus dias na cidade de Buenos Aires.[10] Como a resposta irada de Anchorena indica, esse discurso identificador, ainda que muito freqüente na imprensa e nos debates públicos durante a década revolucionária, nunca gozou de consenso total. E mais, na medida em que se vislumbrava um fim para a etapa bélica da Revolução, outros discursos do mesmo tipo tenderam a substituir o discurso autóctone. Seria necessário esperar o surgimento da literatura romântica para encontrar outra vez propostas *indianistas* ou *indigenistas* ocasionais, como aquela do romântico tardio e cidadão do Uruguai, Juan Zorrilla, formulada em seu poema *Tabaré*.

O patriotismo local ou regional foi da maior importância no momento de determinar a configuração política do novo território. Sendo uma tendência muito arraigada em todo o antigo Império espanhol, foi exacerbada no Rio da Prata como conseqüência das longas distâncias que separavam uma cidade da outra. Diferentemente de regiões densamente povoadas como o Vale Central do México ou partes do Altiplano peruano, as Províncias Unidas ocupavam um território que, em grande parte, estava deserto: o cálculo mais aceitável sobre a população rio-platense em 1810 indica que não contava com mais de 400 mil habitantes. O Chile e a Bolívia eram demograficamente maiores no início do século XIX. E, mais ainda, as cidades que

---

[10] Na *Acta de Independencia de las Províncias Unidas del Rio de la Plata*, promulgada em 9 de julho de 1816, aparecem indícios dessa concepção autóctone, como, por exemplo, quando se declara que "é a vontade [...] destas Províncias romperem os violentos vínculos que as ligavam aos reis de Espanha, *recuperar os direitos dos quais foram despojados*, e investir-se do alto caráter de uma nação livre e independente do rei Fernando VII, seus sucessores e a Metrópole [...]". Elementos deste discurso também podem ser encontrados nos escritos de Moreno e Bernadino Monteagudo.

formavam três séries de cadeias – uma que ia de Salta e Jujuy na pré-cordilheira do Alto Peru até Córdoba, e dali até Buenos Aires; outra que partia desde San Juan e Mendoza na cordilheira dos Andes chilenos também em direção a Córdoba e Buenos Aires; e uma terceira que saía de Assunção e da região das Missões para desembocar no Rio da Prata – estavam separadas umas das outras por grandes distâncias.

O resultado foi um desenvolvimento muito intenso do espírito local em quase todas aquelas cidades cujos habitantes podiam perceber, de maneira mais palpável, que pertenciam muito mais ao entorno local de cidades como Córdoba ou Corrientes do que a uma entidade mais abstrata (e nova) como era o estado que tinha tomado o nome de "Províncias Unidas do Sul".

É por essa razão que, uma vez rompido o vínculo de lealdade que unia os súditos com a dinastia reinante e a figura do monarca, a possibilidade de uma identidade política construída sobre a base de cidades inteiramente independentes umas das outras surgiu com grande força. Se essa possibilidade foi eventualmente descartada, após quatro anos de indefinição posteriores ao colapso do Estado Central em 1820, é um indício de quão factível tinha sido a tenacidade com que os habitantes das províncias integradas em 1853 a uma ordem política federal mantiveram vivos os sentimentos de patriotismo local ainda muitos anos depois. No Colégio Nacional de Buenos Aires continuavam acontecendo batalhas campais entre estudantes "portenhos" e "provincianos" nas décadas de 1860 e 1870, ou seja, até vinte anos após a unificação das províncias em um só estado.

Uma identidade especificamente "argentina" e um sentimento de pertencer a essa nacionalidade só foi sendo formado de maneira muito lenta e complexa, e esteve marcado por dois fatos principais: o surgimento de certa concepção *cultural* da nacionalidade no discurso da geração de escritores românticos (a *Geração de 1837*) e a criação de um estado federal a partir da década de 1850. Se em obras como *Facundo* (1845), de Domingo Faustino Sarmiento, ou *Historia del general Belgrano* (1ª ed. 1859), de Bartolomé Mitre, o leitor podia apreciar que a revolução da qual tratavam já era concebida como uma revolução *argentina* – ou seja, uma revolução da qual todos os povos e províncias do antigo Vice-reinado tinham participado por igual –, toda uma constelação de autores – desde Juan Maria Gutiérrez e Juan Bautista Alberdi até José Mármol – começava a enfatizar a importância das diferentes e muito específicas características culturais que diferenciavam os "argentinos" dos "espanhóis".

Em seu capítulo introdutório da *Historia del general Belgrano* – "La sociabilidad argentina" –, Mitre foi ainda mais longe ao sustentar que a identidade argentina, gerada lentamente na matriz da ordem colonial, também se diferenciava daquela das nações vizinhas, como o Chile, a Bolívia ou o Brasil, por estar marcada por um caráter especialmente democrático, plebeu, diferentemente das outras sociedades nas quais a existência de aristocracias nobiliárias tinha imprimido um tom mais aristocratizante.

Dentro de uma produção literária cada vez mais intensa na segunda metade do século XIX, de tipo "crioula" ou "gauchesca" – que culminaria com a outra obra-símbolo de José Hernandez, *Martín Fierro* –, autores como o crítico literário Juan Maria Gutiérrez se sentiriam plenamente autorizados a afirmar que a relativa escassez de regras e as deformações regionais do espanhol falado na região do Rio da Prata eram elementos constitutivos – e, portanto, altamente positivos – da nacionalidade argentina, entendida agora, na década de 1870, como claramente diferente da espanhola. Além disso, Gutiérrez destacaria um novo elemento diferenciador na formação histórica da sociedade argentina: a irrupção de uma imigração européia de caráter maciço e seu impacto sobre as tradições culturais e a linguagem dos argentinos. Era este último fato que lhe permitia augurar que, diferentemente da Espanha, identificada retoricamente pelo crítico com um nacionalismo xenófobo e fechada sobre si mesma, a Argentina desenvolveria um sentimento da nacionalidade cujo principal componente seria seu "cosmopolitismo". Apesar do grau de precisão empírica que pudesse sustentar tais formulações que procuravam definir a nova nacionalidade argentina, é importante considerar que todas elas – com seus diferentes matizes e ênfases – eram sintomas de uma crescente "naturalização" da idéia de que existia algo que podia ser chamado de "nação argentina".

Entretanto, seria só após a criação de instituições políticas "nacionais" e, sobretudo, da instituição escolar – que funcionaria eficazmente a partir de 1884 em todo o território da República argentina como um dispositivo fabricador de "argentinos" e "argentinas" –, que a noção de uma identidade especificamente "argentina" tornar-se-ia hegemônica, deslocando progressivamente outras possíveis formas de identidade. Não só as identidades regionais e provinciais com uma forte raiz foram incluídas em um sentimento de identidade propriamente *nacional*, mas também o caleidoscópio de nacionalidades e línguas que penetraram no território argentino nos anos da "inundação da imigração" – 1880–1930 –, foi progressivamente substituído por um espanhol argentino padronizado e uma identificação mais poderosa com a nova pátria do que com a pátria dos pais e dos antepassados.

Diferentemente de outras experiências de construção de nações no continente americano, a rio-platense (já que a nação vizinha do Uruguai teve um desenvolvimento similar no que concerne à origem de sua identidade nacional) foi marcada por processos de intensa homogeneização cultural e social por meio de instituições como a escola pública, o serviço militar obrigatório (instituído em 1901) e a densa trama de associações civis de diferentes índoles que tinha sido formada nas principais cidades argentinas desde 1852 em diante.

Conclusão: a lenta elaboração do estado-nação na Argentina

A revolução da independência surgiu no Rio da Prata, assim como em todo resto do antigo Império espanhol, como conseqüência da queda desse estado dinástico que provocou a invasão napoleônica. Complexa rede de identidades étnicas, regionais, religiosas e corporativas, a volta da soberania "aos povos", até esse momento investida no monarca legítimo, desencadeou um processo lento e extremamente complexo de construção de uma nova ordem estatal (e social) para substituir a antiga.

No decorrer desse processo, nem a forma final que assumiria o novo estado – em termos de sua organização interna, de seus limites territoriais, de seu regime político – nem o surgimento de novas "nações" identificadas com aquela nova estrutura estatal foram facilmente constatados. Em quase toda a América espanhola, talvez com mais força no Rio da Prata e na América Central do que nas demais regiões, o surgimento dos novos "estados-nação" sobre as ruínas da antiga ordem imperial foi um ponto de chegada, não de partida.

E mais, no caso hispano-americano – e talvez também em parte no do continente denominado Brasil – as nações surgiram posteriormente à construção de uma ordem estatal moderna baseada no princípio da soberania dos povos ou do povo, e o fizeram em parte como conseqüência da política ativa seguida pelos novos estados. Ainda que seja certo que a forma final assumida pelos estados-nação na bacia do Prata – a Argentina e o Uruguai – não foi meramente o resultado da imaginação de suas elites – já que o processo de construção de instituições e identidades a elas vinculado partiu de formas de identidade previamente existentes e moldadas durante longos anos sob o domínio espanhol –, também é certo que não houve nenhuma identidade nacional preexistente que servisse como *telós*, como fim necessário e preestabelecido, para o processo revolucionário iniciado entre 1806 e 1810 no Rio da Prata.

Para os contemporâneos daqueles acontecimentos sempre houve – como sempre há para nós, que somos contemporâneos do nosso presente – muitos destinos alternativos possíveis, muitos desenlaces imagináveis para o processo de transformação geral que a queda do Império espanhol desencadeou. Os que finalmente acabaram por impor-se o fizeram – como também sempre foi o caso – como resultado de um longo e exacerbado conflito entre diferentes grupos políticos e sociais, cada um com suas respectivas aspirações, sonhos e ambições materiais, sendo a vitória de uns e a derrota de outros o que determinou o resultado final.

Documento nº 1

[Primeiro] ACORDO DE 25 DE MAIO DE 1810

Na muito nobre e muito leal cidade da Santíssima Trindade do Porto de Santa Maria de Buenos Aires, aos vinte e cinco dias do mês de maio de mil oitocentos e dez, estando juntos e congregados na sala de seus acordos os senhores da Excelentíssima Municipalidade, a saber: dom Juan José Lezica e dom Martín Gregorio Yániz, alcaides ordinários de primeiro e segundo voto, e regedores dom Manuel Mansilla, chefe aguazil; dom Manuel José de Ocampo; dom Juan de Llano; dom Jaime Nadal y Guarda; dom Andrés Dominguez; o doutor dom Tomás Manuel de Anchorena e dom Santiago Gutiérrez, com a assistência do cavalheiro síndico procurador-geral, doutor dom Julián de Leyva, recebeu-se um ofício da Excelentíssima Junta Governativa com data de ontem às nove e meia da noite, cujo teor é o seguinte:

Excelentíssimo Senhor:

No primeiro ato que exerce esta Junta Governativa, foi informada por dois de seus vogais da agitação em que se encontra parte do povo em razão de não se ter excluído o Excelentíssimo senhor vogal presidente do mando das armas, o que não pode, nem deve ser feito, por muitas razões da maior consideração. Isto causa um imponderável sentimento e motiva a enviar ao seu conhecimento para que proceda a realizar outra eleição com sujeitos que possam merecer a confiança do povo, supondo-se que não a merecem os que constituem a presente Junta, acreditando que será o meio de acalmar a agitação e a efervescência que voltou a manifestar-se entre o povo. A resolução é de urgentíssima expedição, de modo que, sem perda de tempo, será preciso que Vossa Excelência reúna-se em Cabildo* dando por estabelecido que deve considerar-se com o poder devolvido. Deus guarde Vossa Excelência por muitos anos. Buenos Aires, aos vinte e quatro de maio, às nove e meia da noite de mil oitocentos e dez. *Baltasar Hidalgo de Cisneros, Cornelio de Saavedra, doutor Juan Nepomuceno Sola, doutor Juan José Castelli, José Santos de Incháurregui*. Excelentíssimo Cabildo, Justiça e Regimento desta Capital.

E os senhores refletindo que a Excelentíssima Junta desde a sua instalação, celebrada com toda solenidade no dia de ontem, recebeu a autoridade que residia nesta Municipalidade e que antes obtinha o Excelentíssimo Senhor Vice-rei; que se encontra sem poderes para renunciar a ela; que o que em seu conceito solicita uma parte do povo não deve influir em qualquer mudança; e que, tendo o mando das armas, está determinada a sujeitar com elas esta parte descontente; acordaram que responda sem demora nos seguintes termos fazendo-a responsável, do contrário, pelas conseqüências que possa causar qualquer variação do resolvido e, no ato, foi enviado o oficio do seguinte teor:

Excelentíssimo Senhor:

Desde que os indivíduos desta respeitável Junta prestaram o juramento de desempenhar fiel e legalmente o cargo que lhes foi

---

* Neste caso, órgão deliberante e decisório de uma prefeitura, ou seja, um Conselho Municipal.

conferido por esta Municipalidade em razão dos poderes que lhe foi conferido pelo povo, Vossa Excelência encarregou-se da autoridade que residiu nesta Municipalidade e que anteriormente tinha o Excelentíssimo Senhor Vice-rei, da qual não tem Vossa Excelência poderes para desprender-se. Em atenção a este fato e ao que solicita parte do povo, em conceito de Vossa Excelência não pode, nem deve ser por razões da maior consideração, tendo Vossa Excelência as forças à sua disposição, está na estreita obrigação de defender a sua autoridade, tomando as providências mais ativas e vigorosas para conter esta parte descontente, do contrário, esta Municipalidade fará Vossa Excelência responsável pelas funestas conseqüências que possa causar qualquer alteração no resolvido. Deus guarde Vossa Excelência por muitos anos. Sala Capitular de Buenos Aires, aos vinte e cinco de maio de mil oitocentos e dez. Excelentíssimo Senhor *Juan José Lezica, Martín Gregorio Yániz, Manuel Mansilla, Manuel José de Ocampo, Juan de Llano, Jaime Nadal y Guarda, Andrés Dominguez, Tomás Manuel de Anchorena, Santiago Gutiérrez, doutor Julián de Leyva*. Excelentíssimos senhores Presidente e vogais da Junta Superior Provisória Governativa.

Nestas circunstâncias concorreram milhares de pessoas aos corredores das casas capitulares e alguns indivíduos na qualidade de deputados, prévia a devida permissão, personificaram-se na Sala expondo que o povo encontrava-se desgostoso e em comoção; que de nenhuma maneira se conformava com a eleição de presidente vogal da Junta feita na pessoa do Excelentíssimo senhor dom Baltasar Hidalgo de Cisneros, e muito menos com que estivesse a seu cargo o mando das armas, que o Excelentíssimo Cabildo na eleição da Junta e sua instalação tinha ultrapassado os poderes que a pluralidade de votos lhe conferiram no congresso geral; e que, para evitar desastres que já se preparavam no seio do povo, era necessário tomar prontas providências e variar a resolução comunicada ao público através de édito. Os senhores procuraram serenar aqueles ânimos acalorados e lhes suplicaram que aquietassem a gente que ocupava os corredores; já que se o Cabildo tinha constituído a Junta como aparecia no édito, foi por ter-se considerado com os poderes para tanto, em razão dos que lhe foram conferidos pelo congresso através dos votos e por acreditar que aquele era o meio mais adequado para nossa segurança e defesa e para a conservação destes domínios; que, entretanto, meditariam sobre o assunto com a reflexão e a maturidade que as circunstâncias exigiam e que o povo estivesse certo de que seu representante não era animado por outra coisa que o melhor bem e felicidade destas províncias. Com o qual se despediram os precitados indivíduos suplicando que não se perdesse tempo, pois do contrário poderiam acontecer desgraças demasiado sensíveis e graves para o povo de Buenos Aires. Com estes dados, voltaram os senhores a tratar da matéria e depois de várias reflexões concluíram que qualquer inovação relativa ao resolvido no dia de ontem produziria males mais graves, pois provocaria desconfiança nos povos do vice-reinado e ainda nos do continente ao observar uma tão repentina variação e ao ver que o Chefe destas províncias não tinha a menor autoridade; a divisão seria a conseqüência e este é o primeiro elo da nossa corrente; que a insistência de uma parte descontente do povo não deveria expor-nos à conseqüência de tamanho vulto, e era necessário contê-la por meio da força; mas que, estando esta a cargo dos comandantes dos corpos, era também preciso explorar novamente seu ânimo, apesar de que no dia de ontem comprometeram-se a defender a resolução e a autoridade de onde provinha. Sendo assim, acordaram citar a todos no ato para que imediatamente compareçam a esta sala capitular, e lhes foi passada a seguinte missiva:

> Oferecendo-se tratar assunto muito urgente e interessante para o bem comum deste Cabildo, suplica a Vossa Senhoria com o maior encarecimento se digne comparecer a esta sala capitular no dia de hoje, vinte e cinco, às nove e meia da manhã, ao que se lhe reconhecerá.

Compareceram pontualmente na hora marcada os senhores dom Francisco Orduña, comandante da artilharia; dom Bernardo Lecoc, dos engenheiros; dom José Ignacio de la Quintana, dos dragões; dom Esteban Romero, segundo de Patrícios; dom Pedro Andrés García, dos montanheses; dom Francisco Antonio Ortiz de Ocampo, do interior; dom Juan Florêncio Terrada, dos granadeiros de Fernando Sétimo; dom Manuel Ruiz, dos naturais; dom Gerardo Esteve y Llac, dos artilheiros da União; dom José Merelo, dos andaluzes; dom Martín Rodríguez, dos hussardos do Rei; dom Lucas Vivas, do segundo esquadrão de hussardos; dom Pedro Ramón Núñez, do terceiro; dom Alejo Castex, dos migueletes; e dom Antonio Luciano Ballesteros, dos quinteiros, e tendo pronunciado-se o cavalheiro síndico procurador-geral, fez-lhes entender o conflito no qual se encontrava o Excelentíssimo Cabildo, os males que surgiriam sempre que se inovasse o que já estava resolvido e, recordando-lhes seu comprometimento do dia anterior, solicitou que expressassem francamente seu sentir e se poderiam contar com as armas a seu cargo para defender o governo estabelecido. Responderam todos por ordem, com exceção dos três primeiros que nada disseram, que o desgosto no povo e nas tropas era geral devido a eleição do presidente vogal da Junta feita na pessoa do Excelentíssimo senhor dom Baltasar Hidalgo de Cisneros; e alguns que haviam trabalhado incessantemente na noite anterior para contê-los; que não só não podiam defender o governo estabelecido e nem defender a si mesmos, pois os tinham por suspeitos; nem ainda evitar os insultos que poderiam ser feitos ao Excelentíssimo Cabildo; que o povo e as tropas estavam em uma terrível efervescência e que era preciso deter este mal com tempo, dando a ele agora somente os primeiros cuidados, porque assim o exigia a lei suprema, sem deter-se nos demais que se temiam e receavam. Estando nesta sessão as gentes que enchiam os corredores, deram golpes, por várias ocasiões, à porta da sala capitular, ouvindo-se as vozes que queriam saber do que se tratava e um dos senhores comandantes, dom Martín Rodríguez, teve que sair para aquietá-los. Concluída a sessão na qual os referidos senhores comandantes ratificaram seu primeiro conceito e o que tinha expressado, retiraram-se; e os senhores conhecendo que em tão apuradas circunstâncias não se apresentava outro arbítrio senão que o Excelentíssimo senhor dom Baltasar Hidalgo de Cisneros fizesse absoluta demissão do mando, acordaram que no momento fosse formada uma deputação composta dos senhores dom Manuel Mansilla e o doutor Tomás Manuel de Anchorena a apresentar-se à Excelentíssima Junta, que novas ocorrências e muito graves obrigaram este Cabildo a mudar as idéias que manifestou em seu oficio de hoje, e que era de necessidade indispensável para a saúde do povo que o Excelentíssimo senhor presidente se separasse do mando, e que, no caso de concordar, o faça sem protesto algum para não exasperar os ânimos, dando por estabelecido que o Cabildo sempre lhe franqueará quantos documentos peça do ocorrido, ficando o acordo em aberto até que regresse a deputação.

Regressou esta e expôs que o Excelentíssimo senhor presidente havia-se prestado à demissão do mando, mas que para deixar bem posto seu nome tinha querido fazê-lo com protesto; que a deputação então lhe manifestou os desejos do corpo capitular nesta parte e concordou em fazer a renúncia simplesmente, seguro com a oferta do Excelentíssimo Cabildo que imediatamente ia colocar em prática, e se passaria aviso de tudo. E os senhores acordaram esperar o resultado.

Neste estado aconteceram outras novidades: alguns indivíduos do povo, em nome deste, personificaram-se na sala, expondo que, para sua quietude e tranqüilidade e para evitar qualquer resultado no futuro, não era suficiente que o Excelentíssimo senhor presidente se separasse do mando; mas sim que, tendo formado a idéia de que o Excelentíssimo Cabildo na eleição da Junta tinha se excedido em seus poderes, e tendo notícia certa de que todos os senhores vogais tinham renunciado a seus respectivos cargos, tinha o povo reassumido a autoridade que depositou no Excelentíssimo Cabildo e que não queria que existisse a Junta nomeada, mas sim que se procedesse a constituir outra, elegendo para presidente vogal e para comandante geral de armas o senhor dom Cornélio de Saavedra, para vogais os senhores doutor dom Juan José Castelli, licenciado dom Manuel Belgrano, dom Miguel de Azcuénaga, doutor dom Manuel Alberti, dom Domingo Matheu e dom Juan de Larrea, e para secretários os doutores dom Juan José de Passo e dom Mariano Moreno; com a precisa indispensável qualidade de que estabelecida a Junta deveria publicar-se ao término de quinze dias uma expedição de quinhentos homens para as províncias interiores, custeada com a renda do senhor Vice-rei, senhores ouvidores, chefes contadores, empregados de tabacos e outros, que tivesse a bem cercear a Junta deixando-os com renda suficiente para a sua subsistência; dando por estabelecido que esta era a vontade decidida do povo e que com nada se conformaria que não se referisse a esta proposta; devendo-se temer, em caso contrário, resultados muito fatais. E os senhores, depois de algumas discussões com tais indivíduos, lhes informaram que, para proceder da melhor forma, o povo representasse aquilo por escrito, sem causar o alvoroço escandaloso que se notava; com o qual se retiraram.

Recebeu-se no ato um ofício da Excelentíssima Junta Governativa com data de hoje, cujo teor é o seguinte:

Excelentíssimo senhor:

Como depois de ter recebido o ofício de Vossa Excelência correspondente ao que se lhe dirigiu às nove e meia da noite de ontem, se apresentasse a esta Junta provisória governativa a deputação de Vossa Excelência manifestando a necessidade de passar pelo sacrifício da demissão do cargo que lhe corresponde e dado ao Excelentíssimo senhor vice-rei, como vogal presidente, e prestando-se a ele com a maior generosidade e franqueza, resignado a mostrar o ponto em que chega sua consideração pela tranqüilidade pública e precaução de maiores desordens, o participa a Vossa Excelência a fim de que, acalmando as agitações de seu ânimo, passe à eleição do vogal que substitua o Excelentíssimo senhor Vice-rei dom Baltasar Hidalgo de Cisneros e fique entendido que devem com ele permanecer as prerrogativas do cargo ao qual serviu e as honras correspondentes a sua graduação e classe; de tudo o qual se instrui prontamente ao público através de édito. Deus guarde Vossa Excelência por muitos anos. Buenos Aires, vinte e cinco de maio de mil oitocentos e dez. *Doutor Juan Nepomuceno Sola, Cornelio de Saavedra, doutor Juan José Castelli, José Santos de Incháurregui.* Excelentíssimo Cabildo, Justiça e Regimento desta Capital.

E os senhores com respeito às ultimas ocorrências acordaram que lhe seja respondido no momento suplicando suspender a publicação do édito até que este Cabildo lhe informe de suas últimas deliberações, e foi passado o oficio concebido nos seguintes termos:

Excelentíssimo Senhor:

Informado este Cabildo pelo ofício que Vossa Excelência enviou esta manhã sobre a demissão feita pelo Excelentíssimo senhor dom Baltasar Hidalgo de Cisneros do cargo que lhe foi conferido de vogal presidente da Junta provisória governativa, apenas pode contrair-se por agora, com respeito às apuradas circunstâncias e novidades ultimamente ocorridas, suplicar que Vossa Excelência se digne mandar suspender a publicação do édito até que este Cabildo lhe informe de suas últimas determinações. Deus guarde Vossa Excelência por muitos anos. Sala capitular de Buenos Aires, às doze e meia da manhã do dia vinte e cinco de maio de mil oitocentos e dez. *Juan José Lezica, Martín Gregório Yániz, Manuel Mansilla, Manuel José de Ocampo, Juan de Llano, Jaime Nadal y Guarda, Andrés Domínguez, Tomás Manuel de*

Anchorena, Santiago Gutiérrez, doutor Julián de Leyva. Excelentíssimos senhores vogais da Junta Superior de Governo.

Depois de um longo intervalo de espera, apresentaram os indivíduos acima citados o escrito que ofereceram, assinado por um número considerável de cidadãos, religiosos, comandantes e oficiais dos corpos, constando nele as mesmas idéias que manifestaram através da palavra.

E os senhores lhes advertiram que reunissem o povo na Praça, pois o Cabildo, para assegurar a resolução, devia ouvir do próprio povo se ratificava o conteúdo daquele escrito; ofereceram executá-lo assim como estava e se retiraram. Após um longo intervalo, saiu o Excelentíssimo Cabildo ao balcão principal, e o cavalheiro síndico procurador-geral, vendo reunido um pequeno número de pessoas em relação ao que se esperava, inquiriu onde estava o povo; e depois de várias respostas dadas pelos que ali se encontravam e repreensões feitas pelo cavalheiro síndico, ouviram-se dentre aqueles as vozes de que se até então se havia procedido com prudência para que a cidade não experimentasse desastres, seria já preciso utilizar meios de violência; que as pessoas, por ser hora inoportuna, tinham-se retirado para suas casas, que se tocasse o sino do Cabildo e que o povo se reuniria naquele lugar para satisfação da Municipalidade; e que, se por falta de badalo não se utilizava o sino, eles mandariam tocar a generala e que se abririam os quartéis, em cujo caso sofreria a cidade o que até então tinha-se procurado evitar. E os senhores vendo-se ameaçados desta sorte, e com o fim de evitar o menor derramamento de sangue, que seria uma nota irreparável para um povo que tinha dado tão irrefutáveis provas de lealdade, nobreza e generosidade, determinaram que por mim, o atuário, fosse lida em altas e inteligíveis vozes a solicitação apresentada, e que os presentes expressassem se aquela era a sua vontade. A solicitação foi lida e gritaram unanimemente que aquilo era o que pediam e o único que queriam que fosse executado. Em seguida foram lidos vários capítulos que o Excelentíssimo Cabildo tinha meditado para o caso de instituir a nova Junta:

> Primeiro, que se encarregaria de que ela zelasse pela ordem e pela tranqüilidade pública, responsabilizando-a em caso contrário. Responderam que estavam em conformidade.

> Segundo, que o Cabildo zelaria pela conduta dos vogais e os destituiria sempre que não fosse apropriada. Responderam que isto deveria ser com justificação de causa e conhecimento do povo; a que retrucou o cavalheiro síndico que o Excelentíssimo Cabildo não procederia sem causa e sem manifestá-la; e assim calaram.

> Terceiro, que a Junta deveria nomear quem ocupasse qualquer vaga por destituição, renúncia, morte, ausência ou doença; responderam que estavam de acordo.

> Quarto, que a Junta não poderia impor tributos, gravames e contribuições aos moradores sem consulta e consentimento do Cabildo; responderam que estavam em conformidade.

> Com o que os senhores retiraram-se para a sala para tratar das circunstâncias críticas em que se encontrava o Cabildo precisado ceder à violência, e com uma precipitação sem comparação, para evitar os tristes efeitos de uma comoção declarada e as

funestas conseqüências que assomariam tanto pelo que acabava de ouvir-se, como pelo fato notório de hoje terem sido arrancados publicamente os éditos que foram fixados, relativos à eleição e instalação da primeira Junta e, em vista de tudo, acordaram que sem perda de tempo fosse estabelecida a nova Junta através de ata separada e simples, elegendo-se para ela como vogais os mesmos indivíduos que foram nomeados de palavra, em papéis soltos e por escrito apresentado pelos que tomaram a voz do povo, arquivando-se estes papéis e o escrito para que sempre constem; que sem perda de tempo, como precaução à chegada da noite, proceda-se à instalação da Junta e publique-se o édito, sem deter-se em fórmulas que foram observadas para a instalação da primeira, porque o tempo é curto, citando-se unicamente os senhores vogais e os ministros, chefes, prelados e comandantes que possam ser encontrados em tão limitado tempo. Com o qual concluiu a ata que assinaram tais senhores e da qual dou fé. *Juan José Lezica, Martín Yániz, Manuel Mansilla, Manuel José de Ocampo, Juan de Llano, Jaime Nadal y Guarda, Andrés Dominguez, Tomás Manuel de Anchorena, Santiago Gutiérrez, doutor Julián de Leyva, licenciado dom Justo Núñez,* escrivão público e do Cabildo.

DOCUMENTO Nº 2

[PRÓLOGO À REEDIÇÃO DE
O CONTRATO SOCIAL, DE JEAN-JACQUES ROUSSEAU]

O editor aos habitantes desta América.

A gloriosa instalação do Governo Provisório de Buenos Aires produziu tão feliz revolução nas idéias, que estando os ânimos agitados por um entusiasmo capaz das maiores empresas, aspiram por uma constituição sensata e duradoura, que restitua ao povo seus direitos, protegendo-os de novas usurpações. Os efeitos desta favorável disposição seriam muito passageiros se os sublimes princípios do direito público continuassem misteriosamente reservados a dez ou doze literatos que, sem arriscar-se, não puderam fazê-los sair de seus estudos privados. Os desejos mais fervorosos se desvanecem se uma mão mestra não vai progressivamente encadeando os acontecimentos e preparando, através da reforma particular de cada ramo, a consolidação de um bem geral, que torne palpáveis a cada cidadão as vantagens da constituição e o interesse em sua defesa, como a de um bem próprio e pessoal. Esta obra é absolutamente impossível em povos que nasceram na escravidão, enquanto não forem tirados da ignorância de seus próprios direitos, no qual vivem. O peso das correntes extingue até o desejo de sacudi-las; e o fim das revoluções entre homens sem ilustração costuma ser que, cansados de desgraças, horrores e desordens, acomodam-se por fim a um estado tão mau ou pior que o primeiro, em troca de que lhes deixem tranqüilos e sossegados.

A Espanha nos fornece um exemplo muito recente desta verdade: quando apresenta como o admirável heroísmo dos povos antigos foi gloriosamente repetido pelos espanhóis em sua atual revolução. Uma pronta disposição para quantos sacrifícios se exigirem, um ódio irreconciliável contra o usurpador, uma firmeza sem igual nos infortúnios, uma energia infatigável entre os cadáveres e o sangue de seus próprios irmãos, todo tipo de prodígios repetiam-se diariamente por todos os lados; mas, como o povo era ignorante, atuava sem discernimento; e com três anos de guerra e de entusiasmo contínuo os espanhóis não puderam constituir um governo que mereça a confiança do povo, nem formar uma constituição que os tire da anarquia.

Tão recente desengano deve encher de um terror religioso os que promovem a grande causa destas províncias. Em vão suas intenções serão íntegras, em vão farão grandes esforços pelo bem público, em vão realizarão congressos, promoverão acordos e atacarão as relíquias do despotismo; se os povos não se ilustram, mas vulgarizam seus direitos, se cada homem não conhece o que vale, o que pode e o que lhe é devido, novas ilusões sucederão as antigas e, depois de vacilar algum tempo entre mil incertezas, será talvez nossa sina mudar de tiranos, sem destruir a tirania.

Em tão críticas circunstâncias, todo cidadão está obrigado a comunicar seus pensamentos e conhecimentos; e o soldado que enfrenta com seu peito as balas dos inimigos exteriores não faz maior serviço que o sábio que abandona seu retiro e ataca com a frente serena a ambição, a ignorância, o egoísmo e demais paixões, inimigos interiores do Estado e tanto mais terríveis quanto exercem uma guerra oculta e obtêm freqüentemente de seus rivais uma vingança certa. Congratulo-me por não ter olhado com indiferença uma obrigação tão sagrada da qual nenhum cidadão está livre, e nesta matéria creio ter merecido mais a censura de temário, do que a de insensível ou indiferente; mas o fruto de minhas tarefas é muito pequeno para que eu possa preencher a grandeza dos meus desejos; e sendo meus conhecimentos muito inferiores ao meu zelo, não encontrei outro meio de satisfazê-lo do que reimprimir aqueles livros de política que sempre foram vistos como o catecismo dos povos livres e que, devido a sua escassez nestes países, são credores da mesma consideração que os pensamentos novos e originais.

Entre várias obras que devem formar este precioso presente que ofereço aos meus concidadãos, dei o primeiro lugar ao *Contrato Social*, escrito pelo cidadão de Genebra, Jean-Jacques Rousseau. Este homem imortal, que obteve a admiração de seu século e será o assombro de todas as idades, ou talvez o primeiro que, dissipando as sombras com que o despotismo envolvia suas usurpações, colocou às claras os direitos dos povos e ensinando-lhes a verdadeira origem de suas obrigações, demonstrou as que correlativamente contraíam os depositários do governo.

Os tiranos tinham procurado prevenir com habilidade este golpe atribuindo a uma origem divina a sua autoridade; mas a impetuosa eloqüência de Rousseau, a profundidade de seus discursos, a naturalidade de suas demonstrações, dissiparam aquele engano; e os povos aprenderam a procurar no pacto social a raiz e a única origem da obediência, não reconhecendo os seus chefes como emissários da divindade, enquanto não mostrassem as patentes do céu na qual eram destinados a imperar sobre seus semelhantes: mas estas patentes não se manifestaram até agora, nem é possível combiná-las com os meios que freqüentemente conduzem ao trono e aos governos.

É fácil calcular as prescrições que os tiranos fulminariam contra uma obra, capaz por si só de produzir a ilustração de todos os povos; mas se os esforços conseguiram tirá-la da vista da multidão, os homens de letras fizeram dela o primeiro livro de seus estudos; e o triunfo dos talentos do autor não foi menos glorioso por ser oculto e secreto. Desde que apareceu este precioso monumento do engenho, corrigiram-se as idéias sobre os princípios dos Estados e generalizou-se uma nova linguagem entre os sábios que, ainda que expressa com misteriosa reserva, causava intranqüilidade no despotismo e anunciava a sua ruína.

O estudo desta obra deve produzir resultados vantajosos em todo tipo de leitores; nela descobre-se *a mais viva e fecunda imaginação; um espírito flexível para tomar todas as formas, intrépido em todas as suas idéias; um coração endurecido na liberdade republicana e excessivamente sensível; uma memória enriquecida por quanto oferece de mais reflexiva e estendida a leitura dos filósofos gregos e latinos; enfim, uma força de pensamento, uma viveza de cores, uma profundidade moral, uma riqueza de expressões, uma abundância, uma rapidez de estilo e, sobretudo, uma misantropia, que pode ser vista no autor como a peça principal que dá corda ao seus sentimentos e idéias.* Os que desejam ilustrar-se encontrarão modelos para acender a sua imaginação e corrigir seu juízo: os que quiserem viver de acordo com os costumes da nossa sociedade encontrarão analisados com simplicidade seus verdadeiros princípios; o cidadão conhecerá o que deve ao magistrado, quem também aprenderá o que pode exigir-se dele: todas as classes, todas as idades, todas as condições sociais participarão deste grande benefício que trouxe à terra este livro imortal e que deveria dar ao seu autor o justo título de legislador das nações.

Os que o consultem e estudem não serão despojados facilmente de seus direitos; e o apreço que nós lhe tributemos será a melhor medida para conhecer se nos encontramos em condições de receber a liberdade que tanto nos lisonjeia. Como o autor teve a desgraça de delirar em matérias religiosas, suprimo o capítulo e as passagens principais onde delas tratou. Antecipei a publicação da metade do livro porque escassas as gráficas e, por esta razão, de uma lentidão irremediável, poderá instruir-se o povo nos preceitos da parte publicada enquanto se trabalha na impressão do que resta. Feliz a pátria se seus filhos sabem aproveitar tão importantes lições!

Dr. Mariano Moreno

[Prólogo à reimpressão de *O Contrato Social* ou *Princípios do direito político*, de Jean-Jacques Rousseau, Buenos Aires, Real Imprenta de Niños Expósitos, 1810 [III-VIII], (Biblioteca Nacional, números 10725 ou 309640).]

Documento nº 3

[EXTINÇÃO DOS TÍTULOS DE NOBREZA]

Sessão de sexta-feira, 21 de maio

Se as virtudes são decretos de morte sob a dominação dos tiranos, os crimes dão quase sempre um direito exclusivo a pretender as recompensas. O despotismo olha com horror a presença dos homens justos, e, para tornar seus clamores insuficientes, atribui à natureza o ultrajante desígnio de degradar os homens, só porque a fortuna não deslumbrou seus pais com o brilho do ouro e os prestígios da vaidade. Mas, por mais violento que seja este transtorno, é demasiado natural a conduta de seus autores. Para sustentar a escravidão dos povos, não têm outro recurso que transformar em mérito o orgulho de seus sequazes e cobri-los de distinções que criam uma distância imensa entre o infeliz escravo e seu pretendido senhor. Esta é a origem dos títulos de condes, marqueses, barões, etc., que a corte da Espanha prodigalizava para duplicar o peso de seu cetro de ferro que gravitava sobre a inocente América. Longe de nós tão execráveis e odiosas preeminências; um povo livre não pode ver brilhar o vício diante da virtude. Estas considerações estimularam a Assembléia, depois de uma discussão provocada pelo cidadão Alvear, autor da moção, a expedir a seguinte:

LEI

A Assembléia Geral ordena a extinção de todos os títulos de condes, marqueses e barões no território das Províncias Unidas do Rio da Prata. Assinado: *Juan Larrea*, presidente; *Hipólito Vieytes*, secretário.

(*O redator da Assembléia*, nº 9, 29 de maio de 1813.)

DOCUMENTO Nº 4

∽

d) [VENTRE LIVRE]

I.

O dia 31 de janeiro de 1813 permanecerá na memória da posteridade enquanto existirem almas virtuosas que apreciem as emoções da gratidão e lembrem os acontecimentos preventivos de seu destino. Nem o enorme peso dos tempos, nem o transtorno das revoluções periódicas do globo, borrarão da história esta época venturosa; e, seja qual for o destino das futuras gerações, elas recordarão este digno exemplo, ou para sacudir o jugo que as oprime ou para cantar hinos à liberdade no templo da fama. Então verão com admiração religiosa o início de um zelo filantrópico e, arrastados pela autoridade do tempo, admirarão com entusiasmo antes de aplaudir com reflexão. Apenas recordem o período feliz no qual nos encontramos e verão que suspendendo o curso da revolução aparece constituída uma autoridade, que consagra seus desvelos à ordem, à justiça, à igualdade e ao bem comum de seus semelhantes. Esta é a marca que distingue a introdução de suas augustas deliberações e para justificar esta verdade basta examinar aquelas.

Depois de instalada a Assembléia e expedidos os decretos preliminares que exigia o decoro público em sua abertura solene, nada pôde disputar a preferência dada ao digno objeto da sessão do dia 2, no qual se acordou a liberdade dos que nascessem no seio da escravidão desde o dia 31 de janeiro inclusive e adiante. Parece que a Providência, consultando a imortalidade das ações que honram a espécie humana, inspirou na Assembléia este filantrópico desígnio nos primeiros instantes de sua existência moral, para que não pudesse transmitir sua memória sem oferecer um exemplo de eqüidade e justiça. Este bárbaro direito do mais forte, que deixou consternada a natureza desde que o homem declarou guerra à sua própria espécie, desaparecerá daqui para frente do nosso hemisfério, e sem ofender o direito de propriedade, se é que este resulta de uma convenção forçada, extinguir-se-á sucessivamente até que, regenerada esta miserável raça, iguale-se a todas as classes e faça ver que a natureza nunca formou escravos, mas sim homens, mas que a educação dividiu a terra em opressores e oprimidos. Mas não adiantaria nada a Assembléia expedir este decreto se não houvesse meditado as regras que deveriam conciliar o interesse da justiça com o da opinião. Para este efeito, formou um regulamento que deve ser publicado sem demora, para que não se frustrem os saudáveis fins que teve a Assembléia em uma deliberação tão digna dos povos livres que representa.

(*O Redator da Assembléia*, nº 1, 27 de fevereiro de 1813.)

II.

O SUPREMO PODER EXECUTIVO Provisório das Províncias Unidas do Rio da Prata aos que a presente virem, ouvirem e entenderem. Faz saber: que a Assembléia Soberana Geral Constituinte expediu o decreto do seguinte teor:

Sendo tão vergonhoso como ultrajante para a humanidade que nos próprios povos que com tanta perseverança e esforço caminham em direção a sua liberdade, permaneçam por mais tempo na escravidão as crianças que nascem em todo território das Províncias Unidas do Rio da Prata, que sejam considerados e tidos por livres todos os que em tal território tenham nascido desde o dia 31 de janeiro de 1813 em adiante, dia consagrado à liberdade pela feliz instalação da Assembléia Geral, sob as regras e disposições que para este efeito decretará a Assembléia Geral Constituinte. Assim o entendeu o Supremo Poder Executivo para a sua devida observância. Buenos Aires, 2 de fevereiro de 1813. *Carlos Alvear*, presidente; *Hipólito Vieytes*, deputado secretário.

Portanto, para que este soberano decreto tenha seu pontual e devido cumprimento, publique-se através de édito nesta capital, imprima-se e comunique-se ao Governador Intendente desta Província para que o faça igualmente notório em todos os pontos de sua dependência, dirigindo-se igualmente a todos os governos compreendidos por este Supremo Governo Executivo para os efeitos já citados. Buenos Aires, 3 de fevereiro de 1813. *Juan José Passo, Nicolas Rodríguez Pena*. Por mandato de Sua Excelência, *Dom José Ramón de Basavilbaso*.

(*Gaceta*, 5 de fevereiro de 1813; III, 399 da reimpressão.)

e) [SERÃO LIVRES OS ESCRAVOS QUE ENTREM NO TERRITÓRIO DAS PROVÍNCIAS UNIDAS]

Sessão de quinta-feira, 4 de fevereiro

DECRETO

A Assembléia Geral ordena que todos os escravos de países

estrangeiros que de qualquer maneira entrem deste dia em diante fiquem livres só pelo fato de pisar o território das Províncias Unidas. Carlos Alvear, presidente; Hipólito Vieytes, secretário.[1]

(*O Redator da Assembléia*, nº 5, 27 de março de 1813.)

f) REGULAMENTO PARA A EDUCAÇÃO E O EXERCÍCIO DOS LIBERTOS

Mandado expedido pela Assembléia Geral Constituinte como conseqüência do Decreto de 2 de fevereiro do presente ano de 1813

Artigo 1º – Para que não se possa cometer a menor fraude neste particular, deverá ordenar-se a todos os párocos que enviem mensalmente ao Intendente de Polícia ou ao juiz respectivo, e nos lugares ou povoados rurais às justiças ordinárias, informação sobre o sexo, moradia e nome de pais e patrões das crianças de castas* que tenham sido batizadas.

Artigo 2º – Os cabeças de família, em cuja casa nascer alguma criança desta classe, deverão, nas cidades, passar uma notícia circunstanciada até o terceiro dia sobre o seu nascimento ao respectivo prefeito de seu lugar de moradia, quem deverá prestar contas a cada mês ao Intendente de Polícia ou ao juiz com a informação ministrada pelos moradores; bem entendido que nela deverá ficar expresso o número da moradia e quarteirão, ou

---

[1] Em 21 de janeiro do ano seguinte, a Assembléia fez exceção aos escravos que entrassem nas Províncias Unidas fugidos de países limítrofes e os que entrassem como serventes de viajantes. Estes últimos não poderiam ser objeto de comércio dentro do território das Províncias Unidas.

* Formadas por índios, mestiços, negros e mulatos.

anotar distintamente a casa, o bairro onde não houver esta divisão e também o nome de seus pais precisando se são livres ou, se escravos, a quem pertencem. Os habitantes dos povoados rurais terão o mesmo termo peremptório para enviar tal informação às respectivas justiças, e os que habitem fora do povoado as enviarão dentro do termo que deverão estabelecer os respectivos governos seguindo informes convenientes; tais governos determinarão também o termo no qual as justiças das zonas rurais devem enviar à polícia tal informação.

Artigo 3º – Do mesmo modo, deverão enviar os párocos à polícia mensalmente a informação de quantos desta classe foram sepultados; das cidades estarão obrigados a enviar até o terceiro dia a mesma informação aos prefeitos de seus lugares de moradia para que estes enviem à polícia mensalmente. Os habitantes dos povoados rurais enviarão esta informação à justiça até o terceiro dia e os que habitem fora do povoado dentro dos termos a ser estabelecidos pelos respectivos governos. As justiças na zona rural também passarão esta informação à respectiva polícia dentro dos termos que acordarem os governos das respectivas províncias de acordo com o artigo anterior.

Artigo 4º – A lactação dos infantes libertos deverá durar dozes meses, pelo menos.

Artigo 5º – Quando houver que vender uma escrava que tenha um filho liberto, deverá passar com ele ao poder do novo amo se o liberto não houver cumprido ainda os dois anos; mas, passado este tempo, será a vontade do vendedor ficar com ele ou repassá-lo ao comprador junto com a escrava.

Artigo 6º – Todas as *crianças de castas* que nascerem livres deverão permanecer na casa de seus senhores até a idade de 20 (vinte) anos.

Artigo 7º – Não valerá o artigo anterior se os libertos forem tratados com sevícia por seus patrões; pois, justificado perante a polícia, deverá esta destiná-los à casa que parecer mais conveniente. Tampouco valerá este artigo se os patrões, por pobreza conhecida, por corrupção incorrigível dos libertos ou por outros motivos, resistirem a mantê-los consigo; em cujo caso, deverão aqueles informar à polícia para dar-lhes outro destino.

Artigo 8º – Os libertos servirão grátis aos seus senhores até a idade de 15 (quinze) anos; e nos cinco anos restantes ser-lhe-á pago um peso por mês em razão do seu serviço, estando a cargo de seus patrões as demais assistências.

Artigo 9º – A cada mês todos os moradores deverão entregar o contingente do salário dos libertos em razão do número que tiverem.

Artigo 10º – Criar-se-á uma tesouraria com o nome de *Tesouraria Filantrópica*, e nela serão recebidos os salários mensais de todos os libertos.

Artigo 11º – O destino ou profissão que terão os libertos cumpridos os 20 (vinte) anos será do arbítrio ou eleição deles mesmos, cuidando o Intendente de Polícia para que não vaguem com prejuízo do Estado.

Artigo 12º – Cumprindo o liberto os 20 (vinte) anos de

idade, deverá desde este dia ser emancipado de seu senhor e avisar a polícia.

Artigo 13º – Para cada liberto varão que preferir o trabalho no campo, ser-lhe-ão dadas pelo Estado quatro quadras de terreno em propriedade.

Artigo 14º – O liberto não poderá estabelecer-se no campo nem dele tomar posse sem casar-se com mulher livre ou liberta, se antes não o tiver feito.

Artigo 15º – As libertas serão emancipadas aos 16 (dezesseis) anos ou antes, se casarem; e desde os 14 (catorze) deverão receber por seus serviços um peso mensal, que da mesma forma entregarão seus patrões na Tesouraria Filantrópica.

Artigo 16º – Com o fundo resultante do serviço de ambos os sexos serão comprados ao liberto que quiser trabalhar no campo os utensílios e ferramentas necessárias para o seu estabelecimento; ser-lhe-ão dados os materiais para construir sua casa, as sementes precisas para seus primeiros cultivos e as reses de lã que deverão alimentá-lo até a primeira colheita.

Artigo 17º – Das quatro quadras quadradas doadas a cada liberto que se dedicar ao trabalho no campo deverão ter, precisamente no prazo de 2 (dois) anos, uma quadra quadrada, pelo menos, de mata, e outra lavrada e cultivada.

Artigo 18º – Sendo este um estabelecimento filantrópico e no sentido de não onerar os fundos que resultem do trabalho dos libertos, deverá ser criada uma junta de caridade entre os moradores mais honrados e alternar entre eles por determinado tempo as funções a seu cargo, sob a inspeção imediata da polícia.

Artigo 19º – A determinação do terreno que deverá ser dado aos libertos será de inspeção da polícia. O seu intendente geral nesta cidade poderá delegar aos seus comissários, e, nas demais cidades, os juízes encarregados deste ramo poderão delegar às justiças territoriais, que deverão prestar contas da conduta dos libertos no trabalho no campo para que se anote em um livro e possa conhecer-se o grau de laboriosidade de cada um e tomar as providências que se estimem necessárias para avançar no trabalho.

Artigo 20º – Desde o dia 27 de fevereiro de 1813 em diante deverão ser batizadas sem custos todas as *crianças de castas* que nascerem dentro do território das Províncias Unidas do Rio da Prata.

Artigo 21º – Do mesmo modo, serão enterrados sem custos pelos párocos de todas as igrejas das Províncias Unidas todos os libertos que morrerem até a época de sua emancipação: devendo o presente artigo ter toda a força obrigatória desde o dia 3 de março de 1813, inclusive.

Artigo 22º – Estas disposições soberanas serão observadas e cumpridas pontualmente em todo o território das Províncias Unidas do Rio da Prata, para cujo efeito mandamos despachar o presente regulamento assinado por nosso deputado presidente encarregado e referendado por nosso secretário mais antigo. Em Buenos Aires, aos seis dias de março do ano de 1813. *Tomás Antonio Valle*, presidente; *Hipólito Vieytes*, deputado secretário.

(*Gaceta*, 10 de março de 1813; III, 417-418 da reimpressão.)

g) AMPLIA-SE O REGULAMENTO SOBRE OS LIBERTOS

Sessão de segunda-feira, 15 de março

Logo foi examinada uma solicitação relativa a que o Regulamento de 6 de fevereiro [*sic*; deve ser março] último sobre os libertos estenda-se por graça especial a um, que antes de sua publicação tinha obtido a liberdade de seu generoso proprietário. E, desejando ampliar toda disposição favorável à humanidade oprimida, acordou-se depois de uma longa discussão o que segue:

DECRETO

A Assembléia Geral ordena que todos os indivíduos de castas que antes do decreto expedido sobre a liberdade dos ventres tenham obtido gratuitamente de seus amos a liberdade, com tal que não passem dos 15 (quinze) anos de idade, poderão ser incluídos nas graças e pensões do regulamento de 6 de fevereiro último, sempre que os amos que a tenham dado queiram sujeitar-se ao cumprimento dos artigos que compreende o indicado regulamento. *Dr. Tomás Valle*, presidente; *Hipólito Vieytes*, secretário.

(*O Redator da Assembléia*, nº 4, 20 de março de 1813.)

DOCUMENTO Nº 5

JOSÉ FRANCISCO ACOSTA, DIEGO E. ZAVALETA:
O DEBATE DO CONGRESSO CONSTITUINTE SOBRE A
LEI FUNDAMENTAL, 1824–1825, FRAGMENTO

Sessão do Congresso Constituinte de 22 de dezembro de 1824: Projeto de Lei Fundamental e discurso de seu autor, José Francisco Acosta; sessão de 18 de janeiro de 1825, relatório da Comissão especial encarregada do projeto; discurso do autor do projeto, deputado Acosta; discurso do deputado Diego E. Zavaleta; texto da Lei Fundamental, aprovada na sessão de 23 de janeiro de 1825. E. Ravignani [com.], Assembléias..., obra citada, T. I, 1813–1833, págs. 941 e seguintes, 1020 e seguintes, 1022, 1023 e 1132.

[...] O autor do projeto [Acosta] pediu a palavra: Senhores, passaram-se quinze anos em cujo longo período as províncias, ao mesmo tempo em que lutaram por manter sua liberdade ou independência, manifestaram repetidas vezes o desejo de concentrar-se e de formar instituições que regulem toda a nação. Desde que, no ano dez, o benemérito e heróico povo de Buenos Aires deu seu primeiro grito de liberdade, e assim como os demais povos sozinhos ou ajudados puderam sacudir o jugo espanhol, por uma propensão inata e por razões convenientes de que uma força unida à outra força torna-se maior, foram unindo-se à que havia sido sua capital no antigo regime para alcançar seu objetivo: reconheceram o primeiro governo, que devido às circunstâncias teve que ser constituído em Buenos Aires; adotaram medidas para constituir o primeiro corpo representativo nacional, e quando, devido a circunstâncias que não é preciso descrever, esta representação foi deslocada, procuraram repetir a mesma idéia. Por fim chegou o fatal ano 1820 no qual se dissolveu o congresso geral, as províncias se isolaram e, quando o choque das paixões não permitiu, nem apresentou uma oportunidade para que voltassem a se juntar no congresso, sempre tiveram o desejo de constituir-se. Desta forma, algumas províncias foram as primeiras, formando tratados de aliança, de união e de cessação de guerra civil. Mas, senhor, até agora não foi feito um pacto geral; até agora não foi possível proceder sob uma base sólida que lhes apresentasse semelhante pacto formado por legítimos representantes de todas as Províncias Unidas; e já que tivemos a reunião antes citada e apresenta-se, por conseguinte, a oportunidade de encontrarmo-nos reunidos no congresso, parece chegado o caso de estabelecer a lei fundamental, como princípio ao menos provisório, de onde devem partir as operações deste Congresso com mais segurança. Esta é a razão que me motivou a apresentar o projeto de lei que acaba de ser lido, com o fim de assegurar o pacto de união e de amizade. Parece-me conveniente advertir aos senhores representantes que esta não foi uma idéia original minha; vangloriar-me-ia falsamente; é um modelo tomado de outras nações que, para se constituírem, deram este primeiro passo; mas não um modelo ajustado àquelas mesmas circunstâncias e, sim, às circunstâncias atuais das nossas províncias. Entretanto, este pacto pode ser conveniente a uma nação em uma [s] circunstância [s], mas pode não ser conveniente a outras, segundo sua aptidão, ilustração e recursos. Para isto também devo informar que estando todas as províncias deslocadas e independentes, sem uma associação que as reja, não deixam de temer os resultados que podem ter as primeiras operações do Congresso Nacional; mais oportunamente o ilustrado povo de Buenos Aires através de sua representação provincial, dando um passo em que manifesta a imparcialidade e a boa-fé com que procede em relação aos demais povos, abre um campo para que as províncias aquietem-se e tenham mais confiança; já que quando a sala de representantes de Buenos Aires estabeleceu reger-se por suas atuais instituições até a promulgação da constituição que irá formar o congresso, às demais províncias lhes tocaram o mesmo direito. Por esta razão, comecei a estabelecer em um dos primeiros artigos do projeto estes princípios; e este será uma satisfação para todas as províncias e um meio pelo qual se possa garantir esta liga e esta associação perpétua tão desejada. Por este motivo, ocorreu-me a observação de que as províncias sob esta base, que me parece deverá ser aceita por ser igualmente justa enquanto não se promulgue a constituição permanente pela qual devam reger-se, ficariam em um isolamento e com todo o poder para que cada uma separadamente pudesse elaborar tratados, declarar guerra, se não se determinasse que isto era privativo da autoridade das províncias reunidas no Congresso. É, além disso, de suma importância a criação de um supremo poder executivo que conduza as relações exteriores, que dirija a guerra e, enfim, que trate de todos os assuntos que sejam comuns a todas as províncias, salvo o direito estabelecido no artigo 2º de reger-se cada uma em seu governo interior de acordo com sua instituição atual. Não me vanglorio do acerto e nem de que tudo tenha aceitação; mas ao menos o alcance de minhas curtas luzes terá proporcionado ao Congresso um estímulo para que trate de assuntos tão importantes e urgentes e muito mais quando o governo da província de Buenos Aires, que devido às circunstâncias, conduziu as relações exteriores, manifestou ao Congresso ter terminado este encargo; assim que esta medida é urgentíssima. Portanto, deixando ao conhecimento dos honoráveis membros do Congresso desenvolver e fazer as melhorias que seu conhecimento lhes sugere, contentar-me-ei em obter o apoio de alguns dos senhores representantes. E tenho dito.

A moção foi suficientemente aprovada e passou a uma comissão composta pelos senhores Funes, Paso, Vélez, Zavaleta e Frias.

Buenos Aires, 17 de janeiro de 1825. A comissão especial encarregada de dar um parecer sobre o projeto *de lei fundamental ou artigos de união perpétua* apresentados ao congresso para sua sanção considerou-o com a atenção que exige a importância dos objetos que compreende. Faz sem dúvida honra ao cuidado e patriotismo de seu autor o fato de proporcionar ao Congresso Nacional com esta ocasião a oportunidade de ocupar-se da sanção de uma lei que, reproduzindo o pacto com o qual se uniram as nossas províncias desde o dia em que proclamaram solenemente a sua independência, indique suas atribuições e objetivos; determine o caminho que deverá seguir para a consecução da difícil obra da qual está encarregada; fixe as bases da reorganização deste novo Estado; e satisfaça as suas necessidades momentaneamente urgentes. Tudo isto abrange o projeto apresentado e, se só a ele estivesse circunscrito, teria a comissão o prazer de adotá-lo e recomendar ao Congresso a sua sanção, alterando unicamente a redação de alguns de seus artigos.

Mas isto implica certos detalhes que a comissão acredita uns inoportunos e outros desnecessários, e inclui artigos mais próprios de um código administrativo do que de uma lei fundamental. O pulso e a circunspeção com os quais é indispensável conduzir o Congresso, particularmente em seus primeiros passos, exigem suprimir todos estes detalhes; e nem ordenar o que está em uso e vigor, nem sancionar leis que hoje poderiam alarmar e mais adiante seriam aceitas e obedecidas sem repugnância. Estas considerações, que a comissão explanará oportunamente, determinaram uma nova redação do projeto apresentado, suprimindo nela aqueles artigos cuja inserção não é necessária e reformando também outros que, no seu entender, precisam de correção. Partiu-se, como de um princípio, da necessidade de estreitar os vínculos que antes uniam as diferentes partes deste nascente Estado e que uma série de acontecimentos desgraçados (efeito da nossa inexperiência) prejudicou e quase inteiramente rompeu.

Esta divisão e a quase total dissolução das províncias é realmente violenta: todas elas sabem disso. Desta forma, enviaram seus deputados assim que vislumbraram uma oportunidade de reunir-se. Mas no tempo de sua separação, mais ou menos todas trabalharam para melhorar a sua organização interior; neste sentido todas fizeram poucos ou muitos progressos; talvez outros posteriores sejam feitos e não parece justo que abandonem as boas instituições que foram formadas e podem ser melhor desenvolvidas pela experiência; e esperem quietas a constituição que só pode ser obra do tempo e conseqüência de uma organização geral, lentamente introduzida. É portanto necessário, na opinião da comissão, conservar suas instituições por agora e até a promulgação do código constitucional.

E mais ainda: acredita conveniente determinar os objetivos cuja correção é de sua exclusiva atribuição: objetivos gerais e de transcendência nacional. O que concerne aos cuidados da independência, integridade, defesa e segurança da nação; as relações interiores das províncias entre si; as exteriores delas com qualquer governo, nação ou estado independente; a correção da moeda no que diz respeito a sua lei e valor; a dos pesos e das medidas; a tudo isto e a formar a constituição do Estado crê a comissão que deve o Congresso dirigir exclusivamente os seus trabalhos, expedindo progressivamente as leis e os decretos que sejam indispensáveis sobre aqueles objetos e empenhando seu conhecimento e seu zelo em cuidar de aperfeiçoar o código que deva assegurar a todos os povos o pleno gozo de sua liberdade.

Os povos sempre temem perdê-la porque lhes custou muito recobrá-la. É conveniente que o Congresso, desde os seus primeiros passos, manifeste sua decidida vontade de garanti-la e que para este efeito sancione que a constituição que ditar será oferecida a eles para que a examinem, adotem ou descartem, mas na forma que nela estará prevista, para que todos procedam neste ato importantíssimo de um modo legal e uniforme. Poderia muito bem suceder que nem todos a aceitassem; mas não seria racional que, porque alguns a desejassem, ficassem os demais privados dos bens que poderiam trazer o seu estabelecimento; e é esta precisamente a razão que a comissão tem para acreditar que deve desde agora ser estabelecida, que se dois terços da população a ratificam, nada impedirá que a constituição seja promulgada e que se forme o Estado entre os que a admitam.

Seria desejável que ao Congresso lhe fosse possível abster-se de formar um poder executivo e a comissão escusar-se de propor os meios para fazê-lo. Esta comissão está de acordo com o autor do projeto apresentado (como o está na maior parte dos pontos indicados até aqui) em que, enquanto o Congresso Nacional forma a constituição, deve nomear-se um poder executivo geral que reja o Estado conforme a lei que ditar o atual Congresso. Mas, será este distinto e separado de todos os demais governos particulares das províncias?... É sem dúvida o mais justo e também o mais conveniente; seria talvez este o único arbítrio para que cessassem as invejas que tanto influíram (por um conceito errado) em nossas desgraças passadas. Mas, como fazê-lo? Quais os fundos com que o Congresso pode hoje contar e de que possa dispor para cobrir os gastos que demanda a nova criação daquela suprema autoridade? O autor do projeto propõe no artigo 14 da lei que estas despesas sejam custeadas por uma tesouraria comum, que será suprida pelas diversas províncias na proporção de sua população e recursos. Mas, onde existe hoje essa tesouraria comum? Quando poderá ser formada? Como? Sem uma idéia exata da população de cada uma, sem um registro público de suas propriedades territoriais, sem um sistema organizado de Fazenda, tudo isto, quando poderá ser realizado? Entretanto, urge a necessidade de que as relações exteriores continuem, já que desde o dia da instalação do Congresso estão paralisadas, com prejuízo para a causa geral do país e para a ativação das medidas que logo terá que ditar o próprio congresso para a defesa comum. O conhecimento dessas necessidades que executam – momentaneamente – repete a comissão, juntamente com a impossibilidade de nomear, ainda que interinamente, um Executivo da maneira como propõe o autor do projeto de lei apresentado, fez com que adotasse o único arbítrio que lhe parece realizável; e é o de encarregar a um dos governos particulares (que por razões especiais acredita que deva ser o de Buenos Aires) o tratamento destes negócios com as atribuições e limitações que expressa o artigo 8º do projeto adjunto que tem a honra de oferecer à consideração do congresso.

A comissão especial saúda o corpo nacional com os sentimentos de sua maior consideração e respeito. *Gregório Funes. Diego Estanislao Zavaleta. Francisco Remigio Castellanos. Juan José Paso. Félix Ignácio Frias. Dalmacio Vélez* [...].

O senhor Zavaleta: A comissão encarregada especialmente do exame do projeto que hoje se apresenta à consideração do congresso, ao fazê-lo, ficou perfeitamente convencida da intenção do senhor representante que havia apresentado o projeto e acreditou, como ficou expresso, que estava de acordo com suas idéias: sendo assim, quando hoje se propõe a discussão do projeto em geral, acredita que ela deveria ter por objeto só seu exame e discussão se os assuntos de que tratam os artigos do projeto apresentado forem urgentes e de evidente utilidade para o país. A comissão chegou à conclusão de que não mais o são. Nestas circunstâncias, as províncias voltam a se reunir; e portanto é necessário que seus representantes renovem e ratifiquem o propósito com que se uniram para formar uma nação desde o momento em que, por um ato do mais puro patriotismo, constituíram o governo geral nas margens do Rio da Prata; desde ali deram o primeiro grito de liberdade e estabeleceram um pacto que logo foi ratificado e que no ano 1816 foi sancionado quando se estabeleceu o Congresso Geral. As desgraças sucessivas que dividiram o país dissolveram inteiramente o Estado, ficando só uma relação de afeição de povo a povo; mas cada um independente no uso e no exercício de sua soberania. Pois quando se unem outra vez com o ânimo de reintegrar esta nação dispersa, parece necessário que ratifiquem o pacto que repetidas vezes haviam feito, declarando ao mundo que jamais se dissolva. Por isto é que pensou a comissão que este deveria ser o primeiro artigo e o apresentou como tal. Os demais que seguem, a todos os considera uns de urgente necessidade, outros de evidente utilidade, e por isso é que acredita a comissão que a sala não deve deter-se muito em proceder à discussão de cada um deles. O honorável membro que apresentou o projeto exigiu que se suspenda a discussão e sanção de todos eles e a sala ocupe-se exclusivamente de prover o que momentaneamente exige a necessidade do país, ou seja, o estabelecimento de um poder executivo.

É muito certo que esta medida urge sobremaneira, mas acredito que não pode ser previamente discutido o artigo que dela trata sem antes reintegrar a nação. É necessário reuni-la, pois estava dispersa e este ato deverá ser feito pela sanção solene da ratificação do pacto. Por esta razão acredito que agora devemos ocupar-nos preferencialmente do artigo primeiro sobre todos os demais.

Em conseqüência do acordado nas sessões 18, 19, 20, 21, 22 e a que antecede, na qual a sala ocupou-se da discussão do projeto de lei fundamental, resultou esta sancionada nos seguintes termos.

[LEI FUNDAMENTAL]

O Congresso Geral Constituinte das Províncias Unidas do Rio da Prata acordou e decreta o seguinte:

1. As províncias do Rio da Prata reunidas no Congresso reproduzem por meio de seus deputados e do modo mais solene o pacto com que se ligaram desde o momento no qual, sacudindo o jugo da antiga dominação espanhola, se constituíram

em nação independente e declaram novamente utilizar todas as suas forças e todos os seus recursos para consolidar a sua independência nacional e tudo quanto possa contribuir para a sua felicidade.

2. O Congresso Geral das Províncias Unidas do Rio da Prata é, e declara-se, *constituinte*.

3. Desde agora até a promulgação da constituição que deverá reorganizar o Estado, as províncias serão regidas interinamente por suas próprias instituições.

4. Tudo o que concerne aos objetos da independência: integridade, segurança, defesa e prosperidade nacional, é de competência exclusiva do Congresso Geral.

5. O Congresso expedirá progressivamente as disposições que se façam indispensáveis sobre todos os objetos mencionados no artigo anterior.

6. A constituição que o Congresso sancionar será oferecida oportunamente à consideração das províncias e não será nelas promulgada nem estabelecida até que tenha sido aceita.

7. Desde agora até a eleição do poder executivo nacional fica este provisoriamente encomendado ao governo de Buenos Aires com os seguintes poderes:

1. Tratar de tudo o que concerne aos negócios estrangeiros, nomeação e recepção de ministros e autorização dos nomeados.

2. Celebrar tratados, os quais não poderão ratificar sem obter previamente uma autorização especial do Congresso.

3. Executar e comunicar aos demais governos todas as resoluções que o Congresso expedir com relação aos objetos mencionados no artigo 4º.

4. Submeter à consideração do Congresso as medidas que acredito serem convenientes para o melhor andamento dos negócios do Estado.

8. Esta lei será comunicada aos governos das Províncias Unidas pelo Presidente do Congresso.

NAÇÃO, ESPAÇO E REPRESENTAÇÃO. CHILOÉ: DE ILHA IMPERIAL A TERRITÓRIO CONTINENTAL CHILENO[1]

Rafael Sagredo Baeza

Introdução

O texto que apresentamos tem como objetivo abordar a transição da colônia para a república da perspectiva da noção espacial e da representação cartográfica dos territórios ocupados por essa realidade geográfica que é o Chile.

O estudo das representações dos territórios sobre os quais os novos estados começavam a exercer a sua soberania não foi motivo de maior preocupação no contexto do processo de independência, organização e administração do estado e no da origem e consolidação da nação na América. Procurando diminuir essa carência, apresentamos um texto no qual abordamos a evolução experimentada por uma parte do território chileno como Chiloé, que de ilha na época colonial passou a fazer parte integrante do estado chileno e, portanto, do continente, após a independência.

Para tratar nosso objeto de estudo utilizaremos o trabalho de três cientistas que aportaram e exploraram o Chile nas décadas de 1790 e de 1830. Uns a serviço do Império espanhol, como José de la Moraleda e Alejandro Malaspina, esse último comandante da expedição ilustrada mais conhecida das organizadas pela Coroa em toda sua história e que percorreu a América entre

---

[1] Este trabalho foi preparado no contexto do projeto "Fondecyt números. 1051016 e 1020875".

1789 e 1794; outro, o naturalista francês Claudio Gay, contratado pelo estado chileno para estudar e dar a conhecer a nova República ao mundo, para o qual explorou o país entre 1829 e 1842. Graças aos seus relatórios e conclusões e, especialmente, aos seus mapas que representavam os espaços que formavam o Chile como colônia da Espanha e como república soberana, ilustraremos a transformação que a realidade geográfica americana experimentou como conseqüência da independência e da aplicação de políticas nacionais.

Além disso, e aliado à intenção de informar sobre a ilha de Chiloé situada no extremo sul ocidental da América do Sul, queremos explicar como a condição insular de uma posição não depende só de sua realidade material de ilha, mas, também, de concepções abstratas como podem ser as concepções políticas que, em algumas oportunidades, fazem com que se esqueça totalmente a condição insular do território que alguma vez foi concebido e representado como ilha.

Para ajudar a compreender nossa proposição podemos dar alguns exemplos de casos concretos de ilhas que, sendo caracterizadas como tal em razão de sua condição geográfica, em realidade já não o são, pelo menos em razão da noção política, econômica ou cultural que seus habitantes têm de si mesmos. O mais provável é que a Inglaterra dos séculos XVII ao XX jamais tenha concebido a si mesma como ilha e, sim, como império; e que a Austrália atual veja a si mesma mais como um continente do que como uma ilha.

Como é óbvio, não se tratava de negar ou relativizar as verdades mais evidentes como a existência de uma ilha, mas demonstrar que a condição insular de um território, desde o ponto de vista da concepção política de quem exerce a soberania sobre ele, admite diversas possibilidades, inclusive a de perder tal condição, não só a partir de um olhar intelectual ou abstrato, mas, inclusive, material, por exemplo, em uma expressão cartográfica que o represente como terra firme.

A defesa do Império espanhol na América

Após sua viagem pelas colônias de ultramar do Império espanhol, o comandante Alejandro Malaspina concluiu: "a ilha de Chiloé é o verdadeiro princípio da dominação espanhola no Pacífico", resumindo a condição e os antecedentes que fizeram de Chiloé uma ilha até a constituição do Chile como República.

A defesa do Mar do Sul foi uma preocupação quase permanente da Espanha ao longo do século da Ilustração. Os conflitos que a Inglaterra e a Espanha enfrentaram e que, a partir de 1739, aumentaram devido a interesses comerciais deslocaram a preocupação das potências em direção ao oceano Pacífico. O plano inglês de dividir o Império espanhol em duas partes e atacar seus pontos estratégicos fez com que os ingleses planejassem uma campanha marítima destinada a alcançar esses propósitos.

A expedição de George Anson, desenvolvida a partir de 1740 e que significou subir até o Cabo de Hornos, aportar no arquipélago de Juan Fernandez e ameaçar o Vice-reinado do Peru através de suas incursões no Pacífico, pôs em alerta as autoridades espanholas que, por intermédio de dois extraordinários marinheiros, Jorge Juan e Antonio de Ulloa, constataram quão indefeso estava o Peru e o grau de ameaça que os ingleses representavam para as possessões espanholas do Pacífico Sul.

Os oficiais espanhóis em sua conhecida obra *Notícias secretas* demonstram o alarmante estado da armada espanhola no Mar do Sul, assim como, das praças fortes que se supunha, deviam oferecer resistência à presença de navios estrangeiros. Em maio de 1750, por exemplo, em uma carta escrita por Jorge Juan e dirigida ao marquês de Ensenada sobre os projetos ingleses no Pacífico, escreveu:

> foi ordenado que no Mar do Sul e antes de qualquer coisa, tomasse uma praça na costa do Chile a fim de nela encontrar asilo os navios que, depois de passado o Cabo de Hornos, dali em diante fossem enviados e necessitados, e pensou-se que a mais a propósito para isto seria Valdivia; primeiro por estar já fortificada e, segundo, por encontrar-se separada do território dos espanhóis e, por conseguinte, difícil para eles voltar a retomá-la.

Juan e Ulloa perceberam claramente as dificuldades de um plano defensivo, dada a extensão do oceano Pacífico, chegando à conclusão de que o conveniente seria fortalecer alguns dos principais portos como Valdivia, Valparaíso, El Callao, Panamá e Guayaquil, pois "são onde os inimigos podem fazer reparos em pouco tempo e ficar defendidos". Também recomendaram reconhecer todos os possíveis surgidouros e portos da zona em conflito que pudessem dar abrigo a qualquer frota inimiga.

A paz de Aquisgrán de 1748, que pôs fim à guerra com a Inglaterra, fez com que fossem deixadas de lado as preocupações com a defesa do Pacífico. Entretanto, a retomada das hostilidades em 1762 reavivou o interesse espanhol pela região e sua proteção. Desde então, sucederam-se expedições de reconhecimento e exploração dos arquipélagos austrais, que definitivamente traçaram os planos daquela região. Neste contexto, devem ser compreendidas as expedições de reconhecimento que José de la Moraleda desenvolveu em Chiloé a partir de então.

O primeiro passo do plano espanhol foi obter o conhecimento geográfico mais completo da costa meridional ocidental da América do Sul. Neste sentido, de 1766 em diante promoveu numerosas expedições para Chiloé, como as do jesuíta José García, a de Pedro Mancilla e Cosme Ugarte, a de Jose de Sotomayor, a de Felipe González e Antonio Domonte; também foram feitas as expedições ao estreito de Magalhães, como as de Córdova e Churruca, em 1785 e 1788, respectivamente.

A ilha de Chiloé

José de la Moraleda, um dos pilotos espanhóis mais reconhecidos na época, tinha ingressado na Armada espanhola em 1760, embarcando pela primeira vez em 1764, em uma nave que se dirigiu a Veracruz e Havana. No ano seguinte, foi promovido a ajudante de piloto e em 1766 embarcou para a América. Sua ascendente carreira continuou em 1768, quando foi promovido a segundo piloto e embarcou para a Ásia. Como prova de sua capacidade, em 1770 chegou a piloto e em 1772 foi destinado ao Mar do Sul, navegando desde então freqüentemente entre Concepción, El Callao e Guayaquil. Entre 1780 e 1785 percorreu todo o litoral ocidental da América do Sul, familiarizando-se com lugares como Juan Fernández, Valdivia, Concepción, Chiloé, Valparaíso, Arica, Ilo e, em geral, toda a costa do Vice-reinado peruano. Naqueles anos, exatamente em 1783, foi promovido a piloto alferes de fragata.[2]

Entre 1787 e 1790 foi destinado a explorar o arquipélago de Chiloé para, mais tarde, entre 1792 e 1795, reconhecer a

---

[2] A atividade de Moraleda em Chiloé pode ser apreciada detalhadamente na obra de Hugo O'Donnell e Duque de la Estrada, *El viaje de José de Moraleda (1787-1790)*, Madri: Naval, 1990.

Patagônia ocidental. Testemunha de suas campanhas marítimas são seus diários de navegação, cartas náuticas, dados sobre costas para a navegação em geral, vários relatórios, desenhos e rascunhos das costas, entre muitos outros documentos. O ápice de sua carreira foi sua nomeação como tenente de navio em 1804.

Com relação à Chiloé, as ordens dadas para Moraleda foram claras: fazer o levantamento topográfico com um plano grande e geral da ilha maior e ilhas imediatas e contíguas; fazer o levantamento topográfico por meio de planos particulares dos portos; formar um tratado de derrotas; dar informação exata sobre os terrenos e estado daquela província, especialmente sobre sua população, força, produções, agricultura e comércio.

Em suas sucessivas campanhas, José de la Moraleda realizou, em nível local e em escala reduzida, o que a Espanha promoveu e executou em nível imperial com relação às suas possessões americanas. Dessa forma, não só fez o plano cartográfico da ilha, mas, além disso, recolheu informação sobre as características físicas da zona, a população que a habitava, suas produções e, também, sua situação no conjunto do império. São especialmente importantes seus trabalhos hidrográficos, sem dúvida dos mais sérios e mais bem executados na América meridional sob a dominação espanhola.

De acordo com o que escreveu Diego Barros Arana em 1888, "apesar dos progressos da geografia e da importância das explorações seguintes, ainda hoje conservam seu valor e podem ser considerados a descrição mais completa do arquipélago de Chiloé".[3]

---

[3] Ver o texto com que Diego Barros Arana introduziu a obra *Exploraciones geográficas e hidrográficas de José de Moraleda iMontero*, Santiago do Chile: Imprenta Nacional, 1888, pp. XI-XII.

A principal resenha geográfica escrita por Moraleda intitula-se *Breve descrição da província de Chiloé, sua população, caráter de seus habitantes, produções e comércio* que, como é conhecida, serviu de base para as notícias e conclusões que os membros da Expedição Malaspina tiraram a respeito desta possessão do império.[4]

Com o texto, Moraleda fez os seguintes mapas com o levantamento topográfico, de acordo com o inventário:

> Uma carta hidrográfica reduzida que contém a costa de terra firme compreendida entre os estreitos Maullín e Palena, com inclusão da ilha grande e todas as suas imediações; outra idem compreendendo meia ilha grande de Chiloé com o caminho de Cayuncunghen, que conduz desde San Carlos a Castro; outra idem que contém a costa intermediária entre este porto e o rio Bueno, no qual se inclui o terreno da antiga cidade de Osorno e direção do caminho ou descida do monte que no ano passado de 1787 fizeram os comissionados para explorar a situação de tal cidade arruinada; os planos particulares números 1 a 14, que são os portos de San Carlos, Chacao, Linao, Huito, Castro, com os canais que conduzem a ele pelas partes norte e sul da ilha de Lemuy; o estuário de Ichuac; as baías de Terao, Queilén, Compu, Huildad, Cailin, Yalad, a lagoa de Cucao e o porto de Calbuco.

Todos eles, tanto por seu número quanto por seu nível de detalhes, são o exemplo concreto do interesse que a ilha e seus

---

[4] O relatório de Moraleda em nossa obra *La Expedición Malaspina en la frontera austral del Imperio español*, Santiago: Editorial Universitaria/Centro de Investigaciones Diego Barros Arana, pp. 283-299.

arquipélagos adjacentes então despertavam nas autoridades hispânicas. Com a cartografia, Moraleda entregou ao governador de Chiloé uma minuciosa cópia de seu diário e das memórias que tinha preparado no desempenho de sua tarefa.

A obra de Moraleda sobre Chiloé possibilitou conhecer as características da ilha, avaliar a sua situação, produções e futuro, mas, sobretudo, permitiu identificá-la como uma possessão essencial do Império espanhol, "uma província que importa e quer o Rei que se fomente por todos os meios possíveis".[5] Uma ilha fundamental na estrutura defensiva que a Espanha pretendia levantar no mar do Sul, entre outras razões porque a maior parte de sua costa ocidental era inacessível e, portanto, de acordo com o piloto espanhol, "capaz de conter o mais atrevido marinheiro". Mas também porque seus portos, o de San Carlos, o da capital Castro e os demais, "proporcionam segurança cômoda a um imenso número de embarcações" e o "espesso bosque de que está coberta [a ilha] oferece as madeiras que não há porque duvidar que resultassem úteis para a construção de barcos ou, pelo menos, para submeter a reparos que fossem necessários os que viajassem até aqui".

Desse modo, e graças às preocupações defensivas da Espanha, a ilha de Chiloé passou de desconhecida a apreciada possessão imperial, tanto que dela se ocupou Malaspina, especial e extensamente, em suas *Reflexões políticas sobre os domínios de Sua Majestade desde Buenos Aires até Chiloé pelo Cabo de Hornos*, texto no qual concluiu, depois de conhecer os textos e as

---

[5] Não sem razão Moraleda escreveu: "Entre quantos governos particulares tem o Rei em todos os seus vastíssimos domínios, não creio que há outro para quem seja necessária mais séria reflexão em escolher o sujeito que a governe imediatamente, que para esta província".

cartas de Moraleda e de explorar a ilha durante a permanência da expedição, que: "Valdivia é, por sua posição, inútil para conter as invasões de outros europeus"; e que Chiloé, pelas muitas razões que oferece, era "o verdadeiro princípio da dominação espanhola no Pacífico".[6] Exemplos do interesse pela ilha são também as representações cartográficas que a Expedição Malaspina elaborou sobre a América meridional, em geral, e sobre o arquipélago de Chiloé, em particular. Na "Carta esférica das costas da América meridional" e na "Carta esférica que contém a costa oriental e ocidental patagônica", Chiloé e a costa austral da América do Sul aparecem claramente delineadas, mas principalmente a ilha de Chiloé aparece evidentemente exagerada com relação ao seu tamanho real, sobretudo proporcionalmente à verdadeira dimensão do continente americano que está sendo objeto da cartografia.[7] (*Cartas esféricas* – ver Figuras 1 e 2 da pág. 169)

Por último, a carta elaborada pelo piloto Moraleda intitulada *Plano geral de Chiloé e territórios*, na qual a ilha grande de Chiloé aparece representada em toda a sua magnitude, quase como um território alheio ao governo do Chile e realmente como uma ilha do Pacífico ou Mar do Sul, ratifica a transcendência que teve para a Espanha essa possessão no contexto da defesa de seus domínios americanos.

---

[6] O texto de Malaspina na obra de que somos co-autores com José Ignacio González Leiva, *La Expedición Malaspina...*, op. cit., pp. 303-327.

[7] É certo que contribui para esse fenômeno a projeção empregada na confecção das cartas, mas isso não basta para explicar o aumento no tamanho da representação da ilha. É preciso destacar que, ainda que fossem precisas com relação à determinação da longitude e latitude dos pontos que foram cartografados, as cartas malaspinianas apresentam deficiências no que se refere à proporção das áreas ou superfícies representadas.

Chiloé republicano: *finis terrae* nacional

Após a independência, que no caso chileno só se completou quando Chiloé foi conquistada pelas tropas patriotas em 1826, a situação da ilha mudou radicalmente, inclusive até perder sua condição insular e passar a fazer parte, agora como possessão remota, do território nacional continental.

Para o novo estado republicano, Chiloé não tinha a importância estratégica que a Espanha lhe havia atribuído. Até aquele momento, o novo país se organizava em um eixo norte-sul cujo centro, Santiago e suas zonas adjacentes, tinha como âmbito de soberania o território continental, entre a cordilheira e o mar, que se desenvolvia entre os desertos do norte e a zona centro-sul, que alcançava, com esforço, a região dos lagos, justo ao norte de Chiloé.

Tampouco havia razões para se ocupar de maneira especial de Chiloé em razão de disputas territoriais. Consolidada a independência, ninguém ameaçava a soberania chilena sobre esse território e, principalmente em comparação com as zonas mineiras do norte e as zonas agrícolas do centro-sul, era um território francamente pobre, com quase nenhum recurso a ser explorado. Por essas mesmas razões, careceu de atenção do estado, voltando ao isolamento no qual tinha vivido a maior parte de sua existência histórica. Condição que a navegação a vapor acentuou no século XIX ao tornar praticamente desnecessárias as recaladas ali, como tinha acontecido desde que no século XVIII fora aberta a rota do Cabo de Hornos. A falta de produtos de exportação, a debilidade do seu mercado interno, as dificuldades de se conectar com o resto do território chileno não fizeram mais do que confirmar seu novo destino.

Deste modo e pelas razões antes assinaladas, voltando à sua condição de isolamento, de ilha em relação ao resto da nação, Chiloé, paradoxalmente, na concepção política da época e na representação do território do novo estado, também deixou de ser ilha e passou a ser parte integrante do continente, do espaço sobre o qual o Chile exercia a sua soberania. Sua própria precariedade e distância fizeram esquecer sua situação de ilha, transformando-a em *finis terrae* continental do estado do Chile.[8]

Como prova de sua nova condição, podemos mostrar a evolução republicana de Chiloé, totalmente esquecida devido à certeza de que pertencia ao território nacional e à sua pobreza; mas também pelas representações cartográficas do novo estado nacional nas quais, não é que deixe de ser percebida como ilha, mas simplesmente quase não se a nota na medida em que aparece como parte integrante do Chile continental.

O "esquecimento" em que caiu Chiloé da independência em diante não só se materializou na constante migração de seus habitantes para o resto país e para a Argentina em busca de oportunidades econômicas, mas também pode ser visto no fato de que o estado e a sociedade republicana não investiram na ilha em uma proporção sequer próxima à realizada em outras regiões, inclusive marginais, do "Chile continental". Essa história de postergações é de tal magnitude que atualmente, diante dos problemas de sustentabilidade econômica do projeto desenvolvido para unir a ilha ao continente através de uma ponte pênsil de 2,6 quilômetros, 50 mil toneladas e 1 bilhão de dólares de custo aproximado, a comunidade chilota, encabeçada por suas autoridades, faz manifestações hasteando a bandeira da Espanha.

---

[8] Com razão, Darwin, que a visitou em 1834, referiu-se à ilha como "esse retirado canto do mundo" e à Castro, antiga capital de Chiloé, como uma "cidade hoje triste e deserta". Ver Charles R. Darwin. *Viaje de un naturalista alrededor del mundo*. Madri: Miraguano, 1998, pp. 258-260.

Pois, em sua opinião, "o estado chileno nos anexou e nos abandonou"; por meio de queixas que se materializam em afirmações do tipo "o Chile não termina em Puerto Montt, também queremos ser chilenos"; e por intermédio da referência a antecedentes históricos como na afirmação de que "quase 100 anos depois da anexação de Chiloé ao Chile não houve nenhum investimento público na ilha".[9] *(Imagens da imprensa chilena – ver Figura 2 da pág. 171 e Figuras 1 e 2 da pág. 172)*

Com relação à sua participação e integração na concepção e representação do território nacional com a criação da Província de Chiloé em 1826, a ilha deixou de ser concebida só como um território insular. O esquecimento anterior não é só um problema de escala ou de representação geográfica; é que também, e efetivamente, na idéia geográfica que os chilenos tinham de seu território, Chiloé tinha deixado de ser ilha e tinha se transformado em continente, em mais uma parte do território chileno que realmente importava para a nação. Basta observar o mapa do Chile feito por Claudio Gay para perceber o fenômeno que nos interessa mostrar.

Chiloé no mapa do Chile

A transformação da ilha de Chiloé em terra firme teve sua primeira expressão legal em 1826, quando foi criada a província homônima que, entretanto, abrangeu um espaço geográfico que ia além da ilha grande e de seus arquipélagos adjacentes, pois também lhe foi atribuída território continental que, com o pas-

---

[9] Ver a crônica "Chilotes exigem cumprir promessa. Ponte sobre o canal de Chacao. Em protesto ao seu isolamento, o prefeito hasteou a bandeira espanhola", em *El Mercúrio*, Santiago, de 26 de julho de 2006. A informação por suas peculiares características separatistas, de acordo com a imprensa, foi manchete, com fotografia incluída, do principal jornal chileno.

sar dos anos, chegou inclusive até os Andes. Essa tendência se acentuou anos mais tarde quando começaram a aparecer as primeiras representações cartográficas da República do Chile.

Como é sabido, o mapa de Claudio Gay é o primeiro mapa da República preparado com método científico para uso dos novos governantes e conhecimento dos habitantes do país. Mas ainda mais importante é que os mapas preparados por Gay mostram bem as noções geográficas da sociedade que nascia para a vida independente e que ele, com sensibilidade, soube apreciar e desenhar.[10]

No "Mapa para a inteligência da *História física e política do Chile*", uma lâmina gigante que deve ser destacada para ser observada, Gay representa todo o país, o que é uma manifestação do afã do naturalista em oferecer uma visão completa do Chile de então, neste caso, pela sua apresentação *in extenso*, apesar das dificuldades que sempre significou exibir cartograficamente o nosso território nacional devido a seu longo desenvolvimento longitudinal. *(Mapa para a inteligência da História física e política do Chile – ver Figura 1 da pág. 170)*

A importância deste mapa do Chile pode ser observada sob várias perspectivas. Em primeiro lugar, por seu valor como representação geográfica do território em uma época na qual ela era praticamente inexistente e pouco confiável. Precisamente porque Gay queria comunicar a segurança que seu mapa poderia oferecer é que coloca como nota que ele tinha sido preparado baseado em cartas espanholas e inglesas "levantadas nestes últimos anos". Além disso, porque se pode observar no mapa a visão

---

[10] Claudio Gay é autor da *Historia Física y Política de Chile*, editada entre 1844 e 1871 em 30 volumes; dois deles compõem o *Atlas de la Historia*, que contém 315 lâminas, 21 delas mapas e planos do Chile, seus acidentes geográficos e províncias.

existente no Chile do século XIX sobre os espaços que formavam o seu território. Com efeito, a carta só representa o território, entre os Andes e o Pacífico, compreendido entre o deserto do Atacama e Chiloé, ainda que certamente acrescida do quadro que mostra o estreito de Magalhães e suas áreas adjacentes. Ou seja, um Chile alheio, como era, na realidade, aos inóspitos desertos de seus extremos e totalmente circunscrito ao breve espaço que a Cordilheira dos Andes deixa antes de alcançar o mar.

Em termos da noção geográfica do Chile, é interessante constatar que os mapas das províncias de Cauquenes, Talca, Colchagua, Santiago e Valparaíso aparecem, especialmente as três primeiras, em representações com uma disposição leste-oeste, e não norte-sul. No Chile da época, em processo de organização e consolidação nacional, Gay percebe que em algumas zonas ainda prevalece o ordenamento espacial colonial, em função de eixos horizontais ou transversais marcados pelo curso dos rios que vão desde a cordilheira até o mar. Estes determinam e organizam um espaço regional ainda alheio ao processo de unificação territorial do estado e da nação que, sustentamos, desestruturará os eixos regionais horizontais em favor de um só eixo vertical norte-sul. Sem dúvida uma manifestação geográfica do exercício da soberania e do domínio do estado centralizado sobre o território e, portanto, de consolidação da nação. *(Província de Cauquenes – ver Figura 1 da pág. 171)*

Mas também neste mapa, e como conseqüência dos processos assinalados, Chiloé aparece como parte integrante do continente, como terra firme, sem que, a não ser que se saiba, sua condição insular possa ser percebida. No mapa intitulado "Província de Chiloé", a realidade insular de Chiloé pode, à primeira vista, parecer mais evidente. Mas o certo é que não é assim, pelo contrário, nele também aparece parte do território continental preenchendo pelo menos 60% da representação, devido a que a Província de Chiloé, em uma nova demonstração do nosso enfoque, é composta por uma seção inteira do território centro-sul do Chile, independentemente de se esse território é ilha ou terra firme. Desse modo, por determinação política, Chiloé e o que for associado a seu nome deixam de ter conotação exclusivamente insular. A rigor, materializa-se em nível legal uma situação que já acontecia em nível de noção do que era ou devia ser o Chile nacional: o estreito espaço entre a cordilheira e o mar situado na vertente sul ocidental da América do Sul que, por sua magnitude e orientação norte–sul, praticamente fazia desaparecer os acidentes que, como as ilhas de Chiloé, não faziam parte desse eixo longitudinal.

Portanto, se no contexto colonial, quando o governo do Chile era e se representava como uma sucessão de espaços horizontais que se apresentavam ocasionalmente na costa americana indo do mar à cordilheira, somente integrados entre suas partes oriental e ocidental, mas desconectados uns dos outros, Chiloé foi uma ilha, o verdadeiro começo do Chile e bastião defensivo do império espanhol; após a independência, com a passagem de colônia para república e o predomínio dos interesses nacionais, o território continental do Chile será o espaço natural da nova nação, o centro não só da vida econômica, social, política e cultural, mas também da construção espacial da nova República, na qual a noção geográfica do chileno se materializará em representações cartográficas nas quais Chiloé apenas se percebe, e menos, como ilha. *(Mapa da província de Chiloé – ver Figura 2 da pág. 170)*

Contribuiu também para a transformação de Chiloé o método científico utilizado por Gay para fazer o levantamento topográfico de suas cartas que, como se sabe, consistiu em obter os dados pela bússola, observando de distância em distância algumas latitudes para as suas coordenadas que ofereceram um grau de exatidão desconhecido até então, de maneira que, ao calcular a distância exata da ilha grande de Chiloé com relação à terra firme continental, contribuiu para "aproximá-la", pois só 2,6 quilômetros as separavam. Sendo assim, ainda que Chiloé estivesse cada vez mais próxima do Chile na medida em que era considerada território nacional, afastou-se cada vez mais do centro do novo país, transformando-se no território mais meridional do novo estado, um verdadeiro *finis terrae* da República.

Mas não é só isso. Com base nos estudos de Gay, Chiloé diminuiu e, portanto, praticamente como uma metáfora do que aconteceu em relação a sua presença na consciência nacional, também teve importância diminuída para o estado republicano. Situação que se viu refletida no mapa do Chile após o naturalista descobrir, em 1836, que "dá-se à ilha grande de Chiloé uma magnitude de dois graus, quando na realidade estende-se só um grau e trinta e quatro e meia milhas, o que produz um erro de 26 milhas e a faz cerca de 9 léguas maior do que é na realidade".[11]

Gay percebeu, assim, algo que era evidente, não só por um erro de método ou técnica para calcular a superfície e posição de determinado território: Chiloé colonial estava superdimensionada em termos de extensão e insularidade, entre outras razões, porque para o Império espanhol ela cumpria um papel determinante em sua política defensiva no Pacífico ou Mar do

---

[11] Ver o relatório de Claudio Gay sobre sua viagem científica e estudos realizados nas Províncias de Valdivia e Chiloé, publicado no *El Araucano*, de 8 de julho de 1836. Também se encontra na obra de Carlos Stuardo Ortiz. *Vida de Claudio Gay. Escritos y documentos*. t. II. Santiago: Editorial Nascimento, 1973, pp. 209-212.

Sul. Talvez, e sempre sob o ponto de vista defensivo, a ilha era mais apreciada que todo o resto das províncias chilenas. Como será possível entender, essa realidade iria mudar logo depois de 1810.

Alcançada a independência e consolidada a república, a ilha não só perdeu em extensão, graças a medições científicas com instrumentos modernos e portanto mais precisos, como desvalorizou-se em termos de sua situação geográfica como possessão nacional. Não havendo mais nenhuma ameaça, centrado o novo estado no processo de organização política e na busca de recursos naturais, o olhar, sempre desde Santiago, estendeu-se para o norte, uma região com riquezas minerais de fácil identificação e exploração que, por várias décadas, terminaria concentrando a preocupação nacional em detrimento do extremo meridional do país. Precisamente aquele espaço situado desde a ilha de Chiloé até o sul.

Com esse exemplo, o da evolução da ilha de Chiloé em terra firme do Chile, quis chamar a atenção sobre o potencial de estudo da condição geográfica de alguns espaços, a importância da ciência e do método científico na análise da situação de uma área concreta e, principalmente, com relação ao valor das concepções políticas na valorização dos espaços que constituem a realidade geográfica de uma sociedade.

Documento Nº 1

ALEJANDRO MALASPINA. REFLEXÕES POLÍTICAS SOBRE OS DOMÍNIOS DE SUA MAJESTADE DESDE BUENOS AIRES ATÉ CHILOÉ PELO CABO DE HORNOS[1]

Uma região que parecia até aqui abandonada pelos benéficos influxos da vegetação e que, composta de costas quase inacessíveis, batida por ventos constantemente tempestuosos e colocada nos extremos do continente quase como um dique contra a cólera das ondas, parecia destinada a ser asilo unicamente dos peixes e das aves silvestres chegou, por fim, a excitar a cobiça dos europeus, e depois de ter sido a causa de desavenças consideráveis[2] e ter fomentado uma guerra,[3] ainda agora ameaça novas discórdias e exige, por esta razão, uma atenção séria e constante.

O bergantim *Carmen*, que navegou escoltando as corvetas até *Puerto Deseado* [Porto Desejado] e que, reconhecidos logo os rios de Santa Cruz e Gallegos, regressou felizmente a Buenos Aires, é uma boa testemunha da asserção que antecede. Mais de trinta embarcações inglesas, francesas e americanas, independentes ou mesmo da monarquia, estavam ocupadas com a pesca da baleia com sonda, desde os 47º até os 39º. Na *Isla de los Estados* [Ilha dos Estados], de acordo com a fragata francesa *Enekar*, havia barracas e demais utensílios necessários para a atividade pesqueira. No rio Santa Cruz e no Porto *San Gregorio* houve a tentativa de afas-

---

[1] Reproduzido da *obra La Expedición Malaspina...*, op. cit., 1789-1794, t. VII.

[2] Em 1770, esteve muito próximo um rompimento com os ingleses, devido à expulsão da colônia inglesa do porto Egmont, nas Ilhas Malvinas.

[3] Os projetos do ex-jesuíta Falkner sobre adentrar os rios Negro e Colorado até Valdivia deve ter dado muitas esperanças à Inglaterra de ofender-nos sensivelmente, e certamente nos causaram gastos enormes.

tar os patagônios da nossa amizade: prometeram-lhes um estabelecimento em *Puerto Deseado*. Não poucas vezes invernaram em Porto *Egmont* várias embarcações estrangeiras. Finalmente, às nossas recriminações sobre não freqüentar estes mares, o capitão inglês Botel respondeu que tinha permissão de seu monarca. Ao mesmo tempo, vários buques ingleses e americanos (entre eles alguns bergantins) transitam pelo Cabo de Hornos, visitam a nossa costa e, conseqüentemente, em 1789, esta parte franqueada apresenta a dupla barreira dos tratados e da navegação.

A Espanha com suas combinações está sempre ligada a três objetos difíceis de reunir sem que se choquem e se ofendam mutuamente:[4] primeiro, suas forças e vantagens; segundo, suas relações na balança da Europa; terceiro, suas relações com os índios que habitam estas terras. E ainda que os países mais férteis, povoados e ricos de nossas conquistas, não apresentem mais do que os já citados pontos de vista sob os quais a monarquia deve ser considerada, as costas da Patagônia, apesar de não ter nenhuma circunstância favorável, conseguiu abranger todos estes objetos em um grau tanto mais interessante quanto mais capaz pode ser um remédio precoce e oportuno.

Que a intenção de qualquer força européia pela costa oriental da Patagônia seja um perigo imaginário e um perigo que não deve ocupar nem por um momento nosso sistema defensivo é algo tão certo quanto mais influem os materiais reunidos para dar a conhecer a verdadeira geografia desta parte do continente.

Já os senhores Varela y Saá y Parría rebateram estas idéias em Buenos Aires,[5] quando o piloto Villarino pelo Leste e os ofi-

---

[4] Axiomas políticos.

[5] Documentos existentes na Secretaria do Vice-reinado. O primeiro corresponde ao marquês de Sobre-Monte e o segundo ao senhor vice-rei, Dom José de Bertiz.

ciais Espinosa, Orejuela, Piñuez e Callejas, pelo Oeste, tentaram examinar esta comunicação e descobrir os Césares e estrangeiros[6] estabelecidos entre a latitude 43° e o Cabo de Hornos. Admite-se, pois, como base de nossos razoamentos, que uma invasão ao sul de Buenos Aires e a Chiloé poderia ser mais desejada do que temida, já que distrairia com castigo exemplar algumas forças do inimigo; a questão poderia ser reduzida a alguns termos claros e simples que são: primeiro, a quem pode ser útil as costas da Patagônia? Segundo, quais são os meios para conseguir isto? Terceiro, qual deve ser a nossa conduta com os estrangeiros, tanto em tempos de paz como de guerra?

[...] Tratemos agora da ilha de Chiloé que por sua situação, clima e produtos ocupa desde o ano de 1778 a atenção do governo. Esta ilha, como já foi indicado no capítulo anterior, não é escassa de povoadores, abunda em muitos produtos úteis, tem bons portos e é o verdadeiro princípio da dominação espanhola no Pacífico. Mas como até aqui foi feito, hão de dividir-se em seu exame político os objetos mercantis dos militares, e ligar-se com uns e outros a prosperidade nacional e a economia do erário.

É efetivamente singular a visão de muitos erros políticos expostos pelo fato de não dividir as matérias entre si. A defesa se fixa às vezes em paragens onde o comércio não pode ocorrer e o comércio se fixa logo em paragens indefesas, de modo que a

---

[6] Estes discursos não permitem que nos aprofundemos na questão sobre a existência dos Césares, e, além disso, seria inútil, já que o atual vice-rei de Lima tomou a medida mais oportuna para averiguá-lo, que é a dos missioneiros; entretanto, com relação aos estabelecimentos internos estrangeiros que ameaçavam o capitão Orejuela, apenas o exame de uma colônia separada do mar e isolada entre bárbaros em uma terra inútil basta para repudiar aquelas idéias. Como a nossa situação política, essa outra se assemelha à de um velho rico e avarento, para quem todo ruído parece o de ladrões que tentam roubá-lo.

nação nestes e o erário naqueles sofrem sacrifícios iguais e se multiplicam os pontos nos quais pode o inimigo hostilizar e ofender-nos, aumentando, além disso, nossa impossibilidade de fixar um sistema de defesa. Dom José Orejuela opinava em suas propostas ao Excelentíssimo Senhor José de Gálvez que, para fomentar a ilha de Chiloé, todos os buques que transitassem pelo Mar do Sul deveriam ser obrigados a fazer escala no Porto de *San Carlos*, de maneira que a compra de poucas verduras arrastasse o extravio e talvez a perda de muitas embarcações. Para insistir na conquista de Osorno, supunha que a população de Chiloé fosse excessiva, quando os diferentes censos nos indicam não só que é muito pequena em relação à terra que pode abrigar o trabalho e o comércio de tábuas e o comércio da pesca aos quais a ilha pode dedicar uma parte considerável dos seus braços, mas, também, que diminui rapidamente[7] por diferentes causas, das quais algumas já foram indicadas e às quais acrescentaremos outras em breve.

Deixemos de lado estes e outros projetos e ocupemo-nos unicamente do reconhecimento da ilha. É possível estabelecer-se em primeiro lugar como axioma que a administração de tributos, direitos e dízimos é tanto mais nociva ao contribuinte e tanto menos útil ao erário quanto maior é a distância do centro e a boa ordem da monarquia, e mais inacessíveis os esforços para remediar quaisquer abusos. Não parece uma temeridade assegurar que aumentadas consideravelmente as contribuições dos chilotes neste século ao mesmo tempo em que a população diminuiu pela metade, o erário viu-se frente a uma situação

---

[7] Em 1713 a população era de 59 mil almas, em 1772 era de 32 mil e em 1787 chegou a apenas 27 mil.

dupla, não havendo no Porto de San Carlos nem uma fortificação que possa afastar um só buque inimigo, nem um soldado cujas armas não apresentem dúvida se irá trabalhar contra o invasor ou contra o seu próprio soberano. São boas testemunhas os senhores Tova, Valdés e Quintano, que passaram a Castro o grave erro que produz ao contribuinte este pequeno tributo que lhes é exigido. As tábuas devem ser apresentadas em um prazo determinado, seja qual for o tempo, as estações e os obreiros, além do que digo que são muito poucos fundamentados os cálculos que determinam a contribuição e o sustento sobre o produto de uma terra alheia inundada de gente militar e inimiga do nome espanhol.[8]

Por falta de caminhos e de cobradores, o habitante da parte meridional da ilha sacrifica às vezes a sua saúde e seu trabalho para trazer às Caixas de San Carlos só cinco pesos, que geralmente produzem ao rei outros tantos gastos.[9] Entretanto, um grande número de soldados e ministros da justiça correm de um extremo a outro, não para cobrar periodicamente este tributo, mas para oprimir os que, omissos ou impossibilitados, não lhes tenham pagado: usurpa, vende e nada traz. Toda a população de San Carlos se mantém a soldo do rei e das vexações que dali se estendem para o resto da província; e finalmente, um país onde nem o próprio alimento é suficiente para as necessidades é um ninho de pleitos e de um enxame de escrivães.

Mas, por que fazer uma nova descrição inoportuna daque-

---

[8] Esta expressão da cordilheira fronteiriça a Chiloé é irônica e alusiva às ponderações dos projetistas.

[9] Os oficiais já nomeados encontraram um contribuinte de Cucao que gastava cinco dias em ir até San Carlos e outros cinco para voltar a sua casa. Era preciso ir ao Sul para tomar o único caminho que existia.

les inconvenientes que, filhos de uma constituição errada,[10] tantas vezes chegaram aos pés do trono e se ocultam ao ver de perto esses domínios extensos? Basta dizer que ainda sem o aumento da quarta companhia (veterana) da tropa veterana já aprovada por Sua Majestade, o importe do valor anual enviado desde Lima é de 22/m pesos, apesar de produzirem tributos, *alcabala**, aduanas, tabaco, papel selado e serviço pessoal dos milicianos.[11] Esta reflexão deve ser tanto mais sensível, e deve guiar-nos para as medidas propostas, quanto o comércio de Chiloé, favorecido por produtos industriais e – muito mais –, por sua posição avantajada, deveria conservar, ou melhor, aumentar sua massa circulante, que é princípio da prosperidade.

A ilha de Chiloé extrai hoje em dia[12] 200/m tábuas de pináceas; 10 ou 12/m presuntos; seis ou oito ponchos finos, com valor de 60 a 80 pesos; 900 a 1.000 dos que chamam toltenes, com valor de 10 a 12 pesos cada um; aproximadamente 2.000 *bordillos*[13] que o rei abona a peso ao cobrar os tributos; cem colchas bordadas (com pouca diferença) com valor de 8 a 9 pesos; de 50 a 60 quintais de bacalhau seco, com valor de 11 a 12 pesos o quintal; de 30 a 40/m sardinhas curadas, cotadas a 2 pesos o

---

[10] Admira-se em boa hora a legislação e o nosso sistema da América. Sempre será verdade que sua execução é impossível, segundo foi demonstrado nos axiomas preliminares, e que, ao variar o sistema militar da Europa, deve variar o sistema político e militar e as nossas relações com os índios não conquistados e o próprio número deles.

* Tributo pago pelo forasteiro pelos gêneros que vende (N. do T.).

[11] Os gastos do erário podem chegar até 72/m pesos quando as companhias das tropas estão completas. Assim como é provável que diminuam os produtos à medida que diminua a população, é normal que cresçam os cargos da Fazenda Real.

[12] São notícias verídicas e bem detalhadas do piloto Moraleda comparadas com as que adquirimos no mesmo terreno.

[13] *Bordillo* é uma espécie de poncho, mais barato e mais estreito que os *toltenes*.

milhar; pouca quantidade de lã comum e menor ainda de pano grosso cujos efeitos com relação aos valores e quantidades citadas, e postos a 4 reales cada presunto e cada tábua a 1 real e 3/4, resulta, por valor próximo dos gêneros da indústria, que a exportação equivale a 54 ou 56/m pesos anuais. Quantidade não indiferente se advertirmos que, podendo a ilha fornecer abundantemente para o sustento e ainda em muita parte para o vestir, este *surplus*** daria para uma vida mais cômoda, cujos influxos benéficos seriam o progresso da população e o próprio progresso da agricultura e da indústria. Mas os tributos, o tabaco, algumas roupas de abrigo e uma excessiva opressão nos câmbios, originada menos da necessidade de uns e mais do abuso e estanco de outros,[14] absorvem esta quantidade por parte dos índios; enquanto, por parte dos crioulos, a folgança, que provém na sua maioria dos soldos habituais do erário,[15] os pleitos, a existência de inúmeros assalariados e os poucos mercadores publicanos que sempre existem neste tipo de colônias devoram a outra parte, na qual o rei é também, como foi visto, um contribuinte de não pouca monta.

Em geral, o câmbio destas mercadorias é feito da maneira mais prejudicial, já que o único que permitem é a falta de circulação e a extrema miséria da indústria do reino ou da terra. Quem vive de seu trabalho vende seus frutos ao menor preço obtido, e já que a possessão do fundo necessário para proporcio-

---

** Excedente (N. do T.).

[14] O intendente governador Hurtado tinha disposto uma tarifa para o valor de todos os gêneros de importação. Era justa e eqüitativa, mas difícil de ser executada. Foi abandonada posteriormente.

[15] Todos os soldados em Chiloé são crioulos casados. Seus vícios, seus ardis e os de suas mulheres produzem uma nova circulação onerosa ao erário e à população.

nar o câmbio determina aquele preço, ao mesmo tempo sobe excessivamente o valor das mercadorias que lhe são dadas em troca. O negociante, com um país desta espécie, é uma rede que deixa sair apenas as partículas mais sutis, e cujos fios pode impunemente estreitar quando lhe pareça melhor. Quem dirá que neste comércio com Lima, que apenas absorve cinco meses de tempo, as mercadorias de Chiloé dupliquem de valor na saída e os artigos de importação dupliquem de valor na entrada.[16] Nem é possível acreditar que uma navegação desta espécie implique grandes riscos, ainda que a ignorância dos pilotos e a má qualidade dos buques e de seus armamentos tenham provocado perdas muito freqüentes. Nem é tampouco fundado o argumento de que a necessidade de dar fiado aumente o número de quebras e demoras na cobrança do capital antecipado. Os produtos de Chiloé são periódicos, logo o comércio poderia ser periódico e semelhante a uma ou mais feiras nas quais, para comodidade dos transportes e câmbios, poderiam estabelecer-se com antecedência os prazos e dependerem os preços de uma liberdade recíproca de contratos, fundada no valor real de cada coisa.[17]

As mercadorias de importação se reduzem particularmente aos gêneros que chamam *de Castilla*, e a outros que chamam *da terra*: os primeiros são as flanelas, os tecidos, carpintaria de Granada, panos de segunda, papel, fio, alguns tecidos de lã e redes e todo tipo de quinquilharias. Os segundos são principalmente o tabaco, panos de Quito, panos de qualidade inferior, flanelas, tecido grosseiro de algodão, aguardentes, vinhos, sal, açú-

---

[16] A tarifa estabelecia um lucro de 30% sobre fatura de Lima. Ignora-se se abrangia os gastos de direito.

[17] Ver as distinções sobre valor *real* e *nominal* no tratado do senhor Smith, sobre o *bem-estar das nações*.

car, erva do Paraguai, mel, anil, palo de tinte***, pimenta picante, sabão, sebo, pouco azeite e algumas outras coisas de pouca importância, cujo valor será anualmente de 60/m pesos, preço de venda. Os demais, até completar o total, compõem o fundo dos empregados ou mercadores, que algumas vezes entra em circulação, outras vezes sai como pertencente ao particular que o adquiriu lícita ou ilicitamente.

Não tenho ânimo de reviver aqui as chagas do monopólio, nem demonstrar quanto é oposta à livre concorrência de vendedores a intervenção, em geral abusada, da autoridade real no comércio. Um empecilho de uma aduana, uma acusação de um caluniador, uma interpretação sinistra de uma Ordem Real, podem transtornar as medidas combinadas de um comerciante honrado que reunisse os lucros líquidos com os progressos daquela indústria, e fazer triunfar o monopólio que já nos cálculos subalternos se supõe como seguro em Juan Fernández, Valdivia e Chiloé.

Foram unicamente insinuados os inconvenientes anteriores para que não parecessem logo estranhas, ou com semblante de projetos, as provisões que fazem com que Chiloé seja capaz de um comércio vantajoso para si mesmo e para toda a monarquia; e que o monarca pode conservá-lo, se não com vantagens, pelo menos sem encargos para seu Real Erário. Mas antes é preciso examinar se a conservação de Chiloé é útil para a monarquia, isto é, se compõe talvez um daqueles preciosos anéis, sejam comerciantes ou militares, que deve resultar na cadeia do poder nacional.

Com relação ao comércio, Chiloé em sua pequenez abraça quatro pontos de vista bem diferentes: o comércio com a Europa;

*** Árvore de madeira dura, resistente à umidade, de folhas pequenas e tronco nodoso, da qual se extraía um colorante muito solicitado pela indústria têxtil (N. do T.).

com nossas colônias do Chile, Peru e Rio da Prata; com os índios da região; e, por último, o interno. Este foi indicado em último lugar porque depende de uma existência de fundos que jamais deve preceder o comércio externo, que é princípio e base das riquezas. Enquanto à parte militar (supondo sempre que se dirija unicamente à parte defensiva), deverá dividir-se precisamente na que se refere às potências rivais da Europa e na que se refere aos índios da região.

É difícil determinar até que ponto seria possível o comércio da Europa com a ilha de Chiloé, pois desde logo deveria absorver não só todas as mercadorias que atualmente são trazidas de Lima e que muitas vezes procedem de Cádiz, como também várias espécies de manufaturas, que, do mesmo modo que em Buenos Aires, só foram conhecidas desde que os catalães, com considerável vantagem própria, introduziram-nas. Tais são os sapatos, os gorros, as camisas, as ferramentas e sucessivamente vários pequenos utensílios de comodidade que hoje em dia não se conhecem em um país onde os artefatos não tiveram ainda aceitação. Na atual balança econômica de comércio e ainda no sistema que nos propusemos determinar para cada país da monarquia em relação aos ramos industriais que naturalmente lhes correspondem, é positivo que se deixem ver de modo palpável as infinitas vantagens que o comércio da Europa tem sobre o de Lima para o abastecimento de Chiloé. A embarcação da Europa que, pagando em Cádiz um direito proporcional à liberdade de vender em Chiloé ou no Chile, troque seus sortimentos por madeira ou outros frutos vendáveis, complete sua carga com os trigos do Chile, descarregue em Lima e imediatamente regresse à Europa, seguramente barateará o comércio costeiro do Mar do Pacífico ou terá consideráveis lucros que recairão sobre os fundos europeus.

Ainda não param aqui as considerações relativas ao comércio da Europa com Chiloé. Se, como detalhadamente logo será proposto, fosse possível afirmar-se um comércio periódico com os huilliches, que em mercados bem ordenados adquirissem nossos tabacos, licores, quinquilharias, armas, etc., as remessas da Europa aumentariam consideravelmente; e talvez por sua própria vontade esses povos tirassem da cordilheira próxima os mesmos metais que tanto sangue custou à nação que tentou conquistá-la.

Se não nos engana o semblante filosófico de algumas idéias simples, tiradas mais do conhecimento do homem e da navegação do que de sistemas criados, de um sonhado poderio irresistível, de um zelo enganoso da religião ou finalmente de uma isca envenenada pela prata. Oh! Quanto poderiam contribuir para a prosperidade nacional as idéias que acabamos de indicar! Talvez nos conduzissem a uma paz duradoura e segura, que não nos custasse nem intranqüilidades quase permanentes, nem o sacrifício de muitos cabedais, nem finalmente o ofuscamento do orgulho nacional.[18] Talvez fossem abertas as portas a novos comércios vantajosos, e nem o erário custearia um exército tão oneroso como fictício, nem concorreria o miliciano chilote a aumentar somente sua lista imaginária à custa de mil sacrifícios positivos.

Mas ainda sem permitir ao navegante europeu que continuasse sua navegação nas costas do Mar Pacífico com vistas ao comércio de Lima, poderiam talvez um par de buques europeus de não muita capacidade obter um retorno útil a Buenos Aires com

---

[18] Em Valdivia, Chiloé e perto dali a bordo da *Descubierta*, foram prestadas honras de armas e particularmente de canhão aos caciques huilliches, que só fazem embebedar-se e que podem dirigir, mas não parar, os roubos tentados por seus súditos sobre os nossos. O cacique Catiguala fez alarde de não temer o canhão disparado sobre o Alcácer em suas imediações. Perguntado se lhe causaria algum temor, disse de maneira decidida que não e manifestou um semblante impávido.

tabuados e madeiras grandes que com pouca vantagem são extraídas do Paraguai ou trazidas do Brasil com vantagem de estrangeiros. A tábua da pinácea serviria para inúmeros usos domésticos, e particularmente para a fabricação dos muitos barris que as carnes salgadas e as marinhas irão precisamente ocupar.[19] Talvez tivessem uma saída vantajosa os presuntos e os ponchos, sendo este último, além disso, um gênero que poderia prover-se com igual abundância e bondade os huilliches. Logo, Chiloé pode abastecer-se das mercadorias que necessita a preços muito mais cômodos, pode influir na prosperidade do continente e prover as colônias do Rio da Prata e do Peru de produtos de fácil consumo que, desde logo, substituam as comodidades de que necessitam, colocadas já a um preço eqüitativo, e podem logo deixar um *surplus* que servirá para o fundo de comércio e os fundos do interior.

Cresce ainda a probabilidade deste aumento, tanto nas colheitas como nos tecidos e ainda nos custos, quando se considera que atualmente os índios são os únicos que se ocupam destes ramos, e particularmente nos custos, sendo que mais da metade da população é composta de crioulos, que subsistem na maior parte das vezes à custa dos sacrifícios do erário. A bem da verdade, estes crioulos, mesmo cessadas as encomendas e vendo-se descalços, conservam tanto apego à nobreza de seus antepassados e o costume de não violá-la com ocupações servis e comuns feitas pelo índio, que lhes foi demasiado sensível e lastimoso verem-se aban-

---

[19] É preciso considerar que a *Duela* foi dada como um dos recursos para aumentar o número de buques que navegavam desde a Europa até o Rio da Prata, pois como os gêneros de exportação são volumosos, e, ao contrário, os de importação são muito poucos, os fretes não são nivelados. Esta aparente contradição mostra como é fácil chocar os interesses de uns e outros em uma grande monarquia, mas aqui, porventura, essa contradição é dissipada, já que os buques descarregando em Buenos Aires o fariam precisamente pela necessidade de buques vazios nessa colônia.

doados pelo pai carinhoso que, apesar de sua conduta e inutilidade, os alimentou com sacrifícios consideráveis de sua parte. Mas lhes sobrava o recurso da emigração ao Peru ou do serviço de armas no Chile, caso não preferissem o trabalho saudável da agricultura ou os cortes periódicos das pináceas na cordilheira.

Postos assim em sua balança natural a indústria, a agricultura e o comércio de Chiloé, é certo que um pequeno fundo nacional ou pertencente aos seus moradores proporcionaria a eles em primeiro lugar não acelerar as vendas ou os câmbios, dando, por conseguinte, maior valor a seus frutos; segundo: melhorar a terra com os desmontes**** dos terrenos; terceiro: finalmente ocupar-se da pesca, que, excluídos os pastos e adaptando um número maior de terrenos à agricultura, poderia dobrar o alimento de uma população numerosa. Os desmontes, a nosso entender, devem ser feitos ao mesmo tempo desde os dois extremos da metade setentrional compreendida entre o Porto de San Carlos e a Lagoa de Willunco. Serão muito acessíveis se também forem dirigidos à direita e à esquerda do caminho de Castro, desde onde a comunicação com San Carlos e a condução dos frutos seria mais fácil e simples. Poderia destinar-se um pequeno direito sobre os gêneros de entrada para os habitantes da ilha, o qual, a princípio, seria investido em auxílios e prêmios de desmonte[20], prêmios estes dados, para serem mais úteis, na forma de utensílios para a agricultura ou para a indústria, segundo a qualidade do terreno que tivesse sido desmontado.

**** Eliminação da vegetação por meios mecânicos ou químicos para preparar o terreno para seu uso agrícola.

[20] Deve ser feito na altura de um homem, da raiz ao tronco, ao qual se coloca um fogo leve para destruir a sua vegetação. Os ramos são fáceis de cortar e logo podem ser queimados em pequenas pilhas, ou transformá-las em carvão. O lavrador de Punta de Aquí que favoreceu o roubo destinado à fragata da *Atrevida* tinha feito sozinho um desmonte considerável e aproveitado o campo para plantar sementes.

É provável que o núcleo ou a parte montanhosa da ilha que corre paralelo à margem ocidental seria suficiente para abrigar a parte baixa oriental dos ventos tempestuosos de N.O. e O. Entretanto, também seria possível deixar buques na margem exterior para uso dos próprios habitantes. Seriam um novo freio para os estragos das tempestades, a menos que também não fossem destruídos pelo grande volume de águas como até aqui se experimentou.

Foi mencionada a possibilidade de combinar com os huilliches algumas feiras periódicas que propiciassem ao mesmo tempo uma venda ordenada dos nossos frutos, a aquisição de alguns outros que nos fossem úteis, e, finalmente, uma sólida união com aquela nação, fundada sobre a base da tranqüilidade e das necessidades recíprocas. A utilidade destas feiras ou prazos de trocas é sem dúvida alguma evidente e suas épocas periódicas são naturalmente os meses de verão nos quais a navegação e os caminhos por terra são tão fáceis como impraticáveis no inverno.[21] Mas não é tão fácil determinar o lugar destas negociações nem o modo de realizá-las, pois seria imprudente tratar sem desconfiança aos huilliches, cujo ânimo belicoso, excitado com as bebidas e com muita concorrência, às vezes os levaria a roubar e, às vezes, também, a hostilizar.

Se nos Parlamentos de Concepção ou nos que se fizessem em Chiloé fossem especificadas condições claras para este tipo de negociações e os caciques tivessem garantia do seu cumprimento, particularmente exigindo que não comparecessem em demasiado número e que se evitasse todo tipo de desordem,

---

[21] Não deve considerar-se ou estranhar-se como nova essa proposta quando se adverte que o senhor presidente do Chile, o general de Campo Dom Ambrosio O'Higgins, acordou em seu último parlamento nos quatro Mutalmapus que seriam realizadas quatro feiras anuais.

desde logo a realização destas vendas seria mais oportuna em Carelmapus do que em San Carlos, pela concorrência dos compradores. Neste caso, nossas mercadorias seriam protegidas com uma espécie de trincheira que o terreno propicia; os índios estariam proibidos de entrar armados e de permanecer ali à noite; teriam que acampar ou armar seus toldos a uma distância prudente; e se guarneceria o local com algumas milícias armadas e ainda com alguma artilharia e tropa preparada, se uma corveta ou buque menor que navegasse pelo Mar Pacífico combinasse seus cruzeiros para encontrar-se na ocasião no Porto de San Carlos. Esta oportunidade de realizar as vendas em Terra Firme nos produziria, sem dúvida, a grande vantagem de que afluíssem também as mulheres dos huilliches, que provavelmente aumentariam os câmbios e tornariam mais remotas as hostilidades.

Mas sem as precauções indicadas e quantas outras dite uma verdadeira desconfiança, será prudente preferir a cidade de San Carlos, permitindo, sim, a vinda dos índios da região, mas em número e prazo determinados e sempre com algumas mercadorias de troca que indiquem seu ânimo de comerciar. Ser-lhe-ão determinados os lugares de residência, as quais custearão por si mesmos; seria feita justiça em todas as questões ou disputas que os contratos apresentem; mas serão vigiados de perto e tratados quase com a mesma desconfiança que nos trataram aqui.

Deixemos à consideração do homem filosófico e muito mais do nacional que registre suas histórias, determinar até que ponto a retidão, a boa-fé, o desinteresse, a suposição de uma verdadeira igualdade de direitos e a própria compaixão para com homens entregues às suas paixões devem guiar os que intervenham e os que dirijam estas feiras e mercados particularmente nos primeiros anos. E deixemos ao político investigar de antemão até que ponto esta nossa idéia é compatível com as verdadeiras utilidades da prosperidade nacional, único objeto que jamais deve perder-se de vista. Insensivelmente as reflexões sobre o comércio de Chiloé nos levaram ao exame de um dos pontos que constituem a parte militar ou defensiva, e é o que se refere aos índios da região. É evidente que enquanto não sairmos da ilha, na qual está pelo menos segura a subsistência (se não, o comércio dependente da Corte), não criaremos discórdias nem deveremos temer o menor insulto, já que a experiência comprova que a navegação será sempre o único teatro no qual os europeus terão uma vantagem considerável em relação às nações conquistadas.

Desta forma, só nos sobra o exame do que pode importar na balança com as nações rivais; e este exame nos leva naturalmente a uma rápida comparação com a praça de Valdivia. É positivo que no tempo das conquistas tenha sido sumamente acertada a eleição daquele lugar que reunia no mar as ricas colônias interiores.[22] Um rio caudaloso a cobria, em grande parte, dos insultos do inimigo. O porto imediato assegurava ao mesmo tempo um rico comércio e os auxílios necessários para uma boa defesa ou uma retirada segura. Foi rapidamente o centro das forças militares e a Casa da Moeda; a Diocese e sua própria antiguidade faziam com que fosse vista como uma das principais colônias.

É, pois, provável que, retomados depois de mil desgraças os confins dos nossos domínios até Biobío, fosse reconhecida a total inutilidade de Valdivia se quase ao mesmo tempo as irrupções dos estrangeiros pelo Cabo de Hornos no Mar Pacífico não tivessem chamado de novo a atenção do governo sobre o Sul. Foi

---

[22] Ver a *Historia Civil* do Abade Molina.

caracterizada muito cedo como antemural do Peru; e sem considerar que não impediu jamais as hostilidades e os insultos de quantos dobraram o Cabo de Hornos, cresciam consideravelmente suas fortificações, honradas com os nomes ilustres de Niebla, Mancera, etc. À medida que cresciam as fortificações foi preciso aumentar o número de defensores; e finalmente, implicando só a conservação das fortificações uns gastos perpétuos, chegando a 80/m pesos em tempos de paz e tendo-se aumentado consideravelmente na última guerra, sempre se acreditou indefesa, e a total falta de víveres, assim como sua própria situação, afastou de seu porto uma esquadra composta apenas de três navios.

Logo Valdivia é, por sua posição, inútil para conter as invasões de outros europeus; e sobre os huilliches é um novo ponto no qual podem nos ofender, sitiando-nos até pela fome se algum acaso tornasse impossível ou difícil nossa comunicação por mar. Pelo menos Chiloé pode considerar-se ao abrigo de quaisquer insultos dos índios; e, o que é mais importante, qualquer invasor inimigo não pode combinar suas forças com os índios indicados. Pelo menos ali não serão precárias nem a subsistência nem os reparos de uma esquadra; pelos menos ali os próprios habitantes poderão defender suas famílias e fazendas, se apenas elas fossem capazes de atrair algum invasor para aquelas costas. E, finalmente, a própria posição do Porto de San Carlos assegurará que se reúnam todas as forças para defendê-lo, já que a comunicação com os muitos fortes de Valdivia é por si mesma inacessível; nem é fácil para uma embarcação evadir-se, em Chiloé, dos tiros da bateria do *Aquí* e de outra que pode ser colocada na *Isla de los Cochinos* [Ilha dos Porcos], quando que em Valdivia uma embarcação que possa navegar com menos de três pés de profundidade pode com certeza evadir-se do fogo de várias baterias.

Oh! – se dirá – logo será preciso abandonar um ninho importante para os buques inimigos e, além disso, desvanecerão todas as idéias de economia se em lugar de uns reparos nas fortificações de Valdivia se projetem novas fortificações para Chiloé. Mas é fácil conhecer a debilidade destas contradições, quando se considere que as fortificações ou hão de causar gastos de recursos públicos imensos, ou hão de estar em muito mau estado na época de uma declaração de guerra, em cujo caso as gentes e os recursos que se invistam então serão realmente úteis, não os que se investiram no tempo de uma paz duradoura. Além do que, se o porto de Valdivia for abandonado, supõe-se fácil e útil para um inimigo dele tomar posse e nele estabelecer-se; porque não o faremos antes nós mesmos, com muito menos distância e com auxílios muito maiores?

Sobre as fortificações de Chiloé seríamos desde logo culpados se as propuséssemos, mesmo considerando que Valdivia de modo algum a protege e que muitas mais razões fariam crer sobre a necessidade de defender a entrada do porto de Chiloé, digo de San Carlos, dos inimigos, já que lhes proporcionando uma reunião com os huilliches, eles teriam, mesmo sem isto, a facilidade de manter-se e de empregar muitos braços úteis nas fortificações ou nos reparos acessíveis de uma esquadra. Mas não nos esqueçamos do exemplo muito prudente dos ingleses em suas colônias da Índia Oriental: suas fortificações são sempre proporcionais às riquezas que defendem. Excetuando-se Madras, Calcutá e Bombaim – esta última defendida mais pela natureza –, todas as demais colônias e estabelecimentos ou estão absolutamente indefesas ou um torreão ou forte de madeira só servem para resistir a um ataque dos naturais e proteger, de algum modo, suas riquezas de um insulto inesperado, que nunca pode ser considerável pela atenção e vigilância com que se observam reciprocamente as nações européias, até nas mais remotas regiões do globo.[23] Em uma palavra: ou as nossas ligações políticas e a opulência nacional nos levam a equilibrar as nossas forças marítimas com as nações rivais e os nossos navios serão nossas fortalezas, ou essa igualdade não poderá ser alcançada; e tanto mais prudente será o nosso sistema de defesa quanto mais se concentre em poucos pontos capazes por si de tomar decisões e, desde logo, dispostos a defender as riquezas e o comércio das nossas colônias. Assim, Chiloé só deve ter um pequeno forte de madeira para abrigar a pequena propriedade dos colonos de um insulto e um par de baterias móveis. Certamente uma na *Punta de Aquí*, que lembre ao inimigo o risco ao qual se expõe, igual ou menor do que as vantagens a que se propõe, pois a destruição de poucas casas e cultivos e a provisão de poucos comestíveis nunca serão suficientemente atraentes para um invasor, nem poderão evitá-lo as fortificações de San Carlos, quando advertidamente o inimigo se dirigir aos portos da parte meridional ou ao de Castro.

Nesta situação seriam inúteis o governo e o efetivo militar e político que atualmente são a causa de tantos gastos e talvez de não poucas opressões. Um só corregedor militar – que inspecionaria a cobrança de tributos sobre o comércio de importação em quantidade igual à da fatura produzida no porto de onde saísse o carregamento para evitar guardas, administrações ou impedimentos, ou o tabaco que poderia neste caso continuar estocado apenas para

---

[23] A defesa de Pondichey por Mr. De Bellecombe na última guerra consistiu no valor dos defensores; pois nem a maior parte das muralhas estava levantada. Tenha-se presente por nossa parte as circunstâncias dos fortes ingleses de Nova Orleans e das Ilhas da Providência. Dizem nas gazetas de todas as nações que têm estabelecimentos ultramarinhos que muitas fortificações só servem para fazer a fortuna de quem ataca e de quem defende.

a introdução e o comércio com os huilliches – serviria para manter a dominação nacional nesta parte. A visita de um juiz da Audiência do Chile ou de Lima encerraria decisivamente todos os pleitos e determinaria os direitos de posse de cada um. E desterrados o papel selado e o enxame de escrivães, deveria o corregedor decidir amigavelmente todos os pleitos, a menos que as parte litigantes não quisessem apresentar-se pessoalmente na audiência correspondente. Livres as milícias de muitos serviços bastante penosos, formariam unicamente suas assembléias na estação correspondente às feiras e, caso surgisse um ou outro buque da Marinha Real, serviria para auxiliar quaisquer medidas ativas se fossem necessárias para a boa ordem e a segurança da colônia.

Finalmente, quaisquer que fossem as propostas dos que acreditaram até aqui ser o único modo de aumentar o erário o aumento dos tributos ou dos direitos que sempre implicam um crescimento de administradores ociosos, atrevemo-nos a sustentar ao governo que a Província de Chiloé exige logo uma total isenção de tributos e direitos para beneficiar sua terra, que não será custosa para a monarquia e promete, com o tempo, um asilo útil para os progressos do nosso comércio, navegação e opulência.

Não é possível acreditar que qualquer medida indulgente que se adote para Chiloé com relação aos direitos e impostos seja transcendental para outras províncias, onde tais medidas não convêm ou não podem ser praticadas. Precisamente esta província isolada, sem minas e muito distante das demais do nosso domínio, demonstrar-nos-ia se a verdadeira opulência da matriz e das colônias depende de um amplo comércio ou do atual sistema de tributos ou impostos que conspira a separá-la não só com uma comunicação cortada com os povos vizinhos, mas com uma circulação estancada, escassa e violenta.

Na reforma que se propõe sobre o efetivo militar e político de Chiloé, existe também uma atenção não indiferente a favor da necessidade de abolir todas as suas contribuições e quase todos os impostos com os quais atualmente está sobrecarregada; e é a de proporcionar um método fácil de vida aos muitos habitantes que até aqui se mantiveram com os soldos e administrações do rei, sendo prudente e justo não acossá-los ao mesmo tempo com a total carência de auxílios com que subsistiram até aqui e com uma dificuldade indizível de inclinar-se para o novo caminho que lhes é proposto.

Omitiu-se expressamente a menção sobre o sistema eclesiástico de Chiloé, o qual depende, em grande parte, das missões dos franciscanos, custeadas pelo erário e já inúteis. Não é nosso ânimo recordar ao governo que ainda existem em Castro (contra as últimas Ordens Reais) um convento de Observantes e outro de Mercedários que só têm dois religiosos inúteis, nem informar que, no sistema indicado de pacificações, o fato de o governo não dever custeá-la, dependendo a sua existência, por conseguinte, da justa parcimônia do ministro evangélico ou da contribuição voluntária dos paroquianos, é prova segura da necessidade de apenas um pároco ou de uma missão. Desde logo o exemplo de dois séculos deve convencer-nos de que a conversão dos huilliches deverá depender mais de outras causas do que da predicação evangélica, à qual se manifestaram até aqui inteiramente surdos. Desta forma, qualquer gasto relativo unicamente às missões poderá ser omitido com facilidade. Quatro ou seis párocos repartidos oportunamente em toda a ilha poderão ser custeados pelos próprios paroquianos, ultimamente contribuindo com suas colheitas e com algum aumento do comércio a tornar mais suave esta contribuição para seu bem-estar futuro.

Revoluções de independências e nacionalismos nas Américas • 169

Ao lado:
Carta esférica que contém a costa oriental Patagônica

Abaixo:
Carta esférica da parte interior da América Meridional

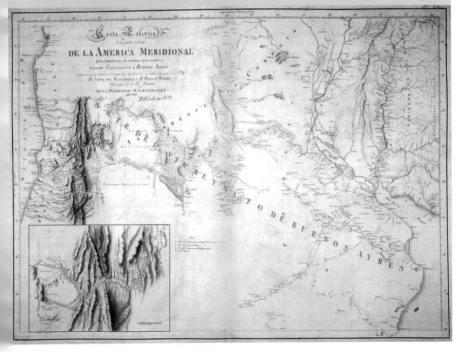

Ao lado:
Mapa para a inteligência da História física e política do Chile

Abaixo:
Mapa da Província de Chiloé

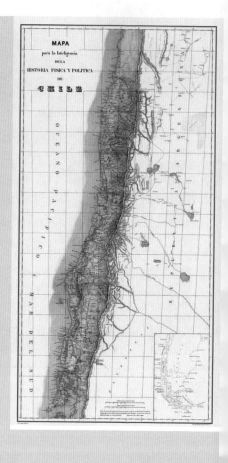

Ao lado:
Mapa da Província de Cauquenes

Abaixo:
A questão de Chiloé na imprensa chilena

A questão de Chiloé na imprensa chilena

Por más de tres horas fue suspendido el cruce en el canal de Chacao.

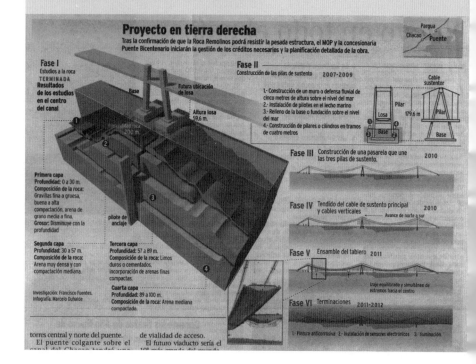

DISCURSOS, PRÁTICAS E ATORES NA CONSTRUÇÃO DO IMAGINÁRIO NACIONAL CHILENO (1810-1850)

Fernando Purcell

O Chile, durante a primeira metade do século XIX, deu passos significativos em direção à construção da nação. Isso foi possível por meio de um complexo processo discursivo e simbólico no qual o estado chileno cumpriu uma função de protagonista. Nas páginas seguintes traçarei o caminho desse processo entre 1810 e 1850, destacando também o papel que diferentes atores sociais desempenharam na formação da estrutura da identidade nacional. Ao mesmo tempo, procurarei destacar algo característico do processo de construção nacional no Chile que é o paradoxo gerado pela coexistência de um projeto nacional unitário e aglutinador, e outro, freqüentemente repressivo, que tentou implantar uma ordem social e colaborou para a fragmentação social da população, incidindo em formas específicas nas quais o denominado "baixo povo" chileno expressou seus sentimentos de apego ao nacional, as quais diferiram bastante daqueles da elite chilena.

Após os acontecimentos na Península Ibérica que levaram o rei Fernando VII a perder o controle direto de suas possessões coloniais americanas, um grupo de moradores seletos, ou "vizinhos", de Santiago organizou um cabildo aberto em 18 de setembro de 1810, do qual participaram aproximadamente 350 pessoas. Por ocasião desse cabildo foi organizada uma Junta de Governo que obteve um grau importante de legitimidade enquanto manteve a lealdade com a monarquia sem manifestar uma postura aberta de ruptura.[1] No final de outubro de 1810, todos os cabildos do Reino do Chile tinham reconhecido a legitimidade da Junta estabelecida em Santiago, com a qual se consolidou o início de uma etapa na história do Chile que a tradição historiográfica denominou de *Pátria Velha*. Apesar do epíteto que assentou a origem da pátria em 1810 e que conferiu um sentido quase teleológico ao projeto republicano a partir da mesma data de 18 de setembro de 1810, a classe dirigente crioula não deu sinais claros de ruptura com a Coroa espanhola, ao menos de forma generalizada, pelo menos até 1812. Nos primeiros dois anos após o estabelecimento da Junta, os que exerciam o poder foram sumamente precavidos, lutando mais para legitimar uma autonomia alcançada de forma circunstancial que para se aventurar no caminho da independência.[2] Dentro desse contexto, a criação de um imaginário nacional, junto com o projeto republicano, não ocupou um espaço significativo entre a emergente elite crioula até 1812. Entretanto, logo depois da Independência em 1818, o estabelecimento da Junta em 1810 acabou sendo interpretado como um claro exemplo da busca de autonomia política tendente a "vingar cerca de três séculos de escravidão, submissão e insultos".[3]

Se houve algo que facilitou o aparecimento de um projeto republicano e os primeiros esboços de um imaginário nacional

---

[1] Gabriel Salazar. *Construcción de Estado en Chile (1800-1837). Democracia de los "pueblos". Militarismo ciudadano. Golpismo oligárquico.* Santiago: Sudamericana, 2005, p. 96.

[2] Alfredo Jocelyn-Holt. *La Independencia de Chile. Tradición, modernización y mito.* Madri: Mapfre, 1992, p. 150.

[3] *El Observador Chileno*, de 24 de setembro de 1822. Ver também *El Telégrafo*, de 18 de fevereiro de 1820.

foi a conotação repressiva e ameaçadora do projeto de restauração monárquica por parte da Coroa espanhola. O que foi dito anteriormente ajuda a entender que já em 1812 tivessem sido criados no Chile os símbolos nacionais que procuravam diferenciar a comunidade imaginada de chilenos dos realistas peninsulares. Naquele ano, o Chile contou com sua primeira bandeira, composta de três faixas nas cores azul, amarela e branca, e com um escudo que tinha como lema *Post Tenebras Lux*, e que incluía uma coluna dórica, uma palma e uma lança cruzadas, junto a um homem e uma mulher com trajes indígenas.[4] Além disso, começaram a ser utilizados "novos" meios, como os jornais, com a finalidade de difundir discursos com um forte caráter republicano e um discurso independentista.

O aparecimento do primeiro jornal chileno em 1812, *La Aurora de Chile* [A Aurora do Chile], resultou ser um poderoso mecanismo de socialização de idéias, tal como destacou seu fundador, frei Camilo Henríquez, que celebrou a chegada da imprensa no Chile avaliada como um "precioso instrumento da ilustração universal".[5] No primeiro número do jornal, Camilo Henríquez insiste na idéia de que o homem estava destinado por natureza a viver em sociedade, enfatizando que a ordem e a liberdade não poderiam ser mantidas sem a existência de um governo que deveria repousar na soberania popular e ter como garantia um regulamento fundamental que possibilitasse a constituição de um estado.[6]

---

[4] José Emilio Burucúa e Fabián Campagne. "Mitos y simbologías nacionales en los países del cono sur". In: Antonio Annino e Francois-Xavier Guerra (coords.). *Inventando la nación. Iberoamérica. Siglo XIX*. México: Fondo de Cultura Económica, 2003, p. 438.

[5] *Aurora de Chile, Periódico Ministerial y Político*, Prospecto, de fevereiro de 1812.

[6] *Aurora de Chile, Periódico Ministerial y Político*, de 13 de fevereiro de 1812.

O anterior é digno de nota uma vez que durante o período da *Pátria Velha* coexistiram dois projetos paralelos: o de fomentar a identidade nacional e o de dar forma ao estado republicano. Após a independência definitiva em 1818, ambos os processos continuaram coexistindo, mas o estado republicano conseguiu se estabelecer antes da nação e se transformou na entidade com base na qual se tentou organizar a estrutura nacional. Nesse sentido, é importante afirmar, tal como ressalta José Carlos Chiaramonte, que a nação teve um caráter de resultado, e não de fundamento do processo de independência no cenário ibero-americano.[7] Apesar da afirmação anterior, as idéias tendentes à criação de um imaginário nacional começaram a rondar o ambiente depois de 1810, permitindo, como argumentou Bárbara Silva, que surgissem durante a *Pátria Velha* dois tipos de conceitos de nação: um de caráter político-discursivo e outro, cultural-simbólico, que tinham se complementado para a criação de um imaginário coletivo precoce.[8] Entretanto, tal imaginário não contou com um grau de articulação suficientemente poderoso nos anos que precederam a independência.

Com relação ao político-discursivo, Bárbara Silva explica que as propostas estiveram caracterizadas pela ambigüidade própria da conjuntura do momento,[9] sem que o anterior fosse um impedimento para que setores da elite crioula tivessem como primeiro desafio encontrar mecanismos adequados para a

---

[7] José Carlos Chiaramonte. *Nación y Estado en Iberoamérica. El lenguaje político en tiempos de las independencias.* Buenos Aires: Sudamericana, 2004, p. 20.

[8] Bárbara Silva. "Símbolos y discursos en torno a la nación. Patria Vieja y Centenario". In: *Tesis Bicentenario 2004.* Coleção *Tesis Bicentenario*, Comissão Bicentenário. Santiago, Centro de Investigaciones Barros Arana, 2006, p. 21.

[9] Ibidem.

socialização e difusão dos ideais pátrios e nacionais que começaram a circular no Chile depois de 1810. Tal como destaca Rafael Sagredo, foi utilizada uma série de meios impressos para divulgar as idéias e sentimentos independentistas, dentro dos quais se destacam os catecismos políticos, que permitiram imbuir e educar a população com relação aos conceitos políticos republicanos.[10] Apesar de sua origem colonial, vários desses documentos foram utilizados no Chile a partir de 1810 para detalhar temas de interesse político por um sistema de perguntas e respostas que combinava a formulação de interrogantes com a entrega de respostas claras e simples para ensinar os valores próprios do republicanismo.[11] A definição de conceitos como pátria, povo, soberania e cidadania foram recorrentes nos catecismos* políticos patriotas e republicanos.[12]

Tal como explicou o influente religioso Camilo Henríquez em seu *Catecismo de los patriotas* [Catecismo dos patriotas] de 1813, a pátria era uma grande família cuja lealdade estava acima das que existiam naturalmente para com as famílias de sangue, o que apelava para a criação de uma identidade que estava acima do familiar, do local ou do regional.[13] Em outras palavras, a formulação de Camilo Henríquez implicava o trânsito de uma comunidade tangível e próxima (a família, neste caso) para uma mais abstrata, na qual, tal como destacou Benedict Anderson,

---

[10] Rafael Sagredo. "Actores políticos en los catecismos patriotas americanos. 1810-1821". In: *Historia*, v. 28, 1994, p. 274.

[11] Ibidem, p. 275.

* Tratado redigido em forma de perguntas e respostas (N. do T.).

[12] Ibidem, p. 279.

[13] Ibidem, p. 281.

o mais provável era que os membros nem sequer se conhecessem por ser ela uma comunidade difusa.[14] Aqui está a origem da elaboração de um discurso político tendente a gerar tanto uma familiarização com os fundamentos e conceitos republicanos quanto um sentimento de apego a um grupo social mais amplo, concebido no início como uma grande família pátria, o que posteriormente evoluiria mais claramente para a noção da existência de uma comunidade nacional. Ainda que seja certo que alguns destes catecismos políticos utilizaram um vocabulário "popular" para alcançar com suas mensagens setores sociais além da elite, como é o caso do *Diálogo de los Porteros* [Diálogo dos Porteiros] ou do *Diálogo entre un Liberal y un Servil* [Diálogo entre um Liberal e um Criado], a verdade é que não está claro que os catecismos tenham se transformado em um meio efetivo de socialização de ideais para numerosos grupos médios ou baixos da sociedade.

Com relação ao conceito de nação associado ao plano cultural-simbólico, é preciso destacar sua relevância como complemento do discursivo, na medida em que o simbólico permitiu ampliar o universo social de recepção do imaginário nacional em um contexto no qual predominava a população analfabeta.[15] Pela mesma razão foram extremamente importantes os recursos simbólicos utilizados durante a *Pátria Velha*, como no caso das comemorações de 4 de julho de 1812 em homenagem à Declaração de Independência dos Estados Unidos, data na qual se hasteou pela primeira vez e publicamente a bandeira tricolor

---

[14] Benedict Anderson. *Imagined communities. Reflections on the origin and spread of nationalism*. Londres/Nova York: Verso, 1991 [1983], p. 6.

[15] Bárbara Silva, "Símbolos y discursos...", op. cit., p. 48.

chilena permitindo que "a liberdade e a independência de ambas as nações fossem mutuamente recordadas em alegres brindes".[16] Dois meses mais tarde foi celebrado em grande estilo o aniversário do estabelecimento da Junta de Governo em 18 de setembro de 1810. Em 30 de setembro de 1812, e com atraso "por não encontrar-se ainda terminados os preparativos necessários", foi comemorado de maneira apoteótica o 18 de setembro com o hasteamento da bandeira nacional em todos os locais públicos de Santiago, assim como a revista das tropas e bailes.[17] A Casa da Moeda foi o local escolhido para a festa, em torno da qual foram levantados arcos de triunfo e instaladas luminárias que proporcionaram um ambiente magnífico para uma festividade, na qual uma banda de músicos "tocou alguns trechos novos patrióticos e cinco ou seis canções escritas para a festa", que foram também impressas.[18] Os seiscentos convites feitos para a celebração informaram sobre a finalidade da mesma, já que nesse momento deviam "os dignos moradores chilenos disponibilizar seus transportes pela liberdade da Pátria".[19]

Sem ser necessariamente uma prática nova, o caráter seletivo dos convites, socialmente falando, indica que durante a *Pátria Velha* o "ator por excelência" foi a elite crioula, capaz de estabelecer uma dominação hegemônica na busca de um projeto de

---

[16] Samuel B. Johnston. *Cartas de un tipógrafo yanqui.* Buenos Aires: Francisco de Aguirre, 1967, p. 74.

[17] Ibidem, p. 80.

[18] Ibidem, pp. 80-81.

[19] Manuel Antonio Talavera. "Descripción del baile en la Casa de Moneda en septiembre de 1812". In: Guillermo Feliú Cruz (comp.). *Colección de Historiadores y Documentos relativos a la Independencia de Chile.* t. XXIX, "Revoluciones de Chile". Santiago: Talleres Gráficos Cóndor, 1937, pp. 643-644.

nação que fosse uma realidade imaginada por todos.[20] É difícil negar a afirmação anterior, sobretudo se pensarmos que os projetos político-discursivos e cultural-simbólicos tiveram suas mentes pensantes em membros da classe dirigente para quem urdiam um completo tecido de práticas, símbolos e discursos com a finalidade de começar a esboçar um espírito de coesão nacional. Entretanto, as incipientes expressões nacionalistas criadas neste período alcançaram indiretamente a sociedade como um todo. A congregação de milhares de pessoas em espaços públicos urbanos foi possível graças ao êxito de festejos e práticas que tiveram uma conotação magnânima, aumentando as expectativas geradas entre o povo. É plausível supor, por exemplo, que as mesmas comemorações de setembro de 1812 discutidas anteriormente não só tiveram um impacto entre as centenas de participantes do baile da Casa da Moeda, como também entre os milhares de curiosos que escutaram os canhões, viram a enorme bandeira tricolor hasteada, assim como os arcos de triunfo, as tropas desfilando e o frontispício da Casa da Moeda junto aos edifícios próximos adornados com mais de oito mil luminárias.[21]

O esplendor dos espetáculos públicos e o desejo de criar um impacto entre as massas pobres não foi uma característica própria apenas da principal cidade chilena, mas também de outros povoados como o de Talca, onde, por ocasião das festas de setembro de 1817 para comemorar o "oitavo ano da Liberdade Chilena", distribuiu-se ao "povo baixo" mate, chocolate e licores de maneira a torná-los partícipes das comemorações.[22] Dessa

---

[20] Bárbara Silva, "Símbolos y discursos...", op. cit., p. 20.
[21] Manuel Talavera, "Descripción del baile...", op. cit., pp. 643-651.
[22] *Gazeta de Santiago de Chile*, de 15 de novembro de 1817.

maneira, a partir de cerimônias e símbolos foi sendo criada uma teatralidade do nacional que resultou ser uma ferramenta sumamente poderosa para a difusão transversal, socialmente falando, de símbolos e sentimentos de ligação com a nação.[23] Os conceitos de nação que começaram a ser esboçados durante a *Pátria Velha* receberam um impulso para sua difusão entre os jovens da elite a partir da educação. As elites crioulas comprometidas com a causa da independência republicana cedo valorizaram o sistema educacional como uma ferramenta essencial que permitiria às gerações jovens participarem da estruturação de um ideário nacional. A utilização de escolas como parte de tal projeto respondia ao interesse de projeção da nação em direção a um futuro ilimitado em que o projeto unitário fosse visto como viável.

Sendo assim, não é de estranhar que, na primeira minuta constitucional apresentada posteriormente aos eventos de 1810 e redigida por Juan Egaña, tenha sido proposta a criação de um "Instituto Nacional" para ser o "centro e modelo da educação nacional", com uma estrutura que abrangeria a educação primária, o exercício das artes e das ciências, contando com uma direção geral a cargo do governo.[24] Tal como explica a historiadora Sol Serrano, o Instituto Nacional que abriu as portas em 1813 foi concebido como "instituição modelo que serviria de referência para toda a educação pública".[25] É importante ressal-

---

[23] Com relação ao processo de dominação simbólica no Chile colonial, ver Jaime Valenzuela Márquez. *Las liturgias del poder. Celebraciones públicas y estrategias persuasivas en Chile colonial (1609-1709)*. Santiago: LOM Ediciones/Centro de Investigaciones Barros Arana, 2001.

[24] Citado en Sol Serrano, *Universidad y Nación. Chile en el siglo XIX*. Editorial Universitária, Santiago, 1994, p. 45.

[25] Ibidem, p. 47.

tar que tal estabelecimento educacional, além de adquirir o nome de "nacional" em uma etapa prévia à independência definitiva da Espanha, teve em sua concepção um caráter unificador ao surgir da fusão de vários estabelecimentos educacionais próprios do mundo colonial como o Internato Carolino, a Universidade de San Felipe, a Academia de San Luis, o Seminário Eclesiástico e outros estabelecimentos como o Colégio de Naturais de Chillán e as escolas públicas existentes em Santiago.[26]

A relevância do projeto educacional republicano e nacional inerente à fundação do Instituto Nacional foi rapidamente detectada pelas autoridades espanholas, as que, uma vez consumada a restauração da monarquia em 1814, fecharam rapidamente as portas da instituição em dezembro daquele ano. Elas só seriam reabertas depois da independência. Além do Instituto Nacional, foi estabelecida durante a *Pátria Velha* a Biblioteca Nacional, com a qual foram precocemente fundadas as bases do que se transformaria em um dos pilares fundamentais da formação de um imaginário nacional. A educação alcançou sua expressão máxima com a abertura da Universidade do Chile em 1843,[27] estabelecimento que veio a consumar a formação de um sistema de educação propriamente nacional,[28] dentro

---

[26] Ibidem.

[27] Com respeito ao papel das instituições educacionais no fomento da identificação nacional é preciso destacar que já em 1818, quando foi decidido comemorar o dia 12 de fevereiro como dia nacional, ordenou-se por decreto que participassem "todos os alunos das escolas públicas presididos por seus professores a cantar, ao pé da bandeira, os hinos patrióticos que foram preparados, alusivos ao objeto do dia", dando início a uma tradição de inculcar valores pátrios nas escolas que chegou até os nossos dias, *Boletín de Leyes y Decretos del Gobierno*. Imprenta Nacional, Santiago, 1898, Tomo 1817-1818, pp. 245-246.

[28] Sol Serrano, "La ciudadanía examinada: el control estatal de la educación en Chile (1810-1870)", In: Antonio Annino e Francois-Xavier Guerra, coordenadores, op. cit., p. 564.

de uma conjuntura na qual os intelectuais chilenos da denominada Geração de 1842 começavam a formular explicitamente um projeto nacional, com base na intelectualidade.[29] Uma das características essenciais da *Pátria Velha* é que houve, tal como assinala Alfredo Jocelyn-Holt, uma mistura de prudência e improvisação no momento de tomar consciência do desafio de substituir o sistema monárquico por um autônomo.[30] Assim demonstrou anos mais tarde a *Gazeta Ministerial de Chile*, ressaltando que o Chile tinha assumido o 18 de setembro de 1810, de forma titubeante, como um processo de reconhecimento de suas origens que implicava a imaginação de um novo ponto de partida: "este é o dia em que nos vimos semelhantes a essas crianças ternas que, nascidas na ausência de um pai cujo paradeiro se ignorava, são surpreendidas de repente com a sua presença: a mãe as faz conhecer quem lhes deu a vida, elas olham o pai encolhidas e tímidas".[31] Além dos evidentes sinais de continuidade com relação a muitos processos próprios do passado colonial, a chegada do "pai ausente" implicou uma mudança profunda na história do Chile, em função do rompimento da lealdade para com a Monarquia espanhola e da adoção de um modelo republicano e nacional. O distintivo nacionalista do projeto republicano do Chile independente trouxe consigo o desafio de elaborar novos projetos de difusão e socialização do nacional que vieram complementar aqueles surgidos antes de 1818.

---

[29] Ana María Stuven, "La Generación de 1842 y la conciencia nacional chilena", *Revista de Ciencia Política*, Vol. 9, nº 1, 1987, p. 61.

[30] Alfredo Jocelyn-Holt, op. cit., p.139

[31] *Gazeta Ministerial de Chile*, de 21 de setembro de 1822.

A grande diferença em relação ao período anterior é que, a partir de 1818, gerou-se no Chile um contexto mais propício, ainda que não isento de dificuldades, para a construção de um estado republicano sobre o qual recaiu grande parte das responsabilidades da criação de uma nação, chegando a ser o estado chileno, tal como afirmou Mario Góngora, a matriz da nacionalidade.[32]

O estado chileno em formação encabeçou desde o período da independência um processo de construção nacional mais abrangente e inclusivo, no qual também foi dada a devida importância para instituições como a Igreja Católica chilena.[33] Nesse sentido, é importante destacar o compromisso de um considerável setor do clero crioulo com a causa nacional, chegando a Igreja Católica a ter uma participação primordial nas múltiplas celebrações cívicas oficiais que normalmente incluíam *te deums* e colocavam os religiosos em uma posição destacada e preponderante dentro dos protocolos oficiais. Muitos membros do clero também participaram da elaboração de um discurso unificador como o que foi expresso a partir de inúmeros sermões que apelaram para a criação de um imaginário de pertença e identidade comuns. Frei Andrés Cabanela expressou em Talca, em 1817, por exemplo, que, sendo a liberdade do interesse de todos, "serão todos a mantê-la; uns nos sentimentos, outros no entusiasmo e outros ainda em ser

---

[32] Mario Góngora. *Ensayo histórico sobre la noción de Estado en Chile en los siglos XIX y XX*. Santiago: La Ciudad, 1981, p. 5.

[33] Apesar da afirmativa anterior, houve setores da Igreja Católica, como no caso dos franciscanos do sul do país, que manifestaram seu apego incondicional à monarquia durante a *Pátria Velha* e o início da vida republicana. Ver Jaime Valenzuela Márquez. "Los franciscanos de Chillán y la independencia: avatares de una comunidad monarquista". In: *Historia*, n. 38, v. I, jan.-jun. 2005, pp. 113-158.

felizes: assim é, nobres cidadãos e meus compatriotas: sois e sereis felizes".[34]

O estado chileno também se esmerou em delimitar o âmbito do nacional no que diz respeito tanto à população como ao território, o que motivou a realização de censos de população, assim como a preocupação em melhor conhecer e definir o território chileno. Os primeiros censos desse estado, que contaram com a colaboração da Igreja Católica, permitiram "definir com maior precisão as dimensões e os limites da realidade que se governava".[35] Antes da criação da Oficina de Estatística e da promulgação da Lei de Censos em 1843, foi possível compilar a informação dos censos em 1813 e 1835, períodos nos quais a população apresentou problemas, já que os padrões identificados foram associados ao recrutamento militar e à alta dos impostos, mas foram de muita utilidade para o estado, especialmente para o estabelecimento de critérios de representação política.[36] Por outro lado, o interesse em definir o território integrado à soberania nacional levou as autoridades públicas chilenas a resgatar a informação proporcionada por missões científicas que tinham visitado o Chile no final do século XVIII e a promover novas expedições científicas que permitissem conhecer com maior precisão o território chileno.[37]

---

[34] *Gazeta de Santiago de Chile*, de 15 de novembro de 1817.

[35] Andrés Estefane, "'Un alto en el camino para saber cuántos somos...' Los censos de población y la construcción de lealtades nacionales. Chile, siglo XIX". In: *Historia*, n. 37, v. I, jan.-jun. 2004, p. 35.

[36] Ibidem, pp. 37-39.

[37] Andrés Estefane. "La proyección nacional de una empresa imperial: la expedición Malaspina (1789-1794) em Chile republicano". In: *Historia*, n. 38, v. II, jul.-dez. 2005, pp. 287-326. Com relação ao tema, ver também Rafael Sagredo. *Fuentes e historiografía de la Expedición Malaspina en Chile*. Santiago: Universidade Andrés Bello, 2002; e Rafael Sagredo e José Ignacio González. *A Expedición Malaspina en la frontera austral del imperio español*. Santiago: Centro de Investigaciones Barros Arana/Editorial Universitaria, 2004.

Junto com as explorações, foram desenvolvidos esforços para estabelecer fronteiras com as repúblicas vizinhas dando com isso origem a disputas limítrofes que certamente colaboraram para criar uma identidade nacional em oposição à dos habitantes de outros países, e já não apenas em contraste com a Espanha.[38] Como já foi indicado, a grande diferença com relação ao período da *Pátria Velha* é que a principal iniciativa no que diz respeito à elaboração da estrutura nacional – pelo menos até metade do século, quando a intelectualidade chilena também se somou ao projeto – ficou subordinada à ação do estado chileno, que tentou controlar e regular a construção do imaginário nacional. O resultado da afirmação anterior é que uma parte considerável dos esforços posteriores a 1818 foi dirigida a alcançar primeiro uma estabilidade político-institucional do estado sobre a qual fosse viável a construção da nação. Nesse sentido, os primeiros anos do Chile independente não foram fáceis. Após a tomada de poder em 1818, Bernardo O'Higgins, militar de trajetória que tinha secundado José de San Martín nas vitórias decisivas sobre as tropas espanholas, exerceu um poder com características ditatoriais que criou dificuldades internas.

Após seu exílio no Peru, a partir de 1823, iniciou-se um período de sete anos de certa instabilidade política, considerado pela historiografia tradicional como um período anárquico, mas que pode ser entendido como um processo de aprendizado político; similar, em vários aspectos, ao desenvolvido nos Estados Unidos, entre 1781 e 1789.[39] De acordo com Julio Heise, este se transformou

---

[38] Andrés Estefane, "La proyección...", op. cit., pp. 303-311.

[39] A grande diferença centrou-se no fato de que entre a independência de 1818 e o estabelecimento do regime conservador em 1830, o Chile documentou por escrito quase todos os seus projetos e contou com quatro constituições políticas além de um falido projeto constitucional federalista.

em um período em que "sem estridências, sem ditaduras nem revoluções cruéis, misturaram-se e aplicaram-se novos princípios até encontrar a fórmula adequada de organização".[40] Após obter-se certo grau de estabilidade institucional depois do conflito civil terminado em 1830, o desafio importante para a nova classe dirigente chilena, que foi o de definir a cidadania política, ficou circunscrito a um pequeno grupo da sociedade.[41] Isso contrastou com o que aconteceu no processo político de 1822-1830, o qual, de acordo com Gabriel Salazar, não foi exclusivamente aristocrático, mas também "inclusivo, dialético e democrático", com a população comum exercendo parte de seus direitos de cidadãos pela participação nas milícias e por múltiplas formas de ingerência política como as mobilizações.[42] Entretanto, foi aquele pequeno setor da classe dirigente chilena que em geral gozou de plenos direitos de cidadãos que primeiro tentou consolidar o estado e, a partir dele, da idéia de pertencer à nação. Assim o fez apelando para o poder das leis e decretos que estabeleceram como, quando e onde a nação deveria ser comemorada, celebrada e "ritualizada".

Quando a independência já era iminente, em fevereiro de 1818, foi estabelecido mediante decreto como deveria ser celebrada a vitória de Chacabuco de 12 de fevereiro do ano anterior sobre as tropas realistas, transformando-se aquele dia na sua primeira

---

[40] Julio Heise. *Años de formación y aprendizaje políticos 1810-1833*. Santiago: Editorial Universitaria, 1978, p. 101. Seria preciso relativizar a ausência de estridências porque os fatos violentos da década de 1820, e, particularmente, os do conflito de 1830, demonstram o contrário, mas certamente o período entre a *debacle* de O'Higgins e o triunfo conservador de 1830 não foi anárquico, permitindo avanços significativos na construção da república e da nação.

[41] Simon Collier. *Chile: la construcción de una república. Política e ideas 1830-1865*. Santiago: Ediciones Universidad Católica, 2005, p. 68.

[42] Gabriel Salazar. *Construcción...*, op. cit., p. 438.

celebração de caráter nacional. Em 7 de fevereiro de 1818, os festejos que seriam realizados dentro de cinco dias foram pela primeira vez regulamentados, conclamando a população para que "este dia em que começais a figurar nas Nações, em que abandonais o caráter obscuro e humilhante de colonos, deva ser marcado com demonstrações que façam contraste lisonjeiro com aquelas que se exigiam de vós quando se sentava na cadeira de vosso opróbrio algum novo tirano".[43] Ordenou-se, então, proceder a uma rigorosa seqüência de atividades que incluíssem um *te deum*, a distribuição de medalhas ao povo, alunos das escolas públicas cantando ao pé da bandeira "os hinos patrióticos e alusivos ao objeto do dia", além da iluminação de Santiago por seis noites "com todo tipo de fogos de artifício" e a decoração das ruas "com o melhor gosto".[44] Anos mais tarde, em 1821, o "Regulamento para solenizar o aniversário da Declaração da Independência" estipulou três dias feriados de comemorações durante os quais os cidadãos deveriam usar "símbolos alusivos à liberdade e à independência do país, colocando os homens precisamente no chapéu a faixa tricolor nacional".[45] Apelando para o princípio da soberania territorial nacional, as obrigações se estenderam para as "capitais de província, vilas e povoados do Estado", com a intenção de atingir a totalidade do território chileno.[46]

No início, as datas comemorativas do "nacional" foram múltiplas, evidenciando em décadas posteriores um processo de

---

[43] *Boletín de Leyes y Decretos del Gobierno*. Santiago: Imprenta Nacional, 1898, t. 1817-1818, p. 248.

[44] Ibidem, pp. 245-248.

[45] *Boletín de Leyes y Decretos del Gobierno*. Santiago: Imprenta Nacional, 1901, t. 1821-1822, pp. 12-15.

[46] Ibidem.

atomização delas. Em 12 de fevereiro de 1818, foi "declarada" a independência, fazendo coincidir a data com a Batalha de Chacabuco travada um ano antes.[47] Da mesma forma, em 18 de setembro de 1818, foi "proclamada" a independência como forma de lembrar o aniversário do estabelecimento da Junta de 1810. Além do dia 12 de fevereiro e do dia 18 de setembro, datas com múltiplos valores simbólicos, o dia 5 de abril passou a ser a terceira data de comemoração nacional, produto da decisiva Batalha de Maipú, que selou o processo de independência chilena em 1818.[48]

Não só foram normatizadas as comemorações, como também a utilização de conceitos, como fez em 1824 o presidente Ramón Freire, que, consciente da "importância de nacionalizar, quanto mais se possa, os sentimentos dos chilenos e percebendo que a palavra pátria usada até aqui em todos os atos civis e militares é demasiado vaga e abstrata, não individualiza a nação nem produz um efeito tão popular como o nome do país ao qual pertencemos", determinou que em todos os atos civis e militares fosse usada a palavra Chile em vez da palavra Pátria.[49] Tal decreto foi lembrado por Vicente Pérez Rosales décadas mais tarde, quando indicou em seus *Recuerdos del pasado* [Lembranças do

---

[47] Para o estabelecimento de datas patrióticas, ver *Boletín de Leyes y Decretos del Gobierno.* Valparaíso: Imprenta El Mercurio, 1845, t. I, p. 223; e *Boletín de Leyes y Decretos del Gobierno.* Valparaíso: Imprenta El Mercurio, 1846, t. II, livro VII, p. 467.

[48] Em 1823, o estado chileno reconheceu explicitamente as três datas mencionadas como solenidades cívicas de caráter nacional, mas um ano mais tarde começou o processo de redução da quantidade de festas nacionais e em agosto do mesmo ano foi estipulado por decreto que não haveria a partir de então "mais dias feriados que o 12 de fevereiro pelo aniversário da declaração da nossa independência e o dia 18 de setembro pela regeneração política do Chile", eliminando-se o dia 5 de abril. *Boletín de Leyes y Decretos del Gobierno.* Valparaíso: Imprenta El Mercurio, 1845, t. I, p. 223.

[49] *Boletín de Leyes y Decretos del Gobierno.* Valparaíso: Imprenta El Mercurio, t. I, 1845, p. 211.

passado] que se tinha ordenado "que desde então se dissesse 'Viva o Chile!', ao invés de 'Viva a Pátria!'.[50] A afirmação anterior demonstra o profundo interesse das autoridades públicas chilenas para inculcar sentimentos de apego à nação, usando o poder das leis como complemento do simbólico e do discursivo. Por meio de ritos oficiais, foi dado o papel de protagonista a uma elite satisfeita em participar de bailes, desfiles e cerimônias. A estruturação das celebrações protocolares oficiais, sem embargo, deu apenas um papel secundário, de mero espectador, aos setores mais pobres da sociedade. Os rituais nacionais reproduziram, enfim, as hierarquias sociais próprias da nova ordem republicana. Em Coquimbo, em 1824, por exemplo, os membros da municipalidade pagaram a metade dos custos da comemoração do dia 18 de setembro e se preocuparam em "exortar os artesãos e demais classes sociais para que participassem dos festejos".[51] Desse modo, as comemorações organizadas em todo o país transformaram-se em um mecanismo de teatralidade pública que buscava, além do fortalecimento de um sentimento unitário, manter também as distinções sociais próprias da república emergente, dando às elites a responsabilidade de inculcar o apego nacional ao resto da população. O interessante é que no que diz respeito aos festejos públicos ligados ao fortalecimento do imaginário nacional, as distinções sociais permitiram a legitimação, não sem dificuldades em certos casos, de espaços diferenciados nos quais diferentes grupos sociais puderam confrontar e dar significado à carga simbólica do projeto nacional.

---

[50] Vicente Pérez Rosales. *Recuerdos del pasado (1814-1860)*. Santiago: Andrés Bello, 1980, p. 73.

[51] *El Correo de Arauco*, de 9 de outubro de 1824.

O hino nacional, cujo texto foi redigido pelo argentino Bernardo de Vera y Pintado, foi interpretado pela primeira vez nas festas de setembro de 1819 e o próprio diretor supremo, Bernardo O'Higgins, ordenou que "fossem enviados ao teatro quatro exemplares para que no início de toda representação o hino nacional fosse cantado primeiro".[52] A ordem não é estranha, porque, tal como escreveu Miguel Luis Amunátegui, em 1888, "os próceres da revolução hispano-americana conceberam o teatro não como um simples passatempo, mas como uma instituição social cujo principal objetivo era propagar máximas patrióticas e formar costumes cívicos".[53] O próprio Camilo Henríquez, fundador do primeiro jornal chileno, considerava o teatro como uma escola pública e uma ferramenta política útil, dando preferência à tragédia como um gênero próprio dos povos livres e o "mais útil nas atuais circunstâncias".[54] Ainda que seja certo afirmar que os preços foram módicos[55] no início da República, o ambiente do teatro esteve restrito quase completamente à elite chilena; mas houve outras formas e espaços de difusão dos sentimentos patrióticos que

---

[52] Miguel Luis Amunátegui. *Las primeras representaciones dramáticas en Chile*. Santiago: Imprenta Nacional, 1888, p. 56. Ver a ordem a respeito na *Gazeta Ministerial de Chile*, de 25 de setembro de 1819.

[53] Ibidem, p. 101. Tal prática foi implementada e continuou vigente nos anos sucessivos; tal foi a carga simbólica e a importância dadas ao hino nacional que em 1828 um empresário teatral fez acusações públicas contra o cantor de ópera italiano Santiago Migoni por ter-se negado a cantar o hino nacional chileno no teatro. Migoni fez uma declaração pública na qual ressaltava que o empresário escondia a verdade e que "provoca riso ver o senhor empresário empenhado em supor que eu não queria entoar o Hino Nacional. Meus lábios se honrariam com ele". Santiago Migoni. "Al Tribunal de la Opinión Pública", *Fondos Varios*, v. 244, fj 96. Santiago, 23 ago. 1828, p. 35.

[54] *Aurora de Chile, Periódico Ministerial y Político*, de 10 de setembro de 1812.

[55] Miguel Luis Amunátegui. *Las primeras*, op. cit., p. 71.

se mostraram sumamente efetivos para atrair o denominado baixo povo.[56]

As *chinganas*** ou *ramadas****, espaços de sociabilidade popular onde se combinavam o álcool, o baile, a música e o jogo, não foram concebidas no início pela classe dirigente como espaços apropriados para a difusão de símbolos e "tradições" nacionais, apesar de assim o terem sido na prática.[57] O intelectual venezuelano radicado no Chile, Andrés Bello, escrevendo para *El Araucano* em 1832, estabeleceu um forte contraste entre os nobres prazeres prodigalizados pelo teatro e a imoralidade inerente às *chinganas* do baixo povo, consideradas por Bello como "bordéis autorizados" que "lutam contra o estado da nossa civilização".[58] Em tais espaços, de acordo com Bello, ocorriam "reuniões noturnas onde as sombras e a confu-

---

[56] O jornal *El Ferrocarril* queixou-se em 1860 de que os organistas das ruas de Santiago tocavam o hino muito freqüentemente, rogando que se pusesse fim a tal prática de forma que o gosto pelo hino não se transformasse em desprezo. *El Ferrocarril*, de 16 de maio de 1860. Citado em Simon Collier. *Chile...*, op. cit., p. 81.

** Tabernas (N. do T.).

*** Quioscos ou barracas com toldo nas ruas (N. do T.).

[57] Em 1812 foram estabelecidas leis contra os jogos de azar e em 1818 Bernardo O'Higgins proibiu as *chinganas* por ocasião das festividades religiosas da Páscoa e dos santos patronos porque elas levavam à embriaguez e ao jogo. Da mesma maneira, foram estabelecidas restrições às apostas em 1818, à festa carnavalesca da *challa* em 1821 e à organização de touradas em 1823, invocando sempre que tais práticas transgrediam a moral e impediam o projeto geral de progresso do país. Apenas a chegada do breve regime liberal, após a queda de Bernardo O'Higgins em 1823, garantiu a legitimidade das *chinganas* no departamento de Santiago (ainda que altamente reguladas) dando um momento de respiro para a maioria do baixo povo santiaguino que, com o advento do regime conservador em 1836, viu como se proibia legalmente seu funcionamento em nível nacional, mesmo sem sucesso na prática. Sobre as *chinganas* ver Fernando Purcell. *Diversiones y juegos populares. Formas de sociabilidad y crítica social. Colchagua, 1850-1880*. Santiago: LOM Ediciones/Centro de Investigaciones Diego Barros Arana, 2001.

[58] *El Araucano*, de 7 de janeiro de 1832.

são de todo tipo de pessoas, estimulando a libertinagem, vão pouco a pouco afrouxando os vínculos da moral, até que o hábito de presenciá-las abre a porta para a insensibilidade e, sucessivamente, para a corrupção".[59] Resulta interessante o contraste feito por Bello entre o teatro e a *chingana*, porque reflete os sentimentos da maioria da classe dirigente chilena, preocupada, então, não só em construir a nação, mas em moralizar o baixo povo que a partir de várias de suas condutas se afastava dos cânones de comportamento aceitos pela classe dirigente.

A historiadora Maria Angélica Illanes postula que a ordem social que a classe dirigente tentou impor no Chile do século XIX foi baseada, portanto, na censura atrás da qual vivia a liberdade, ainda que "censurada". Isso teria permitido a coexistência de uma implosão e uma explosão de liberdade, com o qual se configurou um cenário de tensões permanentes entre uma tentativa de configurar uma ordem social e uma série de formas de resistência por parte da população, diante da imposição de tal ordem.[60] Dentro dessa linha, situa-se o diagnóstico do historiador Julio Pinto, que expressou que o estado durante o regime conservador esteve mais preocupado em "reprimir e disciplinar o mundo popular do que em fortalecer seus laços de adesão como partícipes do mesmo".[61]

Resgatando a afirmação anterior, é necessário ressaltar que um dos perigos em que se pode incorrer quando se estuda a articulação dos imaginários nacionais é o de conceder-lhes uma

---

[59] Ibidem.

[60] María Angélica Illanes. *Chile des-centrado. Formación socio-cultural republicana y transición capitalista (1810-1910)*. Santiago: LOM Ediciones, 2003, pp. 91-92.

[61] Julio Pinto. "¿Patria o Clase? La guerra del Pacífico y la reconfiguración de las identidades populares en el Chile contemporáneo". In: *Contribuciones Científicas y Tecnológicas*. Área Ciências Sociais e Humanidades, n. 116, nov. 1997, p. 53.

transcendência maior do que a que efetivamente tiveram e considerá-los como o objetivo supremo das elites latino-americanas durante o século XIX. Apesar da sua relevância, houve uma série de projetos paralelos relativos aos mais diversos âmbitos que resultaram ser sumamente importantes, como, por exemplo, o projeto de ordem social imposto pelos presidentes conservadores Prieto, Bulnes e Montt, entre 1830 e 1860, que ocupou um lugar primordial na agenda política e contou com o apoio de vários setores da classe dirigente chilena.

O paradoxo está em que as mesmas formas de sociabilidade popular reprimidas no início da vida republicana chilena serviram paralelamente para canalizar os sentimentos de identidade nacional comum por parte do baixo povo, na medida em que tais formas de sociabilidade adquiriram uma forte carga simbólica e tiveram um destaque inusitado por ocasião das festividades. A observação de obras pictóricas do século XIX, por exemplo, coloca em evidência a presença de bandeiras e emblemas nacionais em tais espaços com grande afluência de populares. A esse respeito podemos mencionar alguns exemplos como as litografias *Una Carrera en las Lomas de Santiago* [Uma Corrida nas Colinas de Santiago] e *Una Chingana* [Uma Taberna], que constam do *Atlas de la historia física y política de Chile* [Atlas da história física e política do Chile], de Cláudio Gay, publicado em 1854, onde aparecem em primeiro plano as duas bandeiras chilenas por ocasião da localização das *chinganas* e do desenvolvimento das corridas de cavalos.[62] O mesmo pode ser observado na gravura *La Noche Buena en Cañada* [A Noite de Natal no Caminho], publicada em 1872 por Recaredo S.

---

[62] Claudio Gay. *Atlas de la historia física y política de Chile*, t. I, lâminas 9 e 20. Paris: Imprenta de E. Thunot, 1854.

Tornero, na qual se representa uma fileira de *chinganas* ou ramadas populares cada qual com sua respectiva bandeira chilena.[63] O problema que o estado chileno teve que enfrentar especialmente a partir de 1830 foi o de determinar o ponto de equilíbrio entre a necessidade de fortalecer a identidade nacional entre as massas populares e a de manter a ordem social. O editor do *Bandera Tricolor* [A Bandeira Tricolor], da cidade de La Serena, deixou clara a tensão no momento de colocar em prática esses dois projetos ao comentar que, por ocasião das comemorações de 18 de setembro de 1831, tinha sido difícil manter a ordem do "povo", produto de oito dias de festas que o norte do país costumava ter. Para o editor, os festejos eram "um retrato perfeito das orgias da antiguidade", que contrastavam com as celebrações da capital que se concentravam em um só "dia de glória". Devido ao anterior, o jornal fez uma solicitação ao governo chileno para "empenhar-se em estimular as nobres paixões, e não em fomentar o vício".[64] O costume de celebrar as festas cívicas em longos períodos de algazarra teve apoio entre as classes populares e prolongou-se no tempo. O alemão Paul Treutler indicou em suas memórias que as celebrações de setembro de 1852, em Copiapó, tinham sido comemoradas "com festas populares que duravam uma semana", nas quais reinava grande animação e onde as vendas e edifícios públicos estavam "repletos de mineiros, que percorriam as ruas em grupos cantando e à noite escutava-se música e cantos em quase todas as casas e bebia-se, bailava-se e

---

[63] Recaredo S. Tornero. *Chile Ilustrado*. Valparaíso: Librerías y Agencias del Mercurio, 1872, s/n, depois da página 448.

[64] *La Bandera Tricolor*, de 17 de setembro de 1831.

jogava-se até de madrugada",[65] com os mineiros utilizando a semana para "todo tipo de festejos, em razão dos quais se cantava e bailava muito, com abundantes sacrifícios a Baco".[66] É aqui onde surge a grande pergunta com relação à nação chilena, porque, sob os postulados amplamente aceitos de que as nações são construções culturais e são parte do trabalho coletivo de muitos (incluindo os sujeitos populares), é necessário compreender as formas pelas quais os membros do baixo povo contribuíram para a configuração do imaginário nacional, tomando como ponto de partida o fato de a cidadania política lhes ter sido completamente vedada. Não são muitos os trabalhos que nos informam sobre os meios a partir dos quais os populares do século XIX puderam imaginar-se fazendo parte de uma nação, o que em parte é explicado porque nós, historiadores e acadêmicos, privilegiamos as evidências textuais sobre o processo de construção das nações na América Latina, o que implica a necessidade de trabalhar com fontes escritas para poder compreender os processos que levaram à formação das nações no continente americano.[67] Felizmente, dentro do mundo do textual, ainda que de forma marginal, existem vestígios e indícios que nos permitem nos aproximarmos do mundo popular, também partícipe da construção do imaginário.

---

[65] Paul Treutler. *Andanzas de un alemán en Chile, 1851-1863*. Santiago: Editorial del Pacífico, 1958, p. 148.

[66] Ibidem, pp. 149-150.

[67] John Charles Chasteen. "Introduction: Beyond Imagined Communities". In: Sara Castro-Klarén e John Charles Chasteen (eds.). *Beyond Imagined Communities. Reading and Writing the Nation in Nineteenth-Century Latin America*. Washington: Woodrow Wilson Center Press/John Hopkins University Press, 2003, p. X.

O baixo povo chileno, habituado desde tempos coloniais a várias festividades associadas ao ritmo do calendário religioso e ao trabalho do campo, transformou as festas pátrias em uma boa desculpa para as algazarras públicas, sempre que tais ocasiões lhes permitiram manifestar sua adesão a um projeto aglutinador do qual foi se apropriando. Isso aconteceu apesar da precoce e contundente legislação repressiva em torno das diversões públicas, que ameaçou limitar as possibilidades de o baixo povo expressar seus sentimentos de adesão à nação, fazendo uso de suas próprias formas de sociabilidade.[68] Entretanto, com o passar do tempo, a classe dirigente não teve outro remédio senão permitir aquelas "desordens", pelo menos por ocasião das festas cívicas, mantendo uma crítica feroz apenas quando tais desordens aconteciam durante o resto do ano. Tal como destacou um editorial de *El Araucano*, em 1840, por ocasião das festas de 18 de setembro, "as demonstrações de júbilo que acontecem, sejam educadas ou grosseiras, estáveis ou passageiras, se purificam se lembramos a fonte de onde nascem e os sentimentos que as inspiram".[69] O tom do editorial, que legitimava as desordens públicas quando derivavam do fervor nacional, condiz com o que fora expresso pelo viajante alemão Paul Treutler em Copiapó nas festas de setembro de 1852: "tinha sido ordenado à polícia intervir nesse dia só em caso de crime. A embriaguez estava permitida e se quisessem prender todos os bêbados, não haveria lugar para mantê-los presos".[70] No mesmo dia 18 à noite, Treutler destaca

---

[68] Ver Fernando Purcell. "Una aproximación a las diversiones populares en el Norte Chico. Las chinganas en Copiapó, 1850-1860". *Revista Chilena de Historia y Geografía*, n. 164, 1998, pp. 127-156.

[69] *El Araucano*, de 2 de outubro de 1840.

[70] Paul Treutler. *Andanzas...*, op. cit., p. 149.

que "durante toda a noite, escutou-se música e dança em cada casa e um imenso gentio movimentou-se pela Alameda, onde tinham sido erguidas inumeráveis *ramadas* com pistas de dança, *chinganas*, cantinas, botecos, *frutarias* e locais para a venda de flores", formando uma paisagem de algazarra com uma forte carga simbólica, podendo observar-se bandeiras em todo o povoado, "até nas choças mais humildes".[71]

As festas cívicas tornaram-se atraentes para o baixo povo chileno, o que permitiu uma participação maciça em tais ocasiões, tal como descreveu o polonês Ignacio Domeyko ao presenciar as festas cívicas de Coquimbo em 1838: "a celebração desta festa atrai para a cidade toda a população das aldeias; cessam os trabalhos de mineração, fecham-se as fundições, apagam-se os fogos nos fornos onde se funde o cobre e todo o povo trabalhador, moços, mineiros, etc., acodem à vila, levando, para gastar, tudo o que haviam ganhado em vários meses".[72] Entretanto, após a algazarra pública, Domeyko observou em seu relato que a "classe baixa" ia para "as chamadas *chinganas*", enquanto a "classe superior ia para as tertúlias",[73] deixando claro que diferentes grupos sociais se uniam em torno de um projeto comum, mas, muitas vezes, a partir de espaços sociais diferentes.

Diante do peso das práticas populares em torno das festas de setembro, a classe dirigente foi se tornando mais permissiva por volta da metade do século, quando as *chinganas* ou *ramadas* de setembro começaram a transformar-se em uma verdadeira

---

[71] Ibidem.

[72] Ignacio Domeyko. *Mis viajes. Memorias de un exiliado*, t. I, Santiago: Edições da Universidade do Chile, 1978, p. 358.

[73] Ibidem, p. 362.

"tradição inventada" para o baixo povo, o que perdurou até os dias de hoje, e foram tornadas lugares privilegiados das classes média e baixa para festejar as datas nacionais".[74] Carentes do direito à cidadania política e impossibilitados de assumir um papel de destaque nas celebrações oficiais organizadas pela classe dirigente, o baixo povo chileno teve que expressar seus sentimentos de apego ao nacional através de formas mais espontâneas, dando outro significado para algumas de suas próprias formas de sociabilidade como as *chinganas*, que chegaram a complementar-se com as atividades oficiais desenvolvidas em todas as localidades do país, a pedido das elites. Isto não implicou necessariamente a impossibilidade de avançar na construção de um imaginário nacional único, mas a coexistência de um projeto de ordem social (repressor para o baixo povo) junto com um nacional de caráter aglutinador, gerando certas tensões que ficaram claras quando em 1837 foi decidido concentrar-se a totalidade das comemorações cívicas em um único dia.

De acordo com María Angélica Illanes, a finalidade da medida foi civilizadora e procurava abandonar tradições de origem colonial onde se misturavam a festa corporal e o rito religioso.[75] A preocupação obsessiva pela ordem social por parte do regime conservador no poder em 1837 foi certamente um fator decisivo, na medida em que sujeitos do baixo povo liberavam suas paixões por ocasião dessas festividades. Entretanto, o texto do decreto também faz alusão a que na época já não eram necessárias tantas comemorações para manter vivas as chamas do patriotismo, já

---

[74] Eric Hobsbawm e Terence Ranger (eds.). *La invención de la tradición*. Barcelona: Crítica, 2002.

[75] María Angélica Illanes. *Chile...*, op. cit., p. 100.

que "os fins patrióticos a que tende a celebração das festas cívicas são obtidos com a reunião de todas elas em um só dia, que remove os inconvenientes produzidos pela multiplicidade".[76] Não deixa de ser importante mencionar que tal decreto surgiu em tempos de guerra, precisamente no meio do primeiro conflito bélico no qual o Chile como nação soberana viu-se envolvido ao confrontar-se com a Confederação Peruano-Boliviana entre 1836 e 1839.

Havia, portanto, um interesse em manter a ordem e obter a participação de soldados para lutar na guerra, já que o tema do recrutamento foi algo delicado que levou a uma série de movimentos de resistência por parte dos camponeses na zona central, que se queixavam, entre outras coisas, dos baixos soldos.[77] Tal como reconheceu Augusto Orrego Luco anos mais tarde, "todos conhecem as dificuldades com que tropeçou o recrutamento dos seis mil homens que formaram a expedição ao Peru do ano 39. Era necessário tomar medidas violentas para separar o *inquilino* [camponês arrendatário] de seu lar e de sua plantação".[78] Isso não significa que as massas careciam completamente de vínculos com a nação, mas que, simplesmente, mostravam-se relutantes em participar da guerra porque os mesmos agentes que as recrutavam representavam, perante seus olhos, um estado repressor que tratava de "corrigi-las" e discipliná-las nos campos, nas ruas, nas fazendas e nas minas chilenas.

---

[76] *Boletín de Leyes y Decretos del Gobierno*, t. II, livro VII. Valparaíso: Imprenta El Mercurio, 1846, p. 467.

[77] Sergio Vergara Quiroz. *Historia Social del Ejército de Chile*. Vice-reitoria Acadêmica e Estudantil, v. I. Santiago: Universidade do Chile, 1993, pp. 103-105.

[78] Augusto Orrego Luco. "La cuestión social" (1897). In: Sergio Grez Toso (recopilador). La "cuestión social". In: *Chile. Ideas y debates precursores (1804-1902)*, v. VII. Santiago: Fuentes para el estudio de la República/Dibam, 1995, p. 325.

Mais interessante do que o que aconteceu durante a guerra foi o ambiente posterior ao conflito e a magnanimidade das celebrações em todo o território chileno, que ressaltaram o compromisso pátrio e as virtudes cívicas. Francisco Navarro, de San Felipe, descreveu a recepção do Batalhão n. 1 de Aconcágua, em San Felipe, em 1839, como "a função mais solene e animada de quantas presenciei em minha vida".[79] As casas da cidade foram adornadas com bandeiras, numerosos arcos de eucalipto foram colocados nas ruas e mais de mil e quatrocentos membros das Guardas Cívicas ficaram em formação em torno das ruas para receber os "Restauradores do Peru".[80] As Guardas Cívicas serviram ao propósito claro de inculcar valores cívicos e nacionais. De fato, contavam com bandas de música que interpretavam hinos patrióticos nas festividades nacionais e em diversas ocasiões, pelo qual é possível entender que se tenha difundido entre elas certo grau de identificação nacional, sendo que muitos dos seus componentes pertenciam a grupos médios e baixos da população. É interessante notar que o próprio Domingo Faustino Sarmiento referiu-se ao que considerou um sentimento nacional consolidado no Chile, no fim da década de 1840, tomando como exemplo as características das Guardas Cívicas que reuniam em suas fileiras artesãos, pequenos comerciantes e outros membros da sociedade, que se reuniam constantemente para realizar exercícios dominicais nos quais se interpretavam hinos patrióticos e inculcavam modelos de patriotismo cívico.[81]

Pode-se afirmar, definitivamente, que após as três primeiras décadas de vida independente o Chile deu passos importantes em

---

[79] *El Araucano*, de 13 de setembro de 1839.

[80] Ibidem.

[81] Simon Collier. *Chile...*, op. cit., p. 67.

direção à formação de um imaginário nacional atraente e crível, e o país alcançou um grau de estabilidade político-institucional pouco comum no cenário latino-americano que lhe permitiu projetar um imaginário para diversos setores da população, tendo o estado como seu principal promotor. Só a partir da metade do século a intelectualidade chilena começaria a desempenhar um papel complementar ao do estado nesse sentido, mas ainda com base no importante caminho percorrido e dirigido pelo próprio estado.

Adrián Hastings, ao referir-se a casos como o chileno, no qual o estado constrói a nação, destaca que não podemos falar propriamente de nação até que a própria nação consiga perceber sua supremacia sobre e perante o estado.[82] Se seguirmos essa lógica, poderíamos concluir que o Chile teve que esperar mais algumas décadas, após 1850, para ver a nação consolidada, mas reconhecendo os progressos feitos até a metade do século. Tais avanços demonstram o êxito da classe dirigente chilena e do estado no fortalecimento de uma idéia de nação, que não foi alcançada sem dificuldades, na medida em que os diferentes grupos sociais manifestaram diferentes formas de concebê-la e celebrá-la, com uma elite obcecada pela ordem, pelas normas e pelo protocolo e um baixo povo que oscilava entre o entusiasmo desbordado e a função de espectador, situando-se, muitas vezes, nos limites através dos quais as elites quiseram conduzir o processo, mas contribuindo definitivamente para a construção de um imaginário nacional que, ainda que com um espírito unitário, ajudou a reforçar as profundas diferenças sociais próprias ao projeto republicano chileno.

---

[82] Adrian Hastings. *La construcción de las nacionalidades*. Madri: Cambridge University Press, 2000 [1997], p. 41.

DOCUMENTO Nº 1

Boletim das leis e das ordens e decretos do Governo. t. I, Valparaíso: Imprensa El Mercúrio, 1845, p. 211.

Substituição da palavra *Chile* no lugar da palavra *Pátria*

Santiago, 30 de julho de 1824

Conhecendo o governo a importância de nacionalizar quanto mais possível os sentimentos dos chilenos e advertindo que a palavra *Pátria* até aqui usada em todos os atos civis e militares é demasiado vaga e abstrata, não individualiza a nação, nem pode produzir um efeito tão popular como o nome do país ao qual pertencemos; desejando, além disso, estar em conformidade nesta matéria com o uso de todas as nações, acordei e decreto o seguinte:

1. Em todos os atos civis nos quais até aqui foi usada a palavra *Pátria*, usar-se-á de agora em diante a palavra *Chile*.

2. Em todos os atos militares e para as sentinelas se contestará e se usará a palavra *Chile*.

3. O ministro de governo é o encarregado da execução deste decreto, que se fará circular a quem corresponda e publicar-se-á no Boletim.

Francisco Antonio Pinto.

DOCUMENTO Nº 2

Boletim das leis e das ordens e decretos do Governo. t. II, Livro VII. Valparaíso: Imprensa El Mercúrio, 1846, p. 467.

Doze de fevereiro

Santiago, 8 de fevereiro de 1837

Já que as disposições do Senado Consulto de 5 de fevereiro de 1821 com vistas a solenizar o aniversário da declaração da nossa independência política origina prejuízos consideráveis para o serviço público e para as ocupações dos particulares, e já que os fins patrióticos a que tende a celebração das festas cívicas foram obtidos com a reunião de todas elas em um só dia, que anula os inconvenientes produzidos por sua multiplicidade; com os poderes que me conferem o artigo 161 da Constituição e a lei de 31 de janeiro do ano em curso, venho acordar e decretar.

A celebração do dia 12 de fevereiro fica reduzida, a partir de agora, a uma salva de vinte e um tiros de canhão nas praças e povoados onde houver artilharia e o repicar dos sinos ao meio-dia. Nas casas públicas e de particulares, bandeiras serão hasteadas e assim permanecerão o dia inteiro e haverá iluminação durante a noite.

Comunique-se, imprima-se e circule-se.

Rubrica de S.E.

Portales.

DOCUMENTO Nº 3

∽

A Bandeira Tricolor, La Serena, 17 de setembro de 1831.

Dezoito de setembro

A instituição das festas cívicas é uma das invenções mais grandiosas que imaginaram os homens para perpetuar a lembrança dos acontecimentos mais importantes. A reprodução anual destas festas, livre das vicissitudes físicas, exerce um domínio mais ativo; produz sensações mais sublimes que o aspecto inanimado de uma estátua, de uma coluna ou de qualquer outro monumento perecedouro das ciências e das artes. Se a inscrição de todas as épocas principais de uma nação no livro dourado daqueles arquivos volumosos chamados de fastos tornou-se uma necessidade de primeira grandeza para escrever a história e transmitir documentos e materiais positivos para as gerações futuras, a celebração das festas cívicas é a moral em ação, a história ocular de um vasto teatro no qual todo cidadão paga o tributo do entusiasmo e da exaltação patriótica que deve à terra que o gerou e à memória dos homens ilustres que conquistaram sua liberdade. Os mandatários do Chile destinados a alimentar este fogo sagrado, mais sagrado que o fogo das Vestais ou das Sacerdotisas do Sol, não devem se esquecer de que na República existe mais de uma província; que cada uma delas contribuiu para o engrandecimento do país e que, por conseguinte, devem ter uma parte igual na solenização de seus triunfos. O dia 18 de setembro é um dia de glória na capital; na província do norte este aniversário dura oito dias, o que é um retrato perfeito das orgias da antiguidade. A escassez de fundos obriga a autoridade local e o cabildo a impor direitos aos prazeres do povo (como disse a notícia), e quando o público tem que pagar seus prazeres é uma prova de que esses prazeres são desordenados; porque se fossem relativos ao brilhante assunto que os instituiu, ninguém iria querer contribuir. O Governo deve empenhar-se em estimular as paixões nobres e não em fomentar o vício. O dia 18 de setembro do ano 31 será célebre nas épocas do Chile pela elevação do general Prieto ao mando supremo. Esperamos que sob a augusta influência de um general que combateu pela liberdade dos povos, o 18 de setembro do ano 32 possa ser um dia eminentemente nacional; como aniversário da independência chilena e como o dia de uma regeneração na qual as leis constitucionais começaram a tornar-se realidade.

Documento Nº 4

El Progreso, Santiago, 22 de setembro de 1843.

Ontem concluíram todas as festas ordenadas pela municipalidade para celebrar nosso grande dia. Celebraremos a volta da ordem? A conclusão destes dias de bacanais em que ninguém trabalha? Lamentaremos que não dure eternamente este tempo realmente sublime, porque nele se vê um grandioso espetáculo, o regozijo de um povo inteiro agitado pela doce lembrança de seus tempos gloriosos? Nós nos decidimos para que a sociedade volte a seguir sua compassada marcha, para que todos os ânimos deixem este mundo de ilusões em que viveram estes dias e desçam ao mundo real, ao mundo positivo, no qual se vive trabalhando e pensando hoje como será o dia de amanhã. Que concluam as festas, são suficientes cinco dias para dar ao coração esse ânimo que necessita para passar o ano que começou em 18 de setembro, sem esquecer o que se deve à pátria e ter sempre presente o que por ela fizeram nossos pais. O dia 18 de setembro é a fonte onde a nossa sociedade recebe anualmente um banho de idealismo cujos efeitos são sentidos até o ano próximo; os poetas incham seus corações de grandes idéias que pouco a pouco vão deixando sair durante o ano; todo o povo, na presença dos fatos que seus pais executaram, sofre uma forte vibração que só o positivismo dos dias que seguem pode meio que extinguir.

Uma coisa chamou a atenção de todos nas festas cívicas deste ano, e é a ordem e a moralidade com que o povo se comportou, já que antes se entregava licenciosamente aos grosseiros prazeres que apetece, em geral, a sua falta de cultura; não houve neste, como em outros anos, que lamentar as mil desgraças que a ebriedade e as quedas de cavalo ocasionavam; só temos notícia da morte de uma menina na qual ninguém teve a menor culpa e que foi causada pela maior casualidade... As providências tomadas pela polícia e o bom desempenho dos milicianos de Renca contribuíram principalmente para este aspecto de ordem com que se passaram estes dias e que tanto devemos celebrar, porque se o 18 de setembro custasse como antes algumas vidas, talvez houvesse muitos que pediriam a supressão de umas festas tão necessárias para dar ao coração a expansão que lhe faz apetecer só pensar durante todo o ano em coisas materiais e positivas. Entre as providências tomadas pela polícia, a de indicar as ruas para que venha e vá ao campo as gentes a pé, a cavalo e as que vêm em carretas surtiu bons resultados e recomendamos que se tome esta medida todos os anos.

O novo campo de Marte foi muito aplaudido, sobretudo pelos milicianos que, quando se dispunham a ir ao campo antigo, era para uma verdadeira campanha, mas estavam certos de voltarem rendidos de cansaço e verem-se privados do regozijo geral pelo menos por três dias. As evoluções da guarda nacional foram nele executadas com o maior desembaraço pela extensão e planura do campo, e, além disso, também puderam ser perfeitamente vistas por todos os que foram ao campo sem incomodar os movimentos.

Muitas carruagens novas apareceram nestes dias e muitas delas fizeram-se notar por sua elegância. Os coches que antes, para merecer este nome, era preciso que fossem uma caixa fechada por todos os lados, com uma boléia tão alta que bem poderia servir de escada para chegar ao céu, apresentaram-se este ano com formas muito variadas e todas muito mais elegantes que as antigas, e ao mesmo tempo não tão adornadas nem tão custosas.

Não assistimos ao teatro de variedades e não poderemos, por conseguinte, dar notícia das funções que nele aconteceram, mas diremos algo sobre o teatro da universidade que não esteve nestes dias tão concorrido como acontece todos os anos, o que atribuímos ao novo estabelecimento. As peças nele representadas foram todas malíssimas, a maioria delas repetidas; isto já é uma regra: no dia 18 e nos dias próximos é certo ir ao teatro e ver peças repetidas ou ruins. Nesses dias os empresários não se dão ao trabalho de atrair o público porque sabem que o público os procurará sem necessidade de chamá-los e escolhem as piores peças de sua coleção e fazem com que os espectadores sejam obrigados a vê-las.

DOCUMENTO Nº 5

Gazeta Ministerial do Chile,
Santiago, 21 de setembro de 1822.

Notícia

Dezoito de setembro

Salve Pátria! Este é o dia próprio do teu nascimento. Este é o dia em que nos vimos semelhantes a essas crianças ternas que, nascidas na ausência de um pai cujo paradeiro se ignorava, são surpreendidas de repente com a sua presença; a mãe apresenta quem lhes deu a vida, elas olham o pai encolhidas e tímidas, fixam os olhos em suas feições, cada uma aguarda que a outra seja a primeira a aproximar-se dele até que, arrebatadas todas por um movimento simultâneo da natureza, jogam-se no colo paterno, congratulam-se em seu sorriso inocente por terem saído da orfandade e entre doces carícias disputam a preferência de mostrar suas descobertas e suas graças. Não se lembram, então, de suas pueris rivalidades; aquele é o instante da reconciliação; um só sentimento se derrama no coração dos filhos; um só amor se identifica no peito dos pais. Esta era a nobre unidade do 18 de setembro de 1810. A Pátria, então, levantou sua augusta frente em meio à noite de três séculos. Nós a vimos à luz penetrante de direitos inocultáveis. Fugiu para sempre a idéia de uma tutela cruel; um passo de animosidade tirou-nos da pupilagem; observamo-nos como donos de nós mesmos; juramos defender o que éramos; e passamos de uma adolescência repleta de riscos e sangue para a maioridade da independência, na qual a lei e a liberdade são o patrimônio da coragem e da vitória.

Oh, Pátria! Este é o dia em que, percebendo os éditos o vazio da soberania usurpada, não houve mais opositores que o despotismo envergonhado dos antigos tiranos e o direito sacrossanto dos povos convocados a derrubar o colosso. Ele caiu aos pés dos livres. Retumbaram os Andes com o estrondo de sua queda; e as vozes imponentes deste grande triunfo renovam-se a cada aniversário para nos fazer lembrar o caminho que percorremos – o ponto em que nos achamos – e a distância que nos falta para completar esta marcha de esplendor e glória. Ah! A geração atual não é o juiz que pronunciará o mérito dos libertadores. Esta resolução fica reservada para a posteridade. Cabe a nós procurarmos uma sentença honrosa para uma conduta vitoriosa. Ela é a mais digna homenagem que podemos prestar à Pátria ao saudar seus dias, tornar felizes os de nossos contemporâneos e de nossos netos. Não nos esqueçamos dos erros da revolução, para não voltar a cometê-los. Que sejamos abençoados. Empenhemos nossos últimos esforços em assegurar um porvir feliz e imperturbável – fruto da lei e independente da bondade pessoal dos seus executores, que, se hoje se revestem de probidade e amor público, amanhã podem ser diferentes; somos homens.

Percorreram caminhos tão difíceis como gloriosos. Mais de uma vez chegou-se à linha de combate pelo rastro de sangue que deixava a nossa vanguarda. Mais de uma vez a fortuna separou-se da justiça e foram vítimas seus defensores; lições terríveis nos ensinaram a vencer para sempre. A causa da humanidade foi precedida de estragos ferozes. Foi invadida por tiranos e contrastada pelas paixões. Era necessário defendê-la com as armas e com a ordem. A união e o desengano fizeram com que o inimigo deixasse de ser o terceiro das discórdias internas. A autoridade foi assegurada sobre a base sólida da uniformidade adquirida à força de tantas desgraças. Desapareceram as desgraças da agressão exterior e as da anarquia ainda mais funesta; e, passando da vitória ao heroísmo, o Chile pôde levar a independência aos descendentes de Huáscar, enquanto sua administração doméstica colocava os cimentos preparatórios da Constituição, que há de garantir a prosperidade dos filhos de Lautaro.

Este é o panorama do ano 13avo, tudo está em movimento, tudo conspira para alcançar o fim da escada. O poder supremo tem a grandeza de ter ele mesmo estabelecido seus próprios limites, que não seriam feitos por quem não possuísse um coração tão valente quanto republicano. A honorável Convenção ocupa-se das melhorias que a Pátria necessita em cada um de seus ramos. Nesta primavera florescem preciosos enxertos na árvore da liberdade civil. Os cidadãos ilustrados agitam-se em comissões interessantes para executar ações importantes de utilidade de seu objeto. Educação científica, fomento do comércio, a mineração, a agricultura, as artes e a indústria, regulamentação dos tribunais de justiça, sistemas de economia, rendas e fundos públicos, arquitetura legislativa da representação nacional, harmonia das relações religiosas com a moral, os costumes puros e a civilização, enfim, melhorias em todos os campos encomendadas a homens cheios de amor à Pátria prometem um venturoso porvir, que tornará este dia mais alegre e louvado no decorrer dos tempos.

O selo destes códigos eternos é o resto da empresa que coroará as nossas tarefas. Até aqui nos cansamos de jogar as sementes sobre uma terra marcada pelas pegadas assoladoras dos tiranos; ainda é possível sentir o amargo da conquista e da opressão colonial. Já os próprios aspirantes se convencem de sua incapacidade. Sucedem à teimosia gênios mais brandos, conciliadores e dóceis por vontade ou por sua própria impotência. A América vê apenas uma pequena nuvem no seu horizonte. Ela será dissipada antes do próximo dia 18. Gerações! Vocês colherão os frutos do trabalho dos libertadores. Oh! Reguem suas tumbas com lágrimas de gratidão; circundem-nas com flores, conservem os lauréis que as rodeiam e no aniversário do Chile livre, contem aos seus filhos a sua história – amenizem-na com hinos sentimentais – e que o reconhecimento seja o prêmio dos que deixaram para a sua Pátria a felicidade, e morreram.

AS NAÇÕES DO ROMANTISMO ARGENTINO

Bernardo Ricupero

Antecedentes

A Argentina não existia antes da independência política. A atual república, assim como o Uruguai, o Paraguai e parte da Bolívia, faziam parte do Vice-reinado do Prata, criado pelo Império espanhol, em 1776, devido ao temor de perder o domínio da região para o Império português.

Mesmo depois da separação da Espanha, algo como a Argentina não aparece imediatamente na cena histórica. Clara indicação disso é que a Junta de Governo que toma o lugar da antiga metrópole, em 25 de maio de 1810, convoca *pueblos*[*] e *ciudades* para criar as Províncias Unidas do Rio da Prata, e não uma suposta nação argentina. Tal nação aparece, na verdade, como o conjunto de povoados, cidades e províncias. Ou seja, a soberania não emanaria tanto dela, nem seria una, mas estaria relacionada com entidades anteriores, que se combinariam para formar um amálgama novo.[1]

---

[*] povoados

[1] Ver, principalmente, José Carlos Chiramonte. "El federalismo argentino en la primera mitad del siglo XIX". In: Marcello Carmagnani (org.). *Federalismos lationoamericanos: México, Brasil, Argentina.* México (D.F.): Fondo de Cultura Económica, 1993; *Ciudades, provincias, Estados: orígenes de la nación Argentina (1800 – 1846).* Buenos Aires: Compañia Editora Espasa Calpe Argentina S.A., 1997; *Mercaderes del litoral.* Buenos Aires: Fondo de Cultura Económica, 1991; "La formación de los Estados nacionales en Iberoamérica". In:

Essa situação faz com que o estabelecimento de uma identidade argentina seja um processo lento e conturbado. Antes, na colônia, as referências disponíveis são as de espanhol, hispano-americano, *criollo*, rio-platense etc. Depois, a independência tem as cidades como protagonistas iniciais, ganhando força, com o tempo, a consciência provincial, de cordobês, portenho etc.[2]

Refletindo as dificuldades em relação à identidade, o próprio vocabulário que possibilita pensar a nação argentina não se desenvolve de maneira tranqüila. O adjetivo *argentina* aparece, em 1602, quando Martin del Barco Centenera escreve "Argentina y la conquista del Rio de la Plata". Em seus versos, argentina é uma forma latinizada de se fazer referência à região do Prata. O substantivo *Argentina* começa, por sua vez, a ser utilizado, a partir de 1801, nas páginas do primeiro periódico do país, *Telégrafo Argentino*. No entanto, no início do século XIX, Argentina é apenas uma alusão à hinterlândia de Buenos Aires. Progressivamente, amplia-se a referência para o território banhado pelo rio da Prata, ou seja, as províncias do litoral, o que exclui o interior. Argentina é, dessa maneira, um termo utilizado por escritores portenhos para falar da região que, julgam, deve ser dominada pelo comércio e pecuária de Buenos Aires. Só em 1827, quando é sancionada a Constituição *unitaria*, que ironicamente nunca entra em vigor, surge a combinação, que persiste até hoje, de República argentina.[3]

Boletín del Instituto de Historia Argentina y Americana "Dr. Emilio Ravignani", n. 15, 1997; Noemí Goldman e Nora Souto. "De los usos de 'nación' y la formación del espacio político en el rio de la Plata (1810-1827)". In: *Secuencia*, n. 37, 1997; Fabio Wasserman. "Formas de identidad politica y representaciones de la nacion en el discurso de la generacion de 1837". In: *Cuadernos del Instituto Ravignani*, n. 11, 1988.

[2] Ver Chiaramonte. "El federalismo...", op. cit.; *Ciudades, provincias...*, op. cit.

[3] Ver Angel Rosenblat. *El nombre de la Argentina*. Buenos Aires: Editorial Universitaria de Buenos Aires, 1964.

No entanto, as posições vão progressivamente se invertendo. A burguesia comercial e os estancieiros de Buenos Aires, grupos sociais que se confundem e defendem a centralização, passam a identificar a autonomia das províncias com seus interesses. Assim, o *Partido Federal* desloca do governo o *Partido Unitario*, emergindo a liderança de Juan Manuel de Rosas, que se torna, em 1829, governador de Buenos Aires. Com Rosas, um novo grupo substitui os militares, intelectuais e burocratas que tinham imprimido a direção política à Argentina desde a independência: os estancieiros, já antes dominantes economicamente.[4]

Na nova situação, as posições se invertem. Nas discussões sobre o Tratado de 1831, as províncias do litoral, interessadas no fim do monopólio da aduana da capital e na livre navegação dos rios, a princípio lideradas por Santa Fé e depois por Corrientes, passam a utilizar termos como *nacional* e *Argentina*, sendo resistidos por Buenos Aires.

Mais tarde, após a derrubada de Rosas, em 1852, um dos motivos principais das divergências entre portenhos e provincianos será o destino das rendas advindas da alfândega de Buenos Aires. Mesmo depois da Batalha de Pavón (1862), que põe fim à existência de um governo com capital no Paraná e outro em

---

[4] No mesmo período em que era criado o Vice-reinado do Prata, no final do século XVIII, a produção mineira do Alto Peru, destino da maior parte das mercadorias importadas pelo porto de Buenos Aires, começava a se exaurir, e a criação de gado na região do pampa foi aparecendo progressivamente como alternativa econômica a ela. Um pouco depois, o desenvolvimento de um sistema de salgar a carne, que possibilita o aproveitamento de praticamente todas as partes do boi, revoluciona a pecuária platina. A carne seca, produzida nos *saladeros*, é destinada às economias escravistas do Brasil e de Cuba, enquanto o couro alimenta as nascentes indústrias do Atlântico norte. Sinal da influência dos estancieiros é que dos 18 caudilhos que governaram, entre 1810 e 1870, as diversas províncias argentinas, 13 eram grandes proprietários rurais. Ver John Lynch. "From independence to national organization". In: Leslie Bethell (org.). *Argentina since Independence.* Cambridge: Cambridge University Press, 1998.

Buenos Aires, a antiga capital do Vice-reinado do Prata continua a ter o monopólio, de fato, do comércio exterior argentino. Essa situação só termina em 1880, com a separação, bastante resistida por alguns portenhos, entre capital e Província de Buenos Aires. Mesmo assim, um esforço unificador não deixa de aparecer em iniciativas anteriores, como a do governo *unitario* de Bernardino de Rivadavia de criar, já em 1821, a Universidade de Buenos Aires. Dividida em quatro departamentos – estudos preparatórios, ciências exatas, medicina, jurisprudência e ciências sociais e ciências sagradas –, inspira-se no Instituto francês, fundado no período do Diretório. Como sua congênere européia, a Universidade de Buenos Aires é responsável pela educação pública em todo o país, prevalecendo o ensino da ideologia, de Destutt de Tracy. A nova instituição de ensino superior vem rivalizar com a Universidade de Córdoba, onde, desde os tempos da colônia, predomina o ensino da escolástica. Na mesma orientação, o *Colegio Unión del Sur*, de ensino secundário, rebatizado de *Colegio de Ciencias Morales*, vincula-se à Universidade e passa a conceder bolsas a nativos das províncias para a continuação de sua educação.

Essas ações podem mesmo ser consideradas como se estivessem na raiz do aparecimento da *Geração de 1837*, que procura estabelecer definitivamente a idéia de nação argentina. É no *Colegio* e na Universidade que se reúnem, num mesmo espaço de socialização, provincianos, como os tucumenhos Juan Bautista Alberdi e Marco Avellaneda, o sanjuanino Manuel Quiroga Rosa e portenhos, como Esteban Echeverria, Juan Maria Gutiérrez, Vicente Fidel López e Félix Frias.

Em termos de vocabulário, a justificativa da independência na região do Prata se dá, a exemplo de outras regiões da

América, numa linguagem jusnaturalista. Afirma-se basicamente que a quebra do pacto pelo soberano anterior, a Espanha, abriria caminho para que os colonos exercessem seu direito de resistência. Poderiam, depois, realizar um pacto de associação que estabeleceria uma nova soberania em substituição à metropolitana. Sintomaticamente, o termo usado então para se referir a essas ex-colônias da Espanha é *Províncias Unidas do Rio da Prata*, o que sugere simplesmente a idéia de um arranjo institucional, e não de uma comunidade de destino.

No período rosista, por sua vez, a identidade à qual se refere não diz respeito tanto à Argentina, mas à América. Isso não é de estranhar, até porque esse é um momento em que não existe propriamente nação argentina, não tendo sido ainda consolidadas suas fronteiras.[5]

De qualquer maneira, se o vocabulário das teorias do direito natural pode fornecer argumentos para a constituição do Estado, a idéia de nação precisa esperar mais tempo, coincidindo com o aparecimento do romantismo nas letras argentinas. Conseqüentemente, prestarei atenção neste artigo principalmente à maneira como o romantismo argentino lida com o problema da nação.

É provável até que seja a atenção à nação que garanta ao romantismo um papel de destaque na história argentina. Até porque se trata, nessa época posterior à independência, de estabelecer, por toda a América, novas identidades que substituam as coloniais. Até devido à situação anterior à independência, é esse

---

[5] Ver Ricardo Salvatore, "Consolidación del régimen rosista (1835–1850)". In: Goldman (org.). *Nueva historia argentina*. Buenos Aires: Sudamericana, 1988.

particularmente o caso para os povoados e cidades que faziam parte do Vice-reinado do Prata e que vêm criar a Argentina.[6]

Mas, mesmo que os românticos argentinos estejam particularmente bem situados para influenciar o esforço de criação de uma nova identidade para seu país, não dispõem apenas de uma concepção de nação. Na verdade, os românticos elaboram, ao longo de sua atuação, diferentes visões da Argentina, que não deixam de ser influenciadas pelas condições históricas a que têm de fazer face. Ainda mais significativo, parte considerável do repertório que os argentinos utilizam para pensar sua nação foi gerada no período que vai da criação do *Salón Literario*, em 1837, à queda de Rosas, em 1852.

Entre essas concepções da Argentina, destacarei: a elaborada por Alberdi, durante o período do *Salón*, em *Fragmento preliminar al estudio del derecho*; a pensada por Echeverria, quando é criada a Jovem Argentina, em *Dogma socialista*; a composta por Domingo Faustino Sarmiento, no exílio chileno, em *Facundo*; e a formulada por Alberdi, depois da queda de Rosas, em *Bases y puntos de partida para la organización de la República Argentina*.

Os primeiros anos românticos

Desde que Echeverria desembarca, em 1830, em Buenos Aires, trazendo idéias com que entrou em contato na "capital do século XIX", Paris, orienta sua atuação política e intelectual num

---

[6] Essa postura reflete a rejeição da herança ibérica e é diferente, por exemplo, da dominante no Brasil, onde, de maneira geral, se aceita a obra de colonização. Assim, na Argentina a nação está dirigida para o futuro, numa atitude "criativa", ao passo que no Brasil está voltada para o passado, numa postura de "descoberta". Ver Jorge Myers. "La revolución en las ideas: la generación romántica de 1837 en la cultura y en la política argentinas". In: Goldman (org.). *Nueva historia...*, op. cit.; Fernando A. Novais e Carlos G. Mota. *A independência política do Brasil*. São Paulo: Hucitec, 1996; Bernardo Ricupero. *O Romantismo e a idéia de nação no Brasil*. São Paulo: Martins Fontes, 2004.

sentido de criar a nação argentina. Nesse esforço, é auxiliado pelas obras de Victor Hugo, Felicité Lamennais, François Guizot, Adolphe Thiers, Madame de Stael, Antoine Berryer, Ch. Didier, Victor Cousin, Aléxis de Tocqueville, os carbonários italianos, Jean-Louis Lerminier, Pierre Leroux, Saint-Beuve, a *Revue Encyclopédique* e a *Revue des Deux Mondes*, que não param de chegar às cinco livrarias que possui então Buenos Aires.[7]

Num desses estabelecimentos, a modesta livraria do uruguaio Marcos Sastre, alguns estudantes da Universidade de Buenos Aires e do *Colegio de Ciencias Morales* decidem criar, em 1837, um *Salón Literario*.[8] Sinal evidente do impacto da iniciativa é que os românticos argentinos passam à história de seu país como a *Geração de 1837*.

Quando o *Salón* inicia suas atividades, Rosas já se encontra no poder. Ele, que fora governador de Buenos Aires entre 1829 e 1832, voltara ao posto em 1835. Como encarregado das relações exteriores do que se chamou de Confederação Argentina, o *Restaurador de las leyes* estendia sua influência para além da Província de Buenos Aires. Seu poder era então considerável, obrigando, como sinal de adesão ao seu partido, o uso de uma *cinta colorada* e até da chamada moda federal, isso quando não ocorria a vigilância direta da *Sociedad Popular Restauradora*, a famigerada *mazorca*.

O *Salón* inicia suas atividades de forma bastante tímida, sendo praticamente uma extensão da livraria de Sastre, que, por sinal, nutria simpatias por Rosas. Indício da atitude não belige-

---

[7] Ver William Katra. *The Argentine generation of 1837*. Cransbury (NJ): Associate University Press, 1996; Vicente Fidel López. *Evocaciones históricas*. Buenos Aires: W. M. Jackson, s/d.

[8] Ver Félix Weinberg. *El salón literario de 1837*. Buenos Aires: Hachette, 1977.

rante dos jovens em relação ao governo federal é a presença, na sessão de inauguração do *Salón*, do pai de um deles, o autor do hino argentino, Vicente López y Planes, então vocal do Superior Tribunal de Justiça de Buenos Aires, e do ideólogo do regime rosista, o intelectual napolitano Pedro de Angelis. Num sentido inverso, não deixa de ser significativa a ausência do futuro líder dos românticos, Echeverria, que, desde seu retorno à Argentina, não escondia sua hostilidade a Rosas.

Os discursos pronunciados na noite de inauguração do *Salón*, em 26 de junho, por Sastre, Alberdi e Gutiérrez, confirmam essa postura. Todos insistem na necessidade de a Argentina estender sua independência para a literatura e a cultura. Entre os oradores, apenas Gutiérrez não faz elogios a Rosas, sugerindo os outros que a *Nueva Generación* estaria realizando, no plano intelectual, obra comparável ao do *Restaurador de las leyes* na política, adaptando instituições estrangeiras às condições americanas.

O primeiro trabalho de maior fôlego da *Geração de 1837*, o *Fragmento preliminar al estudio del derecho*, publicado por Alberdi um mês depois da inauguração do *Salón*, segue a mesma linha. Considera que as constituições argentinas equivaleriam a uma série de imitações artificiais e insiste, num tom saint-simoniano, na necessidade de se superar a fase heróica da independência em favor de uma outra, mais refletida.

Só assim, se criaria uma verdadeira nação argentina, já que "uma nação não é uma nação, a não ser pela consciência profunda e reflexiva dos elementos que a constituem". Ou seja, é sugerido num tom hegeliano, provavelmente reflexo da influência de Lerminier, que a nação só possuiria existência completa quando tivesse consciência própria, fosse auto-refletida, e não mais objeto da consciência de outros. Mais uma vez, aparecem elogios a Rosas, sustentando-se que o que ele proclama "praticar na política", pretendem os jovens do *Salón* "ensaiar na arte, na filosofia, na indústria, na sociabilidade".[9] Apesar da reação escandalizada com a qual os elogios a Rosas são recebidos pelos *unitarios*, exilados em Montevidéu, eles não são mero oportunismo. Na verdade, a *Geração de 1837* parece sinceramente imaginar poder realizar, por meio de Rosas, seu propósito principal: a emancipação mental da Argentina.

Ficam claras, já aí, diferenças entre a *Nueva Generación* e os *unitarios*, muitos deles neoclássicos em matéria artística. Apesar de o mesmo objetivo básico animar os dois grupos – a busca da civilização européia –, a *Geração de 1837* distancia-se dos seus predecessores nos meios, não-europeus, que pretende utilizar para tanto. Rosas e seus seguidores, por sua vez, também gostam de proclamar seu americanismo, mas não querem atingir uma situação comparável à européia. Ou, de maneira mais ampla, a *Nueva Generación* se identifica com finalidades dadas pela Ilustração, mas procura, diferentemente dos *unitarios*, realizá-las de uma forma nacional e particular, romântica.[10]

Além de cultivar boas relações com o regime rosista, os jovens do *Salón Literario* procuram conquistar leitores com a publicação de um semanário, *La Moda*. No entanto, os dois esforços fracassam.

---

[9] Juan Bautista Alberdi. "Fragmento preliminar al estúdio del derecho". In: *Escritos*. Buenos Aires: Universidad Nacional de Quilmes, 1996, p. 70. A crença na complementaridade da obra dos românticos e do caudilho não poderia ser abalada nem mesmo pela acusação de que seu regime seria despótico, já que, segundo eles, Rosas não passaria de expressão de um povo.

[10] Ver Coriolano Alberini. *Problemas de la historia de las ideas filosóficas en Argentina*. La Plata: Universidad de La Plata, 1966.

Agravando o quadro, a situação política se deteriora, o que se reflete sobre o tratamento dispensado aos jovens. Em 28 de março de 1838, a França, desejando forçar a abertura de novos mercados, promove o bloqueio do porto de Buenos Aires. Estimula-se, portanto, um sentimento xenófobo, que afeta particularmente os moços que cultivam idéias francesas. Por pressão da *mazorca*, chega-se a fechar o *Salón*.

Mesmo assim, os mais ativos, cerca de 30, não se deixam dobrar, tomando a iniciativa de formar uma loja secreta, no estilo carbonário. Dão a ela o nome de *Asociación de la Joven Generación Argentina*, também conhecida pelo nome, de clara inspiração mazziniana, Jovem Argentina. Tomando o exemplo da Jovem Europa, Echeverria, que já se tornara o líder dos românticos, e Alberdi redigem 15 "Palavras Simbólicas", sobre as quais os membros da *Asociación* prestam juramento.[11]

Nos escritos do fundador da Jovem Argentina já aparecem os problemas fundamentais que a geração à qual pertence

---

[11] São elas: 1) associação; 2) progresso; 3) fraternidade; 4) igualdade; 5) liberdade; 6) Deus, centro e periferia de nossa crença religiosa: o cristianismo e sua lei; 7) a honra e o sacrifício, móvel e norma de nossa conduta social; 8) adoção de todas as glórias legítimas, tanto individuais como coletivas de nossa revolução; 9) continuação das tradições progressistas da Revolução de Maio; 10) independência das tradições retrógradas que nos subordinam ao antigo regime; 11) emancipação do espírito americano; 12) organização da pátria sobre uma base democrática; 13) co-fraternidade de princípios; 14) fusão de todas as doutrinas progressistas num centro unitário; 15) abnegação das simpatias que podem nos ligar às duas grandes facções que disputaram o poder durante a revolução. Todas as Palavras, com exceção da última, redigida por Alberdi, foram escritas por Echeverria. As "Palavras" são publicadas, já em 1839, no *Iniciador* de Montevidéu, recebendo o nome de *Creencia Social*. Em 1846, o nome do trabalho é modificado para *Dogma socialista*, aparecendo em *El Nacional*, também de Montevidéu, com uma obra memoralística sobre a Asociación, a *Ojeada retrospectiva*. Ver Paul Groussac. "Esteban Echeverria". In: *Crítica literaria*. Buenos Aires: Jesús Menéndez e hijo, Libreros Editores, 1924; José Manuel Estrada. *La política liberal bajo la tiranía de Rosas*. Buenos Aires: La Cultura Argentina, 1917; José Ingenieros. *La evolución de las ideas argentinas*. Buenos Aires: El Ateneo, 1951; Raúl Orgaz. *Echeverria y el saint-simonismo*. Córdoba: Imprenta Argentina, 1934; Alberto Palcos. *Echeverria y la democracia argentina*. Buenos Aires: Imprenta López, 1941.

enfrentará ao longo dos anos. O pensamento de Echeverria, como o de seus amigos, é expressão de uma tensão não resolvida. Por um lado, considera a obra da Revolução de Maio, continuada pela *Nueva Generación*, como parte da tendência de democratização da sua época, percebida por Toqueville. Por outro lado, nutre profunda desconfiança em relação a seus supostos agentes: os setores populares.[12]

A independência seria democrática porque põe abaixo o estatuto colonial que prolongava na América o Antigo Regime europeu. A Revolução de Maio, ao acabar com a organização hierárquica da sociedade, faria, assim, parte da providencial igualização das condições entre os homens. A essa tendência da independência, Echeverria reage entusiasticamente.

Isso não impede, entretanto, que não sinta grande simpatia pelas massas que promovem a democratização. Os sentimentos do fundador da Jovem Argentina se revelam de forma especialmente clara no seu conto *Matadero*, lugar que caracteriza como o "foco da federação".[15] Esse espaço de fronteira entre o campo e a cidade seria uma região semibárbara, ocupada por multidões de negros e mestiços, que não se distinguiriam muito das bestas com as quais lidam. O contraste com o estoicismo do jovem *unitario* assassinado, "uma pessoa elegante", que monta sobre uma sela inglesa e se recusa a vestir a *cinta* colorada, só faz aumentar o sentimento de repugnância pelas massas.

---

[12] O curioso é que o autor do *Dogma socialista* e outros de sua geração não deixam de perceber a vinculação entre democracia política e social. Sabem que procedimentos tais como o sufrágio universal são típicos de um regime político baseado num certo estado social, o da igualdade de condições.

[15] Esteban Echeverria. "El Matadero". In: *Obras escogidas*. Caracas: Biblioteca Ayacucho, 1991, p. 116.

Um dos principais erros dos *unitarios* teria sido precisamente o de estabelecer o sufrágio universal. Até porque "as massas só possuem instintos; são mais sensíveis que racionais; querem o bem, mas não sabem onde se encontra; desejam ser livres, mas não conhecem o caminho da liberdade".[14] Incapaz de identificar seus verdadeiros interesses, a multidão seria facilmente ganha pela demagogia de inescrupulosos caudilhos. Ou, mais precisamente, os semibárbaros setores populares teriam se convertido na principal base social do rosismo.

Echeverria chega a argumentar que indivíduos como ele teriam o direito de resistir a decisões despóticas do povo soberano. De maneira lockeana, insiste que quando a legislação não corresponde ao direito natural pode-se não respeitá-la. Tal procedimento se justificaria até porque o motivo que teria levado à realização do pacto social seria precisamente o de garantir a preservação de certos direitos, tais como a vida e a propriedade, que não estavam garantidos no estado de natureza. Portanto, os direitos individuais (civis), que antecederiam os de associação (políticos), deveriam ser considerados como os mais importantes.

Para resolver a contradição entre a democracia como ideal e realidade, Echeverria imagina uma solução engenhosa. À la Guizot, distingue entre razão e vontade coletiva, sendo a última "cega, caprichosa, irracional". Assim, enquanto o procedimento da vontade seria o de simplesmente querer, a razão sensatamente examinaria o melhor curso a tomar. Nessa referência, conclui "que a soberania do povo só pode residir na *razão do povo*, e que só é chamada a exercê-la a parte sensata e racional da comunidade social".[15]

---

[14] Esteban Echeverria. *Dogma Socialista y otras páginas políticas*. Buenos Aires: Ediciones Estrada, 1948, p. 159.

[15] Ibidem, pp. 157 e 158.

Ou seja, a própria idéia de emancipação mental, tão cara aos românticos, abre caminho para a divergência com Rosas. Se a *Geração de 1837* considera que a independência só estaria completa quando se tivesse autoconsciência nacional, constata facilmente que o processo não está terminado. Portanto, de início não seriam todos os emancipados e, mais importante ainda, enquanto a emancipação mental não fosse realizada, a soberania popular não poderia ser respeitada.

Mais tarde, Alberdi chegará a contrapor a "república possível" à "república ideal". Para poder pensar de tal modo, ele e os demais membros da *Geração de 1837* fazem um verdadeiro malabarismo intelectual. Ao mesmo tempo que identificam a soberania popular como meta, que encontram nos "centros civilizatórios", desconfiam dela quando aplicada à Argentina, já que sabem que favorece a Rosas. A conclusão que tiram daí é bastante curiosa; afirmam que a democracia é, além do governo do povo, o governo da razão. Portanto, é impossível que façam parte do corpo político aqueles que ainda são incapazes de discriminar entre bem e mal políticos. Esses, portanto, não possuiriam maioridade política, devendo a fórmula "tudo para o povo e pelo povo", ser substituída por "tudo para o Povo, e pela razão do Povo".[16]

A solução para o descompasso entre o comportamento da maioria do povo, praticamente instintivo, e uma minoria racional seria, conseqüentemente, de acordo com Echeverria, confiar o primeiro grupo à tutela do segundo. Os ilustrados educariam as massas, tornando-as finalmente aptas para exercer a cidadania.

Mas outras tensões não deixariam de aparecer na Argentina, a *Nueva Generación* admitindo inclusive que sua busca das

---

[16] Ibidem, p. 36.

raízes nacionais estaria ligada à influência de certas tendências intelectuais européias. Nesse sentido, Echeverria propõe uma síntese entre o local e o universal: "o mundo da nossa vida intelectual será, ao mesmo tempo, nacional e humanitário; teremos sempre um olho cravado no progresso das nações e *outro nas entranhas* da nossa sociedade".[17]

De acordo com Alberdi, os fracassos constantes dos partidos argentinos teriam mesmo origem na sua incapacidade de realizar essa síntese. Eles, que "representam duas tendências legítimas, duas manifestações necessárias da vida do nosso país: o partido federal, o *espírito de localidade* ainda preocupado e cego; o partido unitário, o *centralismo*, a *unidade nacional*",[18] não teriam sabido ir além de seus princípios, o que conduziria à sua corrupção. Os *federales* teriam se convertido em mera expressão de tendências particularistas, de caráter quase bárbaro. Os *unitarios*, por sua vez, prisioneiros do doutrinarismo, teriam sido incapazes de combater tiranos como os caudilhos e, mais grave, não saberiam atrair para sua causa as massas que praticamente vegetariam no campo.

Mais especificamente, o centralismo *unitario*, assim como o federalismo, refletiriam influências estrangeiras que encontrariam terreno fértil na Argentina. Mas, enquanto os primeiros praticamente reproduziram teorias européias, sem se preocupar em modificá-las, os segundos se contentariam em aceitar as condições argentinas como elas se apresentassem. Isto é, o centralismo e o federalismo como que refletiriam atitudes cosmopolitas e localistas, sem que nenhuma mediação fosse realizada entre elas e o ambiente em que agiam.

---

[17] Ibidem, p. 175.

[18] Alberdi in Echeverria. *Dogma Socialista...*, op. cit., p. 69.

No entanto, não deixaria de haver antecedentes na história argentina que justificariam a postura *unitaria* e federal. Os primeiros poderiam ser encontrados, por exemplo, na unidade política e territorial que existia no tempo da colônia e na unidade de representação diplomática, que aparece desde a independência. Por seu turno, seriam exemplos de antecedentes federais a diversidade entre as províncias, a falta de um sistema regular de comunicação e transporte e as antigas tradições municipais espanholas. Os dois princípios já estariam buscando, além do mais, alguma forma de fusão, que, como sugere Alberdi, levasse à "harmonização da individualidade com a generalidade ou, em outros termos, da *liberdade* com a *associação*".[19]

Quem poderia promover essa síntese seriam aqueles que não tiveram "vida pública e nem pertenceram a nenhum partido;" que não teriam contaminado suas "almas com as iniqüidades nem torpezas da guerra civil".[20] Ou seja, precisamente os jovens da *Nueva Generación*.

Mas a repressão do regime rosista logo se intensificaria, dificultando a realização dessa síntese por meios pacíficos.[21] A partir do bloqueio francês, forças *unitarias*, instaladas do outro lado do Prata, no Uruguai, passam a enfrentar os *federales*. São também realizadas "caravanas progressistas" pelas províncias e países vizinhos, onde se fundam filiais da Jovem Argentina. O movimento não deixa de dar frutos, três futuros presidentes da

---

[19] Ibidem, p. 183.

[20] Ibidem, p. 137.

[21] Mesmo assim, Echeverria admite que "Rosas, más por instinto que por cálculo de política, ha sido audaz y perseverante continuador de la obra de centralización del poder social iniciado en Mayo, y acometida con tan mal éxito en diversas épocas por el partido unitario" (Echeverria, *Dogma Socialista...*, op. cit., pp. 228 e 229).

Argentina, Mitre, Sarmiento e Marco Avellaneda, tornando-se então membros das filiais da Jovem Argentina de Montevidéu, San Juan e Tucumán.

No entanto, parte considerável da *Nueva Generación* é forçada a se exilar. Echeverria descreve, assim, em cores dramáticas, sua situação e de seus amigos: "errantes e proscritos andamos como a prole de Israel em busca da terra prometida".[22]

O exílio

Muitos dos românticos argentinos – como Sarmiento, Alberdi, Mitre, López e Quiroga Rosas – vão para o Chile. O período passado no país andino tem especial impacto sobre eles, principalmente em razão de o sistema político chileno já ter atingido, por meio de um arranjo conservador, notável estabilidade. Boa parte desses exilados, confrontados com a situação caótica de seu país, não podem deixar de invejar o que lhes parece ser a paz e a prosperidade chilenas.

Por outro lado, os "nativos do Prata" não deixam de exercer importante papel na renovação da vida intelectual chilena. Até porque, como confessa o líder da geração chilena de 1842, José Victorino Lastarria, num "comércio de francas e cordiais relações destacava-se sempre o elegante desembaraço e a notável ilustração dos filhos do Prata, causando não poucos ciúmes, que eles provocavam e incitavam, fazendo notar a estreiteza dos nossos conhecimentos literários e o diminuto espírito que os mais distinguidos dos nossos jovens deviam à sua educação habitual".[23]

---

[22] Echeverria, *Obras...*, op. cit., p. 213.

[23] José Victorino Lastarria. *Recuerdos literarios*. Santiago: Libreria de M. Serrat, 1885, p. 85.

Os argentinos protagonizam, assim, sucessivos debates, que sacodem as letras chilenas, discutindo, por exemplo, a existência de uma literatura nacional no país, o caráter da língua espanhola que se fala na América e o significado do romantismo. Mesmo a controvérsia, travada já entre os próprios chilenos, sobre o melhor método para escrever a história do país não deixa de ser impulsionada pelos exilados vindos do país vizinho. As disputas se referem, de maneira geral, à obediência ou não a regras e formas; os chilenos favorecendo a primeira atitude e os argentinos, a segunda.[24] Em outras palavras, a influência dos exilados argentinos ocorre sobretudo por meio da disputa com chilenos em posição dominante no campo intelectual do seu país. Sem contar com grande capital social, os recém-chegados se servem principalmente de seu capital cultural, adquirido mediante o contato com as novas teorias francesas.

A rivalidade com os argentinos não deixa de produzir frutos para os chilenos, estimulando alguns jovens a criar, em 1842, uma *Sociedad Literária* e uma publicação, *El Semanário*, iniciativas que estão na origem da chamada Geração de 1842 do país. No prospecto do hebdomanário afirma-se o "inestimável mérito de que todos os seus redatores sejam chilenos",[25] o que converte a disputa de literária em nacional. Os chilenos acusam os argentinos de pedantismo. Repetiriam teses, recém-lidas, sem compreendê-las muito bem. O romantismo, esposado por eles, refletiria o absurdo. Os argentinos contra-argumentam, afirmando que a loucura que poderia haver nas suas obras refletiria sua época.

---

[24] Sobre a controvérsia entre chilenos e argentinos, ver Norberto Pinilla (org.). *La polémica del romanticismo en 1842*. Buenos Aires: Americalee, 1943; Allen Woll. *A functional past*. Baton Rouge: Lousiana University Press, 1982.

[25] *El Semanario*, "Prospecto". In: Pinilla, op. cit., p. 31.

Para muitos dos exilados, como Sarmiento, a polêmica pode, porém, ter tido o efeito de estimular a consciência de que eram argentinos. No caso desse nativo de uma província, San Juan, tradicionalmente ligada ao Chile – o qual, durante a juventude, tinha vivido a experiência de ver rejeitada a sugestão de que o periódico da *Asociación de la Joven Generación Argentina* de sua cidade natal se chamasse *O Patriota Argentino*, já que esse não seria um nome san-juanino –, a hostilidade dos chilenos funciona como uma espécie de estímulo para se sentir mais argentino. Ou seja, muitos dos exilados do Prata começam a se ver como argentinos porque outros – no caso, os chilenos – fazem questão de identificá-los como tais.

Não por acaso, é no Chile que Sarmiento escreve a obra fundamental de sua geração: *Facundo – civilización y barbárie*. O livro tem um objetivo claro: combater a barbárie americana, personificada em certos caudilhos, como Juan Facundo Quiroga e Juan Manuel de Rosas. Mas o perfil que esse combate assume é desordenado; como notaram boa parte de seus críticos, o livro é, a um tempo ou outro, coisas muito diferentes, biografia, romance, obra de sociologia, história, escrito épico etc.[26]

Ironicamente, entretanto, boa parte da força de *Facundo* provém precisamente de sua ambigüidade: o autodidata Sarmiento quer ordenar a selvageria argentina, mas faz isso de forma caótica. Se Facundo Quiroga maneja o *cutillo* de maneira violenta, Domingo Faustino Sarmiento faz o mesmo com a pena.[27]

---

[26] O próprio Sarmiento admitia que o livro era "una especie de poema, panfleto e historia" (Sarmiento *apud*. Carlos Altamirano. In: Domingo Faustino Sarmiento. *Facundo*. Buenos Aires: Compañia Espasa Lalpe Argentina S.A., 1993, p. 19.

[27] Na sua polêmica com Alberdi, Sarmiento admitiu ser um *gaucho malo* da imprensa.

Mais ainda, tem-se a impressão de que o escritor tem prazer em odiar a barbárie argentina. Sua fascinação ao descrever as paisagens, tipos humanos e seus feitos é evidente. Principalmente quando fala de caudilhos, como Facundo e mesmo o *monstruo* Rosas, percebe-se que o culto escritor é traído por uma espécie de espanto admirado. Como romântico, não pode deixar de admirar as realizações dos "grandes homens" e, goste ou não, os feitos, físicos e mesmo políticos, desses *gauchos malos* fazem com que eles sejam precisamente isso: grandes homens.

Mesmo assim, Sarmiento quer pôr fim ao mundo que os engendra, pois sabe que é o enorme desafio representado pelo meio rústico que cria figuras excepcionais, mas também bárbaras. Um homem de paixões violentas como o autor viria a desprezar a medíocre calmaria pequeno-burguesa quando atingida; no entanto, enquanto isso não ocorre, parece tomar a decisão de se lançar ao combate com a mesma fúria dos caudilhos, que protagonizam seu principal livro.

Facundo assume, assim, uma nova dimensão – talvez a mais forte – de obra de exorcismo. Não por acaso, o livro se abre com as famosas palavras: "sombra terrível de Facundo, vou evocar-te".[28] Não é por nada, contudo, que evoca esse personagem, que é mesmo "a figura mais americana que a revolução apresenta".[29] Portanto, a exemplaridade de Facundo faz com que não se esteja na presença de "um caudilho simplesmente, mas (de) uma manifestação da vida argentina, tal como a colonização e as peculiaridades do terreno".[30]

---

[28] Sarmiento. *Facundo*. Madri: Alianza Editorial, 1988, p. 34.

[29] Ibidem, p. 46.

[30] Ibidem, p. 47.

Isto contribuiria para que o mito popular, de que Facundo não morreu, se tornasse realidade por outros motivos, já que o antigo caudilho "está vivo nas tradições populares, na política e nas revoluções argentinas" e, mais grave, "em Rosas, seu herdeiro, seu complemento", que teria convertido o que "era só instinto, iniciação, tendência (...) em sistema, efeito e fim".[31]

Essas citações, provavelmente excessivas, bastam para demonstrar a importância de se estudar a vida de Facundo. Vida que teria tanto um caráter exemplar, revelador do que estaria escondido nas profundezas mais escuras da Argentina, como seria também atual, já que persistiria nos costumes e, mais ainda, na obra de Rosas, terrível sucessor que aperfeiçoaria o que antes apenas havia sido esboçado. Haveria, portanto, aí – situação em que história e política se fundem no mesmo impasse – tanto um interesse histórico como político.

Ou seja, como a história teria se convertido em política, já que a política continuaria aqueles bárbaros tempos da colônia, seria apenas quando as personificações do atraso – os caudilhos – fossem submetidas que passaria a existir realmente história argentina. Só então, quando for o "fato cumprido e a passagem de uma época para outra" dado, tendo "a mudança dos destinos da nação" se realizado, é que se poderia "voltar, com fruto, os olhos para trás, fazendo da história exemplo e não vingança".[32]

Enquanto isso não ocorresse, a Argentina continuaria a ser como uma Esfinge, "metade mulher, por ser covarde, metade tigre, por ser sanguinário". Portanto, para decifrá-la, seria preciso agir, como quando se desata um nó, estudando "pro-

---

[31] Ibidem, pp. 35 e 36.

[32] Ibidem, p. 53.

fundamente as voltas e mais voltas dos fios que o formam e procurando nos antecedentes nacionais, na fisionomia do solo, nos costumes e nas tradições populares, os pontos em que estão ligados".[33]

O mais difícil é que, ao estudar-se essa realidade singular, não se poderia simplesmente repetir a análise que fizeram outros homens em relação a outras sociedades. Este seria, entretanto, erro comum, presente tanto nas biografias de Bolívar, em que se vê "o general europeu, os mariscais do Império, um Napoleão menos colossal" e não "o caudilho americano, o chefe de um levantamento de massas",[34] como em obras literárias, que desconheceriam "cenas tão peculiares, tão características e tão fora do círculo de idéias em que se educou o espírito europeu".[35] O mais sério é que se perderia de vista, com essa forma de proceder, um "novo modo de ser, que não tem antecedentes bem marcados e conhecidos".[36]

O pampa que não acaba, e que Sarmiento ainda não conhecia quando escreveu *Facundo*, tornaria a Argentina comparável apenas à Ásia, com suas intermináveis estepes. Se lá hordas de beduínos vagueiam sem destino, as *montoneras* fariam o mesmo na América do Sul, deixando apenas um rastro de destruição. Em tal situação, "o bem público é uma palavra sem sentido, porque não existe público".[37] Não havendo sociedade, também não poderia existir governo, que seria, quando muito, inútil. Como

---

[33] Ibidem, p. 38.
[34] Ibidem, p. 48.
[35] Ibidem, p. 77.
[36] Ibidem, p. 39.
[37] Ibidem, p. 103.

no despotismo, se governaria pelo medo, tornando "o terror (...) um meio de governar".[38]

Como o barão de Montesquieu, Sarmiento parece sugerir que, assim como há uma afinidade entre as cidades da Antiguidade Clássica e a república, entre os territórios medianos da Europa moderna e a monarquia, entre os imensos impérios da Ásia e o despotismo, na Argentina o deserto favoreceria o aparecimento de caudilhos. Os caudilhos seriam, assim, um tipo humano que expressaria, mesmo que não de maneira perfeita, uma quase forma de governo, relacionada com um certo estado social.

As cidades, contudo, prolongamentos da vida européia, resistiriam a esse estado de coisas. Lá se encontrariam "os ateliês de artes, as lojas de comércio, as escolas e os colégios, os juizados, tudo o que caracteriza, enfim, os povos cultos".[39]

A Argentina seria, portanto, um país marcado pela divisão: "havia, antes de 1810, na República Argentina, duas sociedades distintas, rivais e incompatíveis, duas civilizações diversas: uma, a espanhola, européia, culta, e outra, a bárbara, americana, quase indígena". Com a Revolução da Independência, "estas duas maneiras diferentes de ser de um povo colocaram-se em presença uma da outra, atacaram-se e, depois de longos anos de luta, uma absorveu a outra".[40] Os partidos *federal* e *unitario* não passariam de expressão dessas maneiras de ser

---

[38] Ibidem, p. 221.

[39] Ibidem, p. 67. As cidades não seriam, contudo, iguais. Na Argentina, por exemplo, há "Córdoba, española por educación literaria y religiosa, estacionaria y hostil a las innovaciones revolucionarias, y Buenos Aires, todo novedad, todo revolución y movimiento" Sarmiento, *Facundo*, op. cit., p. 177.

[40] Ibidem, p. 107.

social. Seria o campo, entretanto, representado pelos caudilhos, Facundo, Estanislao López e principalmente Rosas, que acabaria por se impor. Estaria aí a chave para decifrar a Esfinge argentina: "as cidades triunfam sobre os espanhóis, e o campo sobre as cidades".[41] Ou seja, o que Guizot sugere em relação à Europa posterior à queda do Império romano, Sarmiento aponta como ocorrendo na Argentina de Rosas: o campo penetraria as cidades, levando a um predomínio do amor à liberdade individual sobre a associação; da barbárie sobre a civilização.[42]

Como explicar o sucesso de *Facundo*? Além da sua excepcional qualidade estética, muito de seu impacto provém mesmo de suas simplificações. Elas contribuem para que, como nenhum outro livro da época, seja capaz de expressar os dilemas argentinos e latino-americanos, o que ocorre principalmente com a dicotomia civilização e barbárie.

Na região do Prata, os termos civilização e barbárie aparecem desde o início do século XIX. Ainda no Vice-reinado, essas palavras já são utilizadas nas páginas dos três primeiros periódicos lançados em Buenos Aires, com a dicotomia – civilização e barbárie – apresentando-se, pela primeira vez, em 1827, no *Mensajero Argentino,* jornal de tendência rivadaviana.

Entre os membros da *Geração de 1837,* Alberdi fala, logo um ano depois da fundação do *Salón*, em civilização e barbárie, e a segunda palavra simbólica da *Asociación de la Joven Generación Argentina* define progresso como "civilizar-se ou dirigir a ação

---

[41] Ibidem, p. 113.

[42] Ver Paul Verdevoye. *Domingo Faustino Sarmiento, educar y escribir opinando (1939 – 1852).* Buenos Aires: Plus Ultra, 1988.

de todas as suas forças para alcançar o bem-estar". Sinal ainda mais forte da presença da antinomia no ambiente intelectual sul-americano é que, no mesmo ano em que aparece o *Facundo* em Santiago, o uruguaio Andrés Lamas afirma em Montevidéu, nas páginas de *El Nacional*, que Rosas "deteve materialmente a civilização que desde as cidades se espalhava pelos campos, para produzir a reação da barbárie; para fazer com que as cidades fossem invadidas (...) pelos restos incultos dos costumes coloniais".[43]

Na verdade, dicotomias como civilização e barbárie, cidade e campo, revolução e contra-revolução etc. são utilizadas por diferentes autores, desde antes da independência, para explicitar os principais problemas do Prata. Nesse quadro mais amplo, a grande realização de Sarmiento está em, informado pelas teorias européias da época, construir todo o *Facundo* com base na fórmula civilização e barbárie, praticamente enquadrando as demais questões numa antinomia fundamental.

Isto é, somam-se no *Facundo* preocupações, já relativamente antigas na Argentina e na América hispânica, com uma explicação bastante moderna para a época. A partir dessa combinação, que recoloca os termos de problemas antevistos, o pensamento latino-americano como que passa a se entender pelo dilema, até certo ponto simplista, da opção em favor da civilização ou da barbárie. Ou, como diz Leopoldo Lugones: "a lenda de civilização e barbárie que o nosso critério histórico conhece com credulidade servil, provém dessas páginas inflamadas; vale dizer, suspeitas em sua exatidão científica".[44]

---

[43] Andrés Lamas *apud* Weinberg. "La antítesis sarmientina 'Civilización-Barbárie' y su percepción coetánea en el Rio de la Plata". *Cuadernos Americanos*, n. 13, p. 107.

[44] Leopoldo Lugones. *Historia de Sarmiento*. Buenos Aires: Comisión Argentina de Fomento Interamericano, 1911, p. 161.

No que concerne mais especificamente à *Nueva Generación*, o uso, por parte de Sarmiento, das categorias de civilização e barbárie, inspirado, por sua vez, na oposição, sugerida por Tocqueville, entre liberdade e igualdade, tem importância sobretudo por marcar uma mudança de orientação na preocupação dos intelectuais argentinos. Se antes, com Echeverria, buscava-se, sob a inspiração de Leroux, a conciliação entre liberdade e igualdade, acreditando-se mesmo que a liberdade verdadeira só existiria quando se atingisse a igualdade e vice-versa, agora liberdade e igualdade são vistas como forças antagônicas, inconciliáveis até, que estariam envolvidas em um conflito de morte entre si. O *Facundo* representa, assim, a passagem de uma postura vagamente socialista por parte daqueles que tinham formado a Jovem Argentina para um liberalismo mais decidido. Mesmo assim, subsistem nuances nas posições políticas dos românticos argentinos.[45]

Depois de Rosas

Depois que a Argentina é pacificada, as províncias do litoral, Entre Rios e Corrientes, passam a não ter motivos para continuar a sustentar o monopólio do comércio exterior por parte de Buenos Aires, já que podem finalmente buscar acesso direto ao mercado externo. Também interessa ao Brasil a livre navegação dos rios Paraná e Uruguai, o que contribuiu para a formação de uma aliança com o governo uruguaio de então, nas mãos do inimigo de Rosas, Fructoso Rivera. A guerra civil volta a estourar quando, em 1º de maio de 1851, o restaurador apresenta, como todo ano, sua renúncia ao cargo de responsável pelas rela-

---

[45] Ver Myers. "La revolución...", op. cit.

ções exteriores das províncias argentinas, mas, excepcionalmente, o governador de Entre Rios, Justo José Urquiza, a aceita. Nove meses depois, Rosas cai, em 3 de fevereiro de 1852, na batalha de Monte Caseros. Os membros da *Geração de 1837* considerarão que essa batalha tem importância comparável à independência argentina, representando um momento de (re)fundação da ordem política. A derrubada do caudilho também abre caminho para a volta do exílio, "a escola mais rica em ensinamentos",[46] dos proscritos argentinos de diferentes gerações.

Mais importante, com a derrubada de Rosas, a Argentina pode ser reorganizada. No ano seguinte, Alberdi publica, em Valparaíso do Chile, *Bases*. Essa obra será a inspiração principal por trás da Constituição argentina de 1853, que tenta estabelecer um equilíbrio entre Buenos Aires e as demais províncias. Já no começo do livro, o tucumenho deixa claro suas intenções: "a República Argentina, simples associação tática e implícita atualmente, tem que começar a criar um governo nacional e uma constituição geral que lhe sirva de regra".[47]

O problema de Alberdi e de sua geração é, portanto, análogo ao de Thomas Hobbes: construir a ordem e garantir a paz. Também a solução imaginada lembra a do autor do *Leviatã*: fundar o estado. Um trecho de *Bases* não deixa dúvidas quanto à semelhança: "há exemplo de algum povo sobre a terra que subsiste em ordem sem governo algum? Não: logo tendes necessidade vital de um governo ou poder executivo".[48]

---

[46] Alberdi. *Bases*. Buenos Aires: Estrada, 1942, p. 220.

[47] Ibidem, p. 9.

[48] Ibidem, p. 183.

Essa solução encerra, contudo, um paradoxo para o pensamento dos românticos argentinos e principalmente para o de Alberdi. Seus mestres europeus do século XIX lhes haviam ensinado que a sociedade precede a política. Ou seja, o oposto do que propõe Hobbes, de que seria o estado a garantir a existência de uma sociedade minimamente organizada. Assim, a *Nueva Generación*, ao mesmo tempo que adota os mais recentes ensinamentos europeus, que a afastam do "utopismo" *unitario*, nota que a sociedade na Ibero-América é bárbara.

O que fazer diante dessa realidade singular? Um possível procedimento seria aceitá-la na sua originalidade. Mas essa solução, ensaiada nos primórdios do *Salón Literario* e no *Fragmento*, de Alberdi, implicaria também a aceitação de Rosas, sua ordem política e a atrasada sociedade que expressaria. Afinal, não seria ele o legítimo representante da América, continente despovoado, mal tocado pela civilização européia, onde prevalece a liderança de ferozes caudilhos?

Mais uma vez, portanto, aparece para a *Geração de 1837* o problema da relação entre costumes e instituições. A questão que já se colocava no *Fragmento*, que continua a se fazer sentir no *Dogma socialista* e voltará a se apresentar em *Bases*, é de, sabendo que há uma precedência dos costumes sobre as instituições, decidir o que fazer diante de realidade tal como a argentina, em que os costumes são diferentes dos dos europeus. Num primeiro momento, o do *Fragmento*, tenta-se aceitar realisticamente os costumes, acreditando que as instituições devam adaptar-se a eles. O que explica, em parte, os acenos de parcela significativa do romantismo argentino em direção a Rosas no tempo do *Salón Literario*. Em compensação, num segundo momento, que já será o do *Dogma*, em 1838, e que continuará a ser o de *Bases*, em 1853, se insistirá na necessidade de uma ação voluntarista, que modifique os costumes por meio das instituições.

O interessante é que, em todo esse percurso, os jovens românticos argentinos não modificam suas crenças básicas. Continuam a acreditar que a influência dos costumes sobre as instituições é maior do que o inverso, mas, diante da desanimadora situação política, passam a apostar no papel que podem ter as instituições para modificar os hábitos prevalecentes, coisa que, desde o início, reconheciam como possível.

Mas, se se considera que é preciso agir sobre a realidade quase informe, modificando-a para melhor, conforme já sugeria Hobbes, não se estaria realizando precisamente o programa dos *unitarios*? Sim, a *Geração de 1837* como que concede que coincide nas finalidades com os seguidores de Rivadavia. Seus meios, porém, seriam muito diferentes daqueles dos ingênuos doutrinadores que os precederam. Os mais jovens retomariam a obra dos mais velhos precisamente onde estes falharam: no conhecimento do meio em que agem, na compreensão da Argentina.[49]

Prova de que o homem não é prisioneiro de determinismos que não controla, que nossa agência tem um certo papel no que fazemos e somos, forneceria o país em que Alberdi e tantos outros argentinos se exilaram: "a paz do Chile, essa paz de dezoito anos contínuos em meio a estranhas tempestades, que deu honra à América do Sul, não vem da forma do solo, nem da índole dos Chilenos, como foi dito, vem de sua constituição".[50]

---

[49] Para uma outra interpretação de *Bases*, que acentua o realismo em detrimento do voluntarismo, ver Jeremy Adelman. *Republic of capital.* Stanford: Stanford University Press, 1999.

[50] Alberdi, *Bases*, op. cit., p. 185.

O tucumenho admite, portanto, que se pode aprender com o exemplo de outros povos. O método de *Bases* pode mesmo ser considerado como comparativo. A partir do exemplo das realizações das constituições européias e da dos Estados Unidos, e principalmente dos fracassos sul-americanos, indica-se o caminho que a Argentina deve trilhar. Sugere-se mesmo que há uma "vantagem do atraso" para quem chega mais tarde e pode contemplar o que fizeram outros povos.

Tendo em mente a história hispano-americana recente, nota Alberdi que as constituições dos países dessa região tão conturbada passaram por duas fases: na primeira, que se seguiu à independência, teria se procurado principalmente garantir a liberdade externa e a democracia; já durante o período no qual escreve, se deveria estimular "a riqueza, o progresso material, o comércio, a população, a indústria".[51] Não que os legisladores da época da independência estivessem equivocados nos seus objetivos. Pelo contrário, suas ações correspondiam à época em que escreviam.

No período posterior, quando Alberdi escreve *Bases*, o principal seria confiar naquilo que Rousseau chamou de "educação das coisas", o desenvolvimento que ocorre espontaneamente, pelo exemplo. Prova da superioridade dessa forma de proceder seriam a Inglaterra e os Estados Unidos, que teriam passado a ser países religiosos influenciados pelo progresso material, ao passo que a devoção espanhola não teria produzido resultado nenhum.

O exemplo se daria basicamente pela vinda de imigrantes e de capital estrangeiro. Enfrentar-se-ia, assim, o problema que,

---

[51] Ibidem, p. 11.

desde Echeverria, era entendido como o principal da Argentina: o deserto.[52] Nesse sentido, Alberdi pergunta: Que nome dareis, que nome merece um país composto por duzentas mil léguas de território e por uma população de oitocentos mil habitantes? Um deserto. Que nome dareis à constituição desse país? - A constituição de um deserto. Pois bem, esse país é a República Argentina; e qualquer que seja sua constituição, não será outra coisa por muitos anos do que a constituição de um deserto".[53]

O deserto aparece para o romantismo argentino como um enorme espaço geográfico e cultural a ocupar, pouco importando para isso que outros homens, os índios, já se encontrem nele. Ao contrário, é contra esses homens, bárbaros, e os produtos híbridos do território, gaúchos e caudilhos, que a obra da civilização deve se impor. Mas o mais importante no retrato que o romantismo argentino fornece do deserto é que nele se revela o significado mais profundo do próprio movimento: o deserto a ocupar não passa de mais uma região a ser tocada, incorporada e transformada, à sua imagem e semelhança, pelo "civilizado" capitalismo em expansão. Ou como se diz, de forma propositadamente brutal, o autor de *Bases*: "nossos contratos ou pactos constitucionais na América do Sul devem ser espécie de contratos mercantis de sociedades coletivas, formadas especialmente para dar populações a estes desertos, que batizamos com os nomes pomposos de Repúblicas".[54]

---

[52] John Locke nota que "a terra que se deixa totalmente à natureza, sem qualquer melhoramento de pastagem, lavra ou plantação, se chama, como em verdade o é, 'deserto'". John Locke. *Segundo tratado sobre o governo*. São Paulo: Abril Cultural, 1973, p. 57. Sobre o tema do deserto no pensamento argentino, ver Tulio Halperin Donghi. "Una nación para el desierto argentino". In: *Proyecto y construción de una nacion*. Caracas: Biblioteca Ayacucho, 1980.

[53] Alberdi, *Bases,* op. cit., p. 240.

[54] Ibidem, p. 47.

De acordo com Alberdi, no caso específico da imigração, ela também seria interessante para a Europa, envolta na agitação de massas proletárias em favor do socialismo. Os não-proprietários europeus poderiam resolver facilmente sua situação nos territórios desabitados da América, os quais, por seu turno, seriam finalmente ocupados. Dever-se-ia estimular sobretudo a vinda de anglo-saxões, até porque "a liberdade é uma máquina que, como o vapor, requer para seu manejo maquinistas ingleses de origem".[55] Mas antes de se poder povoar a Argentina, seria necessário pacificá-la. Como já aparecia no *Dogma*, tanto o princípio unitário como o federal, "têm sua raiz nas condições naturais e históricas do país".[56]Conclui-se, portanto, que "uma *federação unitária* ou (...) uma *unidade federativa*",[57] ou seja, um governo misto seria o melhor para a República platina. As várias províncias deveriam ser a um tempo independentes e subordinadas ao governo federal. A engenharia institucional seria montada de tal forma que nem as províncias nem o governo federal se sentiriam prejudicados no arranjo político, sendo desejável que princípios federativos e unitários convivessem também no poder judiciário e legislativo. O legislativo, em particular, deveria ser dividido em duas câmaras, uma eleita pelas províncias e outra pelo povo. Dessa forma, os dois princípios, federal e unitário, poderiam conciliar-se, chegando mesmo a fundir-se.

---

[55] Ibidem, p. 245.

[56] Ibidem, p. 133.

[57] Ibidem, p. 175.

Alberdi não chega a explicitar quais seriam as forças sociais responsáveis pelo equilíbrio do peculiar governo misto argentino. Nele, o conflito não é tanto entre grupos sociais, mas províncias. Elas, contudo, não deixam de representar interesses sociais distintos. Poder-se-ia imaginar, por exemplo, uma fórmula de equilíbrio entre os estancieiros e a burguesia comercial do principal porto do país, Buenos Aires; os pecuaristas das emergentes províncias do litoral e as oligarquias do decadente interior, como de fato ocorreu depois de 1880. Mas se era isso que o autor de *Bases* imaginava, não chega a dizê-lo abertamente em seu livro.

Outro problema que aparece na América é o do governo das leis. A fim de atingir a paz, duas alternativas existiriam: o governo de um homem ou o governo das leis. A Argentina teria optado pela primeira solução; o Chile, pela segunda. A história recente dos dois países provaria que a escolha chilena é a mais sensata. Não seria, desse modo, descabido em repúblicas recentes, que correm o risco de caírem na anarquia, ter um poder executivo muito forte, com características praticamente monárquicas, como seria o caso do país andino. Seu poder, todavia, deveria ser garantido pela constituição, norma impessoal, e não simplesmente pela força de um ou outro homem.

Nota-se por essas formulações que, se é notável o voluntarismo dos homens da *Geração de 1837*, o do autor do *Fragmento* se torna, ao longo do tempo, particularmente impressionante. Como vimos, o problema dos românticos argentinos é basicamente o de fundar o estado e a nação. Nesse quadro mais amplo, Alberdi, assim como Rousseau, com quem pouco se assemelha em geral, dá especial importância a esse quase deus que é o legislador.

***

Buenos Aires acaba por não aceitar a nova ordem criada com a Batalha de Caseros, em que seria uma província entre 14, a maioria delas governada por caudilhos. Rompe com a Confederação Argentina, mas seu porto, apesar do esforço de criar outros rivais, continua a ser o principal do Prata. O que contribui para a carência de recursos do regime estabelecido na cidade de Paraná e estimula uma guerra comercial com a antiga capital do Vice-reinado do Prata. Em 1861, na Batalha de Pavón, a Confederação é derrotada. Acaba por ser estabelecido um compromisso entre as duas partes, mantendo-se a Constituição da Confederação e elegendo-se o governador de Buenos Aires, Bartolomé Mitre, como o primeiro presidente da Argentina.

Nesse período, a *Geração de 1837* se divide. Do lado da Confederação, ficam Alberdi, Gutiérrez e López; do de Buenos Aires, Sarmiento e Mitre. Os principais porta-vozes de cada grupo serão Alberdi e Sarmiento.

O curioso é que o argumento dos dois sobre a ordem pós-rosista é muito parecido. Num momento ou outro, dependendo da posição que ocupam, sugerem que se derrubou Rosas para que afinal muito pouco mudasse na Argentina. Logo depois da ascensão de Urquiza, o autor de *Facundo* insiste em que o governador de Entre Rios não passa de mais um caudilho, criado pela escola de Rosas. Governaria sua província como uma grande fazenda, beneficiando amigos próximos e aproveitando-se dos favores de um quase harém. Já o autor de *Bases* lembra que a rebelde Buenos Aires é a província de Rosas, que se impôs sobre os demais governadores pelo controle da aduana do porto da capital, mesmo recurso que utilizariam seus "herdeiros" liberais.

Considerações finais

Muito da influência dos românticos argentinos se explica por terem eles criado, a partir de Echeverria, uma base de referências para a interpretação da história argentina. Desde então, esse instrumental é manejado, em variadas situações, de acordo com as conveniências de quem o utiliza.

O primeiro esforço dos românticos argentinos foi, assim, estabelecer uma periodização para a história americana. Em bases saint-simonianas, dividem essa curta história em dois períodos: a fase desorganizada e heróica da independência política e o momento contemporâneo, que deveria ser organizador e mais refletido, de emancipação mental. Se no momento inicial, como ocorre em toda revolução, tratava-se primordialmente de destruir a antiga sociedade colonial, prolongamento na América do Antigo Regime europeu, seria preciso, no momento seguinte, estabelecer uma nova ordem, em que a criação da nação promoveria a libertação das práticas coloniais e da vassalagem espanhola. No entanto, os românticos, a partir dessa base comum, não deixam de elaborar diferentes concepções de Argentina.

A primeira formulação romântica da nação argentina data dos primeiros tempos do *Salón Literario*. Os jovens insistem, então, em trabalhos como o *Fragmento*, de Alberdi, na necessidade de as leis e de as letras se adaptarem às condições americanas. A *Geração de 1837* não enxerga inclusive incompatibilidade entre seu romantismo e as aspirações do governo Rosas. No entanto, como os acenos em direção aos *federales* e o público mais amplo são respondidos com indiferença, se não hostilidade, evolui-se para uma postura de frontal oposição ao regime rosista e de desconfiança diante dos setores populares. Na nova situação, Echeverria assume a liderança dos românticos argentinos. Decepcionada com a pequena acolhida de suas teses, a *Nueva Generación* passa a defender a subordinação da soberania popular ao que chama de razão do povo. Ou seja, assume, a partir de *Dogma socialista*, posição, que não abandonará, de defender a tutela dos setores populares.

Já no exílio chileno, Sarmiento aprofunda essa orientação, ressaltando, com enorme repercussão na Argentina e fora dela, a pretensa oposição, existente na América, entre civilização e barbárie. Já não se trata então de buscar a adaptação de instituições de origem européia às condições americanas, como se quis nos primeiros anos da *Geração de 1837*, mas de submeter a barbárie, americana, à civilização, de origem européia. Alberdi, em *Bases*, acentua, em termos até brutais, essa atitude. Sugere que o principal é conseguir braços e capitais estrangeiros, de preferência ingleses.

Mas é só depois da queda de Rosas que se revelam as divergências mais profundas entre as duas principais concepções de nação elaboradas pelo romantismo argentino. Alberdi apontará para como são vagas oposições, como a sugerida por Sarmiento, entre civilização e barbárie. Na verdade, por trás delas estariam certas condições materiais, em especial o verdadeiro monopólio que o porto de Buenos Aires exerceria sobre as rendas advindas de sua alfândega. Sarmiento, por sua vez, numa postura oposta a de *Bases*, insiste em "educar o soberano" e conceder títulos de propriedade aos agricultores argentinos. Assim, se poderia criar uma situação comparável à dos Estados Unidos, em que a maior parte da população estaria integrada à vida nacional.[58]

Independentemente das divergências, nos últimos anos, de Alberdi e Sarmiento, época da chamada República Oligárquica, a Argentina já tinha se tornado uma nação próspera. Levas de imigrantes não paravam de chegar para trabalhar nos seus campos, fazendo com que se construíssem ferrovias para transportar as mercadorias que produziam e escolas para educar seus filhos. No entanto, os dois antigos adversários, finalmente reconciliados, já não se reconheciam na nação que alguns viram como obra deles. Preferiram, assim, morrer, como proscritos, no exílio...

---

[58] Ver Natalio Botana. *La tradición republicana – Alberdi, Sarmiento y las ideas políticas de su tiempo*. Buenos Aires: Sudamericana, 1997.

Documento Nº 1

REGULAMENTO DA DIVISÃO DE PODERES, 1811, FRAGMENTO

"[Regulamento da divisão de poderes sancionado pela Junta conservadora, precedido de documentos oficiais que o explicam] [30 de setembro a 29 de outubro de 1811]", em Emilio Ravignani [comp.], Assembleas Constituyntes Argentinas, t. VI, 2ª parte, Buenos Aires, Instituto de Investigaciones Historicas, Facultad de Filosofia y Letras, 1939. págs. 599 e seguintes.

[...] Introdução

Depois que o Estado ficou em estado de orfandade política devido à ausência e prisão de Fernando VII, os povos reassumiram o poder soberano. Ainda que seja verdade que a nação havia transmitido esse poder aos reis, sempre o foi com um caráter reversível, não somente no caso de uma deficiência total, mas também no de uma deficiência momentânea e parcial. Os homens têm certos direitos aos quais não lhes é permitido abdicar. Ninguém ignora que nas ocasiões em que o magistrado não pode vir em seu socorro, qualquer um se haja revestido de seu poder, para procurar tudo aquilo que lhe convém para sua conservação. Uma nação ou um Estado é um personagem moral, procedente dessa associação de homens que procuram sua segurança reunindo forças. Pela mesma razão que essa multidão forma uma sociedade, com interesses comuns e com o dever de agir de comum acordo, foi necessário que, na orfandade política em que a nossa sociedade se encontrava, ela estabelecesse uma autoridade pública cuja atribuição seria ordenar e dirigir o que cada qual devia fazer em função dos fins da associação. Claro está, por aqueles princípios universais, que para que uma autoridade seja legítima entre as cidades da nossa confederação política, deve nascer do seio das mesmas e ser obra de suas próprias mãos. Assim o entenderam aquelas cidades quando, revalidando por um ato de ratificação tácita o governo estabelecido nesta capital, mandaram seus deputados para que tomassem a porção de autoridade que lhes correspondia como membros da associação.

Se uma nação tem o direito de governar-se a si mesma, também o tem para tudo aquilo que diz respeito a sua conservação; pois que a lei que nos impõe este dever dá-nos direito a todas as coisas sem as quais não podemos satisfazê-los. Evitar com o maior cuidado tudo aquilo que possa causar sua ruína, sem dúvida alguma entra em suas mais essenciais obrigações. Por este princípio não menos evidente foi que, quando a Junta viu o risco que o Estado corria por não ser compatível com o governo de muitos eleitores – a unidade de planos, a celeridade do despacho, o secreto das deliberações –, viu-se na obrigação de fazer um novo regulamento provisório pelo qual, salvo aqueles inconvenientes, encontrou a maneira sob a qual deviam agir as cidades na sua qualidade de corpo político.

A base sobre a qual achou que devia fundá-lo foi a divisão dos poderes Legislativo, Executivo e Judiciário, reservando-se aquela à Junta de deputados sob o título de Conservadora, e depositando estes poderes em vários funcionários públicos. Resulta evidente que, não se achando aberto o Congresso Nacional, a Junta atual de deputados só tem uma representação imperfeita de soberania; quer dizer que não reúne em sua pessoa nem toda a majestade que corresponde ao corpo ao qual representa, nem todos os direitos e faculdades que lhe são próprios. Mas nem por isso é uma representação nula e sem nenhum influxo imediato e ativo, assim como não o era aquela que a Junta tinha antes da divisão de poderes. Com certeza era nela que residia a soberania naquele sentido no qual o bem mesmo do Estado exigia imperiosamente encontrá-la para aqueles casos urgentes dos quais somente ela podia salvá-lo; assim como reside em qualquer pessoa, injustamente atacada por outra igual, a autoridade do juiz que não pode acudir em seu socorro. Pois é esta a soberania e o alto poder que se adjudicou a Junta, separando de si o Executivo e o Judiciário, e reservando-se o Legislativo naquela acepção que lhe é permitido tomar; reserva tanto mais conveniente quanto que por ela, ao tempo em que as cidades conservam, na pessoa de seus deputados, por inteiro o seu decoro, coloca-se também uma barreira à arbitrariedade. Fazendo uso, pois, daquele poder, determinou fixar os limites das respectivas autoridades através do seguinte regulamento que deverá vigorar até a resolução do Congresso ou antes, caso o interesse dos povos exija algumas reformas. [...]

Ofício de remissão

A Junta Conservadora passa às mãos de Vossa Excelência o regulamento que acordou e que deve servir de base para o exercício da autoridade que os deputados dos povos unidos confiaram a Vossa Excelência. A divisão que nele se faz dos poderes não é outra coisa que a explicação dos princípios radicais de um estabelecimento provisório que, inspirado na urgência dos males e na opinião que deles se extrai, a ninguém é permitido fazê-lo, senão àqueles que sob o caráter de legítimos procuradores reuniam a única e bastante representação para fazer valer o remédio que exigia a necessidade do momento, e o supremo direito dos povos. A autoridade de Vossa Excelência contida neste incontrastável princípio há de reunir a divergência de opiniões e, na medida e nos limites que circunscrevem seu exercício, ficam resguardados a causa e os direitos de cada cidadão em particular e removidos os obstáculos que possam aparecer em relação às medidas que Vossa Excelência deve aplicar para separar os perigos exteriores e fixar os importantes acordos da administração interior. Esta Junta espera que Vossa Excelência, considerando a importância do regulamento pelos princípios justos e liberais com que ficam reduzidos os respectivos poderes, trate de dar-lhe o mais rápido e devido cumprimento, informando às Juntas Provisórias e subalternas, aos Cabildos do distrito e publicando-o na *Gazeta Oficial*.

Deus guarde Vossa Excelência por muitos anos, real fortaleza de Buenos Aires, a 22 de outubro de 1811. – *Juan Francisco Tarragona. – Dr. Gregório Funes. – Dr. José García de Cosio. – José Antonio Olmos. – Manuel Ignacio Molina. – Francisco de Gurruchaga. – José Ignacio Maradona. – Marcelino Poblet. – Francisco Antonio Ortiz de Ocampo. – Frei Ignacio Grela. – Dr. Juan Ignacio de Gorriti. – Deputado Secretário. – Srs. do Poder Executivo.* [...]

Ofício da Junta Conservadora ao Governo executivo

Esta Junta recebeu o ofício de Vossa Excelência no qual comunica ter informado ao Excelentíssimo Cabildo o regulamento que lhe foi dirigido sobre os limites e as funções em que deviam ficar reduzidos os poderes Legislativo, Executivo e Judiciário. A impressão que causou este estranho procedimento de Vossa Excelência, junto a outros que logo mencionaremos, coloca-nos na dura alternativa, ou de reprimir nossos sentimentos diminuindo a dignidade dos povos a quem representamos, ou de entrar numa aberta contenda. Sabemos que temos sido chamados a proteger seus direitos e, portanto, não vacilamos em nenhum momento em abraçar esta última alternativa.

Quando Vossa Excelência toma a resolução de pedir um informe ao Excelentíssimo Cabildo sobre um regulamento elaborado por esta Junta, não pode ser sob outro conceito que aquele de acreditar estar autorizado a reformar nossos juízos ou sancioná-los, se bem lhe parecer. Mas se Vossa Excelência não houver perdido de vista o título de sua dignidade e os princípios mais óbvios que a razão reclama, será necessário que Vossa Excelência conheça a ilegalidade do seu juízo. Antes da última reforma do Governo, a Junta encontrava-se na plenitude do poder de que era capaz um Estado que se governa a si mesmo e com independência de outros. Pelo bem desse próprio Estado foi que a Junta não quis anular sua autoridade, mas sim atenuá-la até aquele grau de poder em que, deixando-lhe a salvo a supremacia e o mais essencial dos seus direitos, somente perdesse aquilo que exigia uma justa temperança. Traga Vossa Excelência o edito e a circular na qual foi anunciada ao público sua instalação; se Vossa Excelência não entende que nesses documentos tentou-se burlar dos termos ou dos homens, achará bem comprovada esta verdade. Neles se diz que, reservando-se a Junta Conservadora o poder Legislativo, transmitia em Vossa Excelência o Executivo sob a responsabilidade dela mesma e sob o regulamento que para o efeito daria. A Junta não acredita que seja preciso discutir com espírito analítico ou filosófico cada uma destas cláusulas, para colocar de manifesto sua superioridade, principalmente na matéria de que se trata. Elas são claras, precisas e peremptórias, e quem quiser evadi-las ou se engana ou quer se enganar.

Nem poderá ser de outro modo, sem incidir num grave absurdo, qual seria, que os povos a quem cabe autorizar as pessoas que devem governá-los se encontrassem absolutamente excluídos de participar, por meio de seus representantes, dos grandes negócios do Estado. Os povos nos elegeram, conferiram seus poderes, encarregaram-nos de olhar por sua felicidade e bem-estar, enfim, depositaram em nós sua confiança: este é o verdadeiro e único título para mandar. O resto, querer que o mando absoluto fique limitado a três únicas mãos que os povos não elegeram, é uma injúria para eles mesmos e significa regredir aos tempos funestos de um feudalismo.

Depois disso, já não poderá ser apresentado sem deformidade a Vossa Excelência o ato de informar Excelentíssimo Cabildo o regulamento elaborado por esta Junta Conservadora. Na realidade, isso não é mais que pretender submeter à força respeitável da nossa representação ao juízo de um corpo parcial, ainda que também respeitável, mas que pelas leis tem seus limites demarcados, assim como enfraquecer a influência sobre os assuntos de seu maior interesse. Não, Excelentíssimo Senhor, a vontade livre e espontânea dos povos que representamos não pode ser suplantada nem reformada pelo parecer de uma só corporação dependente, que elegeu seus deputados e transmitiu-lhes seu poder. Além do mais, se Excelentíssimo Cabildo de Buenos Aires tem o direito de ser consultado sobre o regulamento, também o tem em relação à nossa representação, e excluí-la desta confiança seria aceitar, ou que estão fora do Estado, ou que eles não têm a aptidão necessária para desempenhar este direito. Disse a Junta e volta a repetir que o ato pelo qual Vossa Excelência mandou informar o mencionado regulamento não era o único com o qual se acreditava ofendida a sua autoridade. Não faz muito tempo que Vossa Excelência mandou publicar uma lei em matéria de roubos, derrogando uma outra antiga, e acaba de dar-nos um regulamento sobre a livre imprensa que, além de possuir força de lei, derroga muitas outras da nossa legislação. A Junta encontra-se convencida de que Vossa Excelência nesses atos ultrapassou os limites do poder que lhe foi conferido, e que se imiscuiu no que foi reservado à sua inspeção. Ninguém até agora ignorou que a faculdade de mudar as leis segundo a diversidade de casos e as necessidades do Estado encontra-se fora da esfera do poder Executivo, e que esse é o verdadeiro caráter e o atributo essencial do poder legislativo. É preciso confessar, então, que ao ter confiado a Vossa Excelência o primeiro, com exclusão formal deste último reservado à Junta Conservadora, da forma como foi explicado no preâmbulo do regulamento, não pôde em nenhum evento, sem cair em grave falta, chegar àquele extremo. Os povos, nos quais reside originalmente o poder soberano; os povos, únicos autores do governo político e distribuidores do poder confiado aos seus magistrados, serão sempre os intérpretes do seu contrato, e serão também os que poderão estabelecer uma nova ordem das coisas. Esses povos somos nós, desde que fomos incorporados ao governo. Se neste residiu alguma vez essa soberania e esse poder Legislativo, foi a que a Junta se reservou, através do mesmo ato que revestiu a Vossa Excelência do poder que desfruta.

Ultimamente adverte esta Junta que Vossa Excelência, nos seus ofícios, lhe dá um tratamento inferior ao posto que ocupa na hierarquia do Estado: na divisão de poderes foi designado a esta Junta o poder Legislativo, e todos sabem o quanto este poder excede em dignidade aos demais. Assim, por decoro era de esperar-se que Vossa Excelência tivesse, pelo menos, a consideração de ajustar seu ditado às mesmas leis de urbanidade e cortesia que esta Junta observa para com Vossa Excelência.

Deus guarde Vossa Excelência por muitos anos. Buenos Aires, 28 de outubro de 1811. – *Juan Francisco Tarragona. – Dr. Gregorio Funes. – Dr. José García de Cosio. – José Antonio Olmos. – Manuel Ignacio Molina. – Francisco de Gurruchaga. – José Ignacio Maradona. – Francisco Antonio Ortiz de Ocampo. – Frei Ignacio Grela. – Dr. José Francisco de Ugarteche. – Dr. Juan Ignacio de Gorriti.* – Deputado Secretário. – Excelentíssima Junta Executiva. [...]

DOCUMENTO Nº 2
∾
DIEGO E. ZABALETA, JOSÉ FRANCISCO ACOSTA, JULIÁN SEGUNDO AGÜERO, VALENTÍN GÓMEZ, JUAN JOSÉ PASO E OUTROS – DEBATE DO CONGRESSO CONSTITUINTE SOBRE O NOME DO PAÍS, 1825

Discussão do art. 2º do Projeto de Lei Fundamental sobre o nome do país, em E. Ravignani [comp.], Assembléias..., ob. cit., t. I, sessão de 18 de janeiro de 1825; discursos dos deputados Zavaleta, Acosta, Paso, Agüero, Gómez, Gorriti, Zegada, Laprida e Heredia, págs. 1.025 e seguintes.

... A seguir foi lido o segundo [artigo]: "Sua denominação, no sucessivo, será a de Províncias Unidas do Sul da América. [...]"

O senhor Zazaleta tomou a palavra e disse: A comissão, para dar esta denominação às províncias que hoje formam o Estado, levou em consideração uma resolução do congresso geral que as chamou de *Províncias Unidas do Rio da Prata em Sul América*. Porém, a comissão acreditou que explicava melhor o conceito do próprio congresso chamando-as de *Províncias Unidas do Sul da América*. Considerou que no início, ou logo depois, quando estas províncias se libertaram da dominação espanhola e por muito tempo se chamaram *Províncias Unidas do Rio da Prata*, esta denominação produziu alguns ciúmes que surgiam de pequenos atritos, mas que fizeram com que o Congresso precisasse mudar o nome; e por isso acreditou ser mais prudente conservar substancialmente a denominação que lhe deu o congresso geral. Não teve outras razões para aquilo.

O senhor Acosta: Sobre este artigo faço a observação de que, assim como no anterior, não se estabeleceu recentemente o pacto, senão que foi reproduzido; também aqui não se deve fixar a denominação, mas reproduzir aquela que tinham as Províncias Unidas, colocando *do Rio da Prata* no lugar de *Sul América*. Esta denominação foi sancionada pela assembléia constituinte e somente a denominação de *em Sul América* foi sancionada pelo congresso, que fixou a denominação de *Províncias Unidas do Rio da Prata em Sul América*. Dessa forma, acho que não se faria mais do que reproduzir a mesma denominação que fixaram os anteriores corpos constituintes.

O senhor Paso: Peço a palavra para fazer uma observação que, ainda que seja nominal, muito importa à exatidão. Se considerarmos que será necessário estabelecer um sistema de unidade, estará bem que se aprove esta denominação de *Províncias Unidas &*, pois as províncias são departamentos subordinados a um centro de unidade; mas, se adotarmos o sistema de federação, serão estados, e não províncias; por isso eu acho que se tivermos de sancionar como está, dever-se-ia reservar a possibilidade de variar a palavra *províncias* pela de *estados*, se tivéssemos de adotar o sistema de federação.

O senhor Agüero: A observação que acaba de fazer o senhor deputado corrige o parecer que eu tinha sobre o assunto, além de outro motivo que eu tinha para corrigi-lo. Minha opinião é que este artigo deve ser suprimido; dessa forma evita-se o inconveniente que expôs o senhor deputado, porque, com certeza, se, por convênio ou convencimento das províncias que formam o Estado, resulta que se o governo adotar a forma de federação, não seria adequado o nome de *Províncias Unidas &*, e deverá ser Estados Unidos. Digo mais: desde o momento em que, pelo artigo primeiro, se declare reproduzido o pacto de união pelo qual as províncias se constituem em uma nação independente, é preciso não fazer nenhuma mudança que não seja absoluta e indispensavelmente necessária; e ainda que se diga que certamente não é substancial a mudança e que era feita por ser a mais apropriada, é indispensável ter presente que sempre terá como resultado o inconveniente de ter-se feito uma mudança que não é necessária, pois muito interessa manter o nome com que foi conhecido esse pacto.

Todas estas considerações fazem com que eu me incline pela supressão daquele artigo e que, para que o congresso manifeste seu modo de pensar sobre isto, adote-se, desde já, uma forma geral com que devam encabeçar-se todas as resoluções do congresso, incluindo aquela que motiva esta discussão e que deverá ser a seguinte: o *Congresso Geral das Províncias Unidas no Sul da América*; ou se quiser acrescentar *do Rio da Prata*; e ao adotar isto creio que haveria uma conveniência: que sob esse título se faça conhecida também a moeda e o escudo de nossas armas.

O Senhor Acosta: A observação feita pelo senhor deputado que me antecedeu está quase em conformidade com aquilo que eu disse antes; porque com certeza que aqui não se poderá fazer nada mais senão reproduzir o nome que tinha anteriormente de *Províncias Unidas &*. Somente faço a observação de que, ao dar a denominação de *Províncias Unidas,* parece que se fixava já a forma sob a qual se deveriam considerar unidas; mas como aqui não se dá uma denominação permanente, mas provisória, ou melhor, não se faz mais do que reproduzir o nome que tinham antes, eu acho que não há nenhum inconveniente em que subsista o artigo contendo a redação que eu propus, quer dizer, que não se dava uma nova denominação, mas declarava que continuariam com aquela que já foi dada pela assembléia e pelo congresso. Sob esta suposição, o meu parecer é que se adote a denominação que foi dada pelo congresso ou se adote a atual que diz: *O Congresso Geral das Províncias Unidas do Rio da Prata em Sul América*.

O senhor Zavaleta: Já expus os fundamentos que motivaram a comissão a dar essa denominação ao Estado geral. É fato que desde o princípio elas se chamaram *Províncias Unidas do Rio da Prata*, mas também é fato que o congresso fez variantes desta denominação e é de se presumir que algumas considerações teria o congresso para fazer estas variantes. Se me perguntassem em particular, eu opinaria que neste momento o que ficaria melhor seria o que indicou o senhor deputado que acaba de falar; mas quando não há necessidade de se fazer uma mudança no substancial das resoluções do congresso, a comissão achou que não devia fazê-la no artigo 2, mas que continuasse como está até aqui. No que tem a ver com o cabeçalho dos decretos do congresso e que foi proposto anteriormente, não penso que haja nenhum inconveniente em adotá-lo, bem seja dizendo *Províncias Unidas do Rio da Prata em Sul América*, ou *do Sul da América*. E, por último, sem que se pense que isto é fazer oposição a tudo que tenha sido dito, acho que se deve manter o artigo como consta no projeto.

O senhor Gómez: Eu estava na expectativa das razões que pudessem apresentar tanto o congresso como os que concordam com a denominação que ele deu às províncias, para ter induzido uma mudança no nome que elas mesmas adotaram desde o princípio de sua revolução, e que adotaram com bastante propriedade. Chamaram-se *Províncias Unidas do Rio da Prata*; e com propriedade porque esse rio, se não banha todas, passa por suas divisas, com a vantagem de marcá-las com uma denominação singular que não permite que sejam confundidas estas províncias ou esta nação com as outras do Sul da América; dificuldade que se verificou na prática, que até hoje mesmo se estuda o modo de fixar esta idéia, e a comissão mesma achou que é mais exato e conveniente a este objetivo chamá-las de *Províncias Unidas do Sul da América* do que *Províncias Unidas no Sul da América*.

Eu, pelo que escutei, tinha entendido que se havia levantado uma espécie de prevenção a respeito de seu nome e que a necessidade de moderar, mais do que a força dos fundamentos, induziu o congresso a fazer esta variação. Sobre este ponto era que eu desejava ter ouvido alguma coisa, porque finalmente estou disposto a ceder em tudo aquilo que possa ser inconveniente aos povos e apoiar tudo aquilo que concilie da melhor forma a vontade das províncias. [...]

O senhor Paso: Há uma questão nominal que está sendo interessante. Tudo o que me moveu na comissão a consentir na variação da denominação dada ao presente sistema foi obra da deferência, assim como o foi igualmente no congresso de Tucumán, onde, depois de ter-se adotado a primeira denominação dada pela assembléia constituinte, variou-se a redação por proposta de um dos membros e que foi aceita pelos outros. Sem nenhum motivo plausível para tal atitude, nem outra razão que a de não tê-la, apenas por preferir o título de *Províncias Unidas do Rio da Prata* ao mais próprio e compreensivo de todas elas em *Sul América*. Deferimos então os deputados desta província, para não provocar ciúmes numa questão de tão pouca valia; mas, hoje que se renovou sua contestação, tenho a dizer que não é justo defraudar um povo, que foi o primeiro autor da obra ao qual acederam os demais, da prerrogativa ou do renome que tal denominação daria ao corpo. Já que aquele corpo tinha que ter um nome, lhe foi dado com exata propriedade aquele que expressa a união de todas as províncias incorporadas; nome que se formou da maneira como já era conhecido, com a denominação de *Província do Rio da Prata*, capital do governo deste mesmo nome, localizada nas suas margens e banhada pelas águas do rio, um dos dois maiores que se conhecem sobre a superfície da terra, cujo caudal imenso é formado por aqueles que têm sua origem nas províncias da Banda Oriental, Entre Rios até o Paraguai, e aqueles do eixo de Tucumán até o interior do Alto Peru no Pilcomayo, e outros que vertem suas águas no espaçoso lugar que as reúne. Esta circunstância de localização dá a esta província uma importância indiscutível que fundamenta a justa adoção do título que com bastante analogia poderia adotar-se para o sistema formado pela unidade de todas ou da sua união em forma de confederação, chamando-a *confederação argentina*; expressão concisa e de bom-senso. Mas como a obra que empreendemos é da maior importância, e para avançar nela com o maior sucesso, convém remover qualquer obstáculo que possa impedir seu progresso e para isto é necessária a maior harmonia; se para consegui-la for importante renunciar à minha postura, renuncio, e não insistirei na mudança, ainda que não veja uma razão sólida nem mesmo aparente para tanto. [...]

O senhor Agüero: A denominação de *Províncias Unidas do Rio da Prata* não é estranha nem é uma inovação. Este é o nome que o Estado reconheceu e que se encontra estampado no escudo de armas e na moeda; e a mudança feita aumentando-lhe *em Sul América* não foi por causa de uma resolução especial, mas unicamente por uma questão circunstancial. Porém, conforme os princípios do senhor que me antecedeu na fala, eu digo que estou pronto a deferir tudo aquilo que possa produzir conciliação. No momento em que aparecer alguma oposição, direi que se denomine como quiserem: o que aqui se trata é de adotar o que for mais adequado, e farei o sacrifício de passar por qualquer impropriedade com tal de conseguir a conciliação.

O senhor Gómez: Foram produzidos os sentimentos de deferência e de harmonia, e também as predisposições a este respeito. Isto é muito justo e louvável; mas se tem dito que as coisas podem ficar como estão. Em primeiro lugar, eu pergunto: como estão as coisas a este respeito? Eu ouvi dizer a um senhor deputado que o nome que realmente existe é o de *Províncias do Rio da Prata*, e pelo menos é assim que aparecem nas moedas e na bandeira da nação. Mas outro deputado disse que o nome que existe é aquele que lhe deu o Congresso; somente por isto já sabemos que não podemos deixar as coisas como estão, ou que pelo menos é necessário que conheçamos qual é o estado em que elas estão. Se positivamente pudesse apresentar-se uma denominação solene ou oficial das províncias, facilmente estaria o assunto concluído; mas deu-se o caso de que não somente é desejável, mas indispensável que o Congresso dê um encabeçamento às deliberações e às leis que edite, e nesta necessidade já se diz que precisamente há de referir-se às províncias sob seu nome. E que nome há de ser? O mesmo senhor deputado indica esta resolução indireta, porque não seria outra coisa que uma resolução indireta de um ponto que ainda que seja nominal é de grande importância e gravidade; e eu, oscilando entre ambas as opiniões, encontro-me por um lado inteiramente decidido pela propriedade de denominá-las *Províncias do Rio da Prata*, e que o encabeçamento que adote o Congresso seja o de *Congresso geral do Rio da Prata*. Mas, por outro lado, levo em consideração os temores de que se adote essa denominação e, neste caso, não me cabe mais do que interpelar todos os senhores deputados das demais províncias para que declarem se haverá ou não inconveniente em que se adote o indicado encabeçamento; porque se realmente houver tais temores, então eu prescindirei da maior propriedade que acredito possa haver, e me inclinarei por esta outra denominação que, ainda que não tenha todo o rigor da propriedade, terá uma suficiente aplicação e, além do mais, gozará do privilégio de satisfazer todos os desejos e sentimentos das províncias. Tampouco creio que seja um obstáculo emitir uma resolução que é inevitável, porque ainda não se sabe se hão de constituírem-se as províncias sob um sistema federativo ou de unidade. O que eu sei é que elas precisam de um nome e acho que este pode ser dado antes da adoção da constituição; assim a dificuldade não pode ser evitada, seja se o congresso adotar uma resolução direta como a que propõe o artigo, seja se adotar uma indireta que seria tão substancial como foi a do congresso na intenção dos que a ditaram. Isto suposto, dá-se a conhecer que é necessário tomar uma resolução e a mim nada me detém para poder formar decididamente meu parecer do que ouvir os senhores deputados, se efetivamente não houver nisto algum grave inconveniente.

O senhor Gorriti: Ouço falar dos receios que podem provocar nas províncias a denominação do Estado. Eu tenho a honra de representar a uma província que é, sem dúvida alguma, de suprema importância para a constituição do Estado. Nela vivi desde o momento mesmo em que se acendeu o fogo da discórdia e do ódio; porque é necessário que se diga, nos mesmos termos com os que se fazia e se manifestava, para infundir nas massas o ódio contra os portenhos; e disso se fazia pretexto para fazer e consentir uma quantidade enorme de excessos, que é necessário que os esqueçamos para sempre. Todos os excessos que se cometeram ou que as circunstâncias tornaram inevitáveis foram excessos pessoais e nunca deveriam ter-se estendido por toda a nação; mas jamais escutei uma só expressão sobre a denominação das províncias. Sua denominação sempre foi a de *Províncias do Rio da Prata*, tanto pela localidade de Buenos Aires, como porque estavam incluídas nesta denominação todas as que antigamente faziam parte do Vice-reinado de Buenos Aires; assim como, também, porque todas estas províncias contribuem com suas águas para formar o Rio da Prata, por cujo motivo lhes corresponde essa denominação. Então, de minha parte, eu posso dizer que me surpreende este assunto dos receios; não sei, por outro lado, se eles realmente existem.

O senhor Zavaleta: Já em duas ocasiões expus os motivos que teve a comissão para propor o artigo nos termos em que ele está. A comissão teve presente a mudança que o congresso fez e considera que, quando a fez, tinha motivos para aquilo. Disso ninguém poderá dar uma razão mais esclarecedora e exata do que os próprios deputados dos povos do interior. Por meio de um dos honoráveis membros do Congresso, interpelou-se aos senhores deputados a que manifestem sua opinião neste assunto. É necessário falar com franqueza e saber se realmente existem esses receios. Quando o Congresso tomou a mencionada resolução, eles existiam; se estivermos naquele mesmo caso, eu estou decidido a apoiar o parecer da comissão, mas, se eles não existirem mais, poderá fazer-se a mudança que se considere conveniente e que, de minha parte, aceitarei.

O senhor Paso: Nada posso dizer dos sentimentos dos povos a este respeito e, segundo minha opinião, tem-se pensado em tudo, menos nisso. O que não se pode duvidar é que prevaleceu a opinião de um senhor deputado para que se aumentasse *em Sul América* e que a maioria concordou que assim fosse feito.

O senhor Zegada: De minha parte, posso dizer que não escutei nada a este respeito e acredito que os povos a verão com indiferença.

O senhor Laprida: É muito triste ter que declarar que a província que eu tenho a honra de representar nem esteve afetada nem o está a respeito do que se falou.

O senhor Acosta: Eu digo a mesma coisa pela província que represento.

O senhor Heredia: Durante a guerra de independência segui as marchas do exército, estive em todos os povoados do Peru e vi que o ódio que se tinha pela tropa de Buenos Aires não era por causa da denominação *do Rio da Prata*, nem por outros motivos, mas por causa de alguns excessos particulares que cometiam ou os oficiais ou a tropa quando não estavam seus chefes por perto; mas não escutei que fosse pelo nome que se dava à nação e, assim, no meu conceito, acho que será indiferente que se diga *Províncias do Rio da Prata* ou *de Sul América*, reservando-se a exatidão para a constituição ou para quando se estabeleça a forma de governo que há de haver.

Depois dessas exposições dos senhores deputados de algumas províncias, deu-se o assunto por suficientemente discutido e por uma votação foi sancionada a supressão do artigo 2 do projeto, e, por outra, conforme a indicação do senhor Agüero, que todas as resoluções do Congresso sejam encabeçadas sob a forma: "O Congresso Geral das Províncias Unidas do Rio da Prata acordou e decreta o seguinte".

DOCUMENTO Nº 3

Felix Weinberg
O SALÃO LITERÁRIO DE 1837

M. SASTRE – J. B. ALBERDI – J. M. GUTIERREZ – E. ECHEVERRIA

Advertência

Quem acredita estar obrigado a dizer que não são exatas as afirmações contidas neste discurso pode antes pedir ao autor algumas explicações sobre as mesmas que ele não terá impedimento em dar, e que pode ser que destas explicações extraia-se a sua evidência e perca-se a vontade de contestá-las. Não seria estranho que a concisão essencial de um discurso desta natureza tivesse espalhado alguma sombra sobre idéias que se tornam claras desde que se conte com alguns antecedentes históricos e filosóficos.

Senhores:

Há apenas algumas manhãs o *canhão de Maio* veio tirar-nos o sono para advertir-nos que há 27 anos iniciamos um movimento novo e fecundo.

Mas, senhores, deveríamos saber por que e para que entramos neste movimento; porque acredito que não poderemos avançar se não soubermos de onde viemos e para onde vamos. Aqui têm, pois, nossa revolução na presença da filosofia, que a detém com seu eterno *por que* e *para quê*.

Cada vez que se disse que nossa revolução é filha das arbitrariedades de um vice-rei, da invasão peninsular de Napoleão e de outros fatos semelhantes, tomou-se, em minha opinião, um motivo, um pretexto, por uma causa. Isto também aconteceu quando se apontou, como causa da revolução da América do Norte, a questão do chá; e, por causa da Revolução Francesa, as desordens financeiras e as insolências de uma aristocracia degradada. (Não acreditem, senhores, que de fatos tão efêmeros puderam nascer resultados imortais. Tudo o que fica e continua se desenvolvendo, teve e deve ter um desenvolvimento fatal e necessário.)

Se os senhores se colocarem por um momento sobre os altos cumes da história, verão o gênero humano marchando, desde os tempos mais primitivos, com uma admirável solidariedade em direção ao seu desenvolvimento, à sua perfeição indefinida. Tudo, até as catástrofes mais espantosas, à primeira vista tem uma parte útil neste movimento progressivo. A queda do Oriente em mãos de Alexandre é o complemento do mundo grego; a queda do mundo grego é o desenvolvimento do mundo romano; a destruição do mundo romano é a ascensão do mundo europeu; as vitórias emancipadoras da América são a criação do mundo universal, do mundo humano, do mundo definitivo.[1]

Vedes, pois, esta eterna dinastia de mundos criarem-se sucessivamente para prolongar e aumentar as proporções da vida da linhagem humana: cada civilização nasce, se desenvolve, se resume, enfim, em uma palavra fecunda e morre dando à luz a outra civilização mais ampla e mais perfeita.

A causa, pois, que gerou todas as repúblicas das duas Américas; a causa que produziu a Revolução Francesa e a pró-

---

[1] Expressão de Jouffroy.

xima que hoje ameaça a Europa não é outra que esta eterna impulsão progressiva da humanidade.

Assim, senhores, nossa revolução é filha do desenvolvimento do espírito humano e tem por fim este mesmo desenvolvimento: é um fato nascido de outros fatos e que deve produzir outros novos: filho das idéias e nascido para engendrar outras idéias: engendrado para engendrar, por sua vez, e participar, por seu lado, da sustentação da cadeia progressiva da humanidade. Tenhamos, pois, o 25 de maio de 1810 como o dia em que fomos envolvidos e impelidos pelo desenvolvimento progressivo da vida da humanidade, cuja conservação e desenvolvimento são o fim da nossa revolução, assim como de todas as grandes revoluções da terra. Mas para alcançar este fim existe apenas um só meio, um só caminho, uma só forma e um só dia? E este caminho, esta forma e este dia são os que percorreram e alcançaram a França ou mesmo a Confederação da América do Norte? À vista do nosso caminho constitucional, seria possível dizer que tínhamos acreditado nisso; mas, evidentemente, se assim acreditamos nos enganamos.

O desenvolvimento, senhores, é o fim, a lei de toda a humanidade; mas esta lei também tem suas leis. Todos os povos necessariamente se desenvolvem, mas cada um se desenvolve a seu modo; porque o desenvolvimento acontece de acordo com certas leis constantes, em uma íntima subordinação às condições do tempo e do espaço. E como estas condições jamais se reproduzem de maneira idêntica, concluímos que não existem dois povos que se desenvolvam do mesmo modo. Este modo individual de progresso constitui a civilização de cada povo; logo, cada povo tem e deve ter sua civilização própria, adotada em combinação com a lei universal do desenvolvimento humano, com suas condições individuais de tempo e espaço. De modo que é permitido opinar que todo povo que não tem civilização própria não caminha, não se desenvolve, não progride, porque não existe desenvolvimento a não ser dentro das condições de tempo e espaço; e desgraçadamente isto é o que aconteceu conosco. Ao cairmos sob a lei do desenvolvimento progressivo do espírito humano, nós não subordinamos nosso movimento às condições próprias da nossa idade e do nosso solo; não procuramos a civilização especial que seria o resultado normal do nosso modo de ser nacional; e é a esta falta que é necessário atribuir toda a esterilidade dos nossos experimentos constitucionais.

O que fizemos senhores? O tempo é curto; permitam-me trocar por um instante a pena pelo pincel.

A Espanha nos fazia dormir em um berço silencioso e eterno; e, de repente, aquela nação que não dorme nunca e que parece encarregada de ser a sentinela avançada na grande cruzada do espírito humano, faz soar até nós um canhão de alarme, no momento em que recém-cessava o canhoneiro da emancipação do Norte. Nós, então, despertamos precipitados, corremos para as armas, procuramos as filas dos gigantes, marchamos com eles, lutamos e vencemos. O mundo nos aplaude, descobre-se e inclina-se perante nós, nos saúda como homens livres e nos mostra seus caminhos. O estrépito do carro e as trombetas da nossa glória aturdem nossa consciência; e imaginamo-nos da estatura do mundo livre, porque tínhamos feito parte de seu imenso drama.

Um dia, senhores, quando nossa pátria inocente e pura sorria no seio de suas inocentes ilusões de virilidade, de repente sentiu sobre seu ombro uma mão pesada que lhe obrigou a dar a volta e a encontrar-se com a austera cara do Tempo que lhe disse: está terminado o dia das ilusões; é hora de voltar a estar sob o meu cetro.

E então conhecemos que enquanto os livres do Norte e da França não tinham feito mais do que quebrar as frágeis leis da tirania, nós nos empenhávamos em violar, também, as leis divinas do tempo e do espaço.

Logo, senhores, a nossa situação quer ser própria e há de sair das circunstâncias individuais do nosso modo de existir juvenil e americano.

Entretanto, o movimento geral do mundo, comprometendo-nos em seu curso, obrigou-nos a começar a nossa revolução por onde deveríamos terminá-la: pela ação. A França tinha começado pelo pensamento para concluir pelos fatos; nós seguimos o caminho inverso, começamos pelo fim. De modo que encontramo-nos com resultados e sem princípios. Explicam-se, por esta razão, as numerosas anomalias da nossa sociedade: a amálgama bizarra de elementos primitivos com formas perfeitas; a ignorância das massas com a república representativa. Entretanto, os resultados já foram dados, são indestrutíveis, ainda que ilegítimos: existem mal, mas existem. O que deve ser feito, pois, neste caso? Legitimá-los pelo desenvolvimento do fundamento que lhes falta, pelo desenvolvimento do pensamento. Tal, senhores, é a missão das gerações que virão; dar à obra material dos nossos pais uma base inteligente, para completar deste modo nosso desenvolvimento irregular; de modo que somos chamados a executar a obra que nossos pais deveriam ter executado, ao invés de terem feito o que nós devemos fazer agora.

Assim, senhores, seguir o desenvolvimento não é fazer o mesmo que fizeram nossos pais, mas aquilo que não fizeram e deveriam ter feito. Continuar a vida iniciada em Maio não é fazer o que fazem a França e os Estados Unidos, mas sim o que nos manda fazer a dupla lei da nossa idade e do nosso solo; seguir o desenvolvimento é adquirir uma civilização própria, ainda que imperfeita, e não copiar as civilizações estrangeiras, ainda que adiantadas. Cada povo deve ser da sua idade e de seu solo. Cada povo deve ser ele mesmo; o natural, o normal, nunca é repreensível. A infância não é risível com toda a sua impotência. O que a ridiculariza é a pretensão de virilidade. Até o perfeito é ridículo fora de seu lugar; ou melhor, não há perfeição maior do que a oportunidade.

Estamos, pois, encarregados, os que iniciamos a vida, de investigar a forma adequada com que a nossa civilização deve se desenvolver de acordo com as circunstâncias normais da nossa atual existência argentina; estamos encarregados de conquistar o caminho de uma civilização própria e nacional.

É certo que em Maio de 1810 começamos o nosso desenvolvimento; mas também é certo que o começamos mal. Iniciamos este desenvolvimento sem deliberação; nós o seguimos sem consciência; nós não nos movemos; fomos movidos pela impulsão fatal de outras coisas maiores do que as nossas. Desta forma, nós sabíamos que nos movíamos, mas não sabíamos nem por que nem para quê. E se, enfim, sabíamos, não conhecíamos nem a sua distância, nem seu rumo especial; porque é preciso notar que em virtude de uma perfeita semelhança entre as leis da gravitação do mundo físico com as leis da gravitação do mundo moral, cada povo, assim como cada corpo material, busca um só fim; mas através de um caminho peculiar e mil vezes oposto. Já é tempo, pois, de interrogar a filosofia sobre quais os desígnios em relação ao caminho que a nação argentina deve percorrer em direção ao bem comum da humanidade. É, pois, do pensamento, e não da ação material, que devemos esperar o que nos falta. A força material rompeu as cadeias que nos prendiam e nos deu movimento; que a filosofia nos indique, agora, o caminho pelo qual este movimento deve acontecer. Por fortuna da nossa pátria, nós não somos os primeiros a sentir esta exigência; e imitamos apenas o exemplo dado na política pelo homem grande que preside os nossos destinos públicos. Esta grande capacidade de intuição, devido a um hábito virtual do gênio, tinha adivinhado o que nossa razão trabalha, hoje, para compreender e formular: tinha ensaiado imprimir à política uma direção completamente nacional, de modo que toda nossa missão se reduz a dar aos outros elementos da nossa sociabilidade uma direção perfeitamente harmoniosa como a que obteve o elemento político nas mãos deste homem extraordinário.

Mas se a percepção da rota na qual deve caminhar a nossa sociedade deve sair do duplo estudo da lei progressiva do desenvolvimento humano e das qualidades próprias da nossa nacionalidade, a isto se segue que os nossos trabalhos inteligentes devem tomar duas direções: 1º – A indagação dos elementos filosóficos da civilização humana. 2º – O estudo das formas que estes elementos devem receber, sob as influências particulares da nossa idade e do nosso solo. Sobre o primeiro é necessário escutar a inteligência européia, mais instruída e mais versada nas coisas humanas e filosóficas do que nós. Sobre o segundo, não é preciso consultar ninguém, apenas a nossa própria razão e observação. Assim nossos espíritos querem uma dupla direção estrangeira e nacional, para o estudo dos dois elementos constitutivos de toda a civilização: o elemento humano, filosófico, absoluto; e o elemento nacional, positivo, relativo.

Nestes dois objetivos temos que fazer novos estudos. A Europa não cessa de progredir no primeiro, hoje tem idéias novas que nossos predecessores não puderam conhecer e que nós somos chamados a importar para o nosso país. Com a Revolução Francesa de 1789 o século XVIII termina sua missão inteligente. O império faz com que o pensamento se curve à natureza e à observação; e o Instituto e a Escola Normal se desenvolvem. A Restauração, de natureza eclética, imprime seu caráter misto ao pensamento de sua época, e Platão, Kant e Hegel são apresentados e associados à Condillac, por Royer Collard e Victor Cousin. Assim uma nova filosofia que termina com a revolução de julho e por ela; porque esta revolução não sendo, no fundo, outra coisa que a destruição do *eclecticismo* da Carta de 1814, também vem destruir o *eclecticismo* da filosofia restauradora, e o pensamento toma uma nova direção. Todos estes movimentos sociais e políticos proporcionam às ciências morais numerosas conquistas. Mas, como estes movimentos e estas conquistas pertencem ao nosso século, nossos pais não puderam ultrapassar o espírito moral do século anterior. Estou obrigado aqui a confessar que esta asserção está cheia de brilhantes exceções. Eu disse a França, quando falei de Europa, porque, em matéria de inteligência, a França é a expressão da Europa. Eu disse as ciências morais, quando falei do pensamento humano, porque são por agora as ciências que nos importam: elas são, por essência e por missão, as ciências dos republicanos, porque, com efeito, a República não é, no fundo, outra coisa que a mais alta e a mais ampla realização social da moral, da razão e da moral do evangelho.

Em relação ao segundo objeto, o estudo do nacional é um trabalho novo, que não foi discutido a fundo em nosso país; sem dúvida porque não se conhecia suficientemente que o nacional era um elemento necessário do nosso desenvolvimento argentino. Pois bem, senhores, é o pensamento desta dupla exigência inteligente da nossa pátria que determinou a escolha dos livros que formam a coleção cujas leituras iniciamos a partir de hoje. Já vedes, então, que aqui não se trata de ler por ler. Teria sido frívolo participar com semelhante intenção. Trata-se, nada mais nada menos, que alistar-se para preencher uma exigência do nosso desenvolvimento social. Os senhores puderam ver sair esta exigência da comparação do nosso desenvolvimento histórico com a lei filosófica de todo o progresso nacional; para o qual comecei mostrando-lhes que estamos em desenvolvimento, e que estamos assim porque tal é a lei de todos os povos do mundo. Foi-me, pois, indispensável, para informar aos senhores do interesse público desta instituição, indicar-lhes a dupla harmonia que existe entre ela, como uma exigência da nossa marcha progressiva, e entre a nossa marcha e a marcha de toda a humanidade.

Documento Nº 4

EMANCIPAÇÃO DO ESPÍRITO AMERICANO*

O grande pensamento da revolução não se realizou. Somos independentes, mas não livres. Os braços da Espanha não nos oprimem, mas suas tradições nos abrumam. Das entranhas da anarquia nasceu a contra-revolução.

A idéia estacionária, a idéia espanhola, saindo de sua tenebrosa guarida, levanta de novo triunfante a sua estúpida cabeça e lança anátemas contra o espírito reformador e progressivo.

Mas seu triunfo será efêmero. Deus quis e a história da humanidade o testemunha, que as idéias e os fatos que existiram desapareçam do cenário mundial e desapareçam para sempre no abismo do passado, assim como desaparecem uma após outra as gerações. Deus quis que o dia de hoje não se parecesse com o de ontem; que o século de agora não seja uma repetição monótona do anterior; que o que foi não renasça; e que no mundo moral como no físico, na vida do homem como na dos povos, tudo caminhe e progrida, tudo seja atividade incessante e movimento contínuo.

A contra-revolução não é mais do que a lenta agonia de um século caduco, de tradições retrógradas do antigo regime, de idéias que já tiveram vida completa na história. Quem, violando a lei de Deus, poderá reanimar esse espectro que se levanta em seus delírios já envolto no sudário da tumba? O esforço impotente de alguns espíritos obcecados? Quimera.

---

*In: Estebán Echeverría. *Dogma socialista de la Asociación de Mayo, 1873. Obras completas de D. Estebán Echeverría*, t. IV. Buenos Aires: Imprenta y Librería de Mayo, 1873.

A revolução ruge surdamente nas entranhas da nossa sociedade. Ela espera, para levantar a cabeça, a reaparição do astro regenerador da pátria; ela afia na escuridão as suas armas e atiça suas línguas de fogo nos cárceres onde a oprimem e a amordaçam; ela acende todos os corações patriotas: ela amadurece em silêncio seus planos reformadores e adquire no ócio maior inteligência e poder.

A revolução marcha, mas com grilhões. Compete à jovem geração quebrá-los e conquistar a glória da iniciativa na grande obra de emancipação do espírito americano, que se resume a dois problemas: *emancipação política* e *emancipação social*. O primeiro está resolvido, falta resolver o segundo.

Na emancipação social da pátria está vinculada sua liberdade.

A emancipação social americana só poderá ser alcançada repudiando a herança que a Espanha nos deixou e concretizando a ação das nossas faculdades a fim de constituir a sociabilidade americana.

A sociabilidade de um povo é composta por todos os elementos da civilização: do elemento político, do filosófico, do religioso, do científico, do artístico, do industrial.

A política americana tenderá a organizar a democracia ou, em outros termos, a igualdade e a liberdade, assegurando por meio de leis adequadas, a todos e a cada um dos membros da associação, o mais amplo e livre exercício de suas faculdades naturais. Ela reconhecerá o princípio da independência e da soberania de cada povo, traçando com letras de ouro no alto dos cumes dos Andes, à sombra de todos os estandartes americanos, este emblema divino: *a nacionalidade é sagrada*. Ela determinará as regras que devem reger suas relações entre si e com os demais povos do mundo.

A Filosofia reconhece a razão individual como único juiz de tudo o que concerne ao indivíduo; e a razão coletiva ou ao *consensus* geral, como o árbitro soberano de tudo o que diz respeito à sociedade.

A Filosofia na associação procurará estabelecer o pacto de aliança entre a razão individual e a razão coletiva, entre o cidadão e a pátria.

A Filosofia ilumina a fé, explica a religião e também a subordina à lei do progresso.

A Filosofia na natureza inerte busca a lei de sua criação; na animalidade, a lei do desenvolvimento da vida de todos os seres; na história, o fio da tradição progressiva de cada povo e da humanidade e, conseqüentemente, a manifestação dos desígnios da Providência; na Arte, busca o pensamento individual e o pensamento social, os quais confronta e explica; ou, em termos metafísicos, a expressão harmoniosa da vida finita e contingente, e da vida absoluta, infinita, humanitária.

A Filosofia sujeita a indústria e o trabalho material do homem às leis racionais.

A Filosofia, em suma, é a ciência da vida em todas as suas manifestações possíveis, desde o mineral até a planta, desde a planta ao inseto ciliado, desde o inseto ao homem, desde o homem a Deus.

A Filosofia é o olho da inteligência examinando e interpretando as leis necessárias que regem o mundo físico e moral ou o universo.

A Religião é a base moral sob a qual descansa a sociedade, o bálsamo divino do coração, a fonte pura de nossas esperanças futuras e a escala mística por onde sobem aos céus os pensamentos da terra.

A Ciência ensina o homem a conhecer-se a si mesmo, a penetrar nos mistérios da natureza, a levantar seus pensamentos ao Criador e a encontrar os meios de melhoria e perfeição individual e social.

A Arte abrange em suas divinas inspirações todos os elementos morais e afetivos da humanidade: o bom, o justo, o verdadeiro, o belo, o sublime, o divino; a individualidade e a sociedade, o finito e o infinito; o amor, os pressentimentos, as visões da alma, as instituições mais vagas e misteriosas da consciência; tudo penetra e engloba com seu espírito profético; tudo olha através do brilhante prisma da sua imaginação, tudo anima com o sopro do fogo de sua palavra criadora, tudo embeleza com as ricas cores de sua paleta e traduz em inefáveis ou sublimes harmonias. Ela canta o heroísmo e a liberdade e celebra todos os grandes atos, tanto internos quanto externos, da vida das nações.

A Indústria coloca nas mãos do homem os instrumentos para dominar as forças da natureza, criar seu bem-estar e conquistar o senhorio da criação.

Política, filosofia, ciência, religião, arte, indústria, tudo deverá encaminhar-se para a democracia, oferecer a ela seu apoio e cooperar ativamente para fortalecê-la e consolidá-la.

No desenvolvimento natural, harmonioso e completo destes elementos, enumeramos o problema da emancipação do espírito americano.

DOCUMENTO Nº 5

FACUNDO

Introdução*[1]

"Je demande à l'historien l'amour
de l'humanité ou de la liberté; sa justice
impartiale ne doit pas être impassible.
Il faut, au contraire, qu'il souhaite, qu'il espère,
qu'il souffre, ou soit heurex de ce qu'il raconte."

Villemain, *Cours de littérature*

Sombra terrível de Facundo[2], evoco-te para que, sacudindo o ensangüentado pó que cobre tuas cinzas, te levantes para que

---

* In: Domingo Faustino Sarmiento. *Facundo o civilización y barbarie.* Barcelona: Biblioteca Ayacucho, 1985.

[1] Esta Introdução aparece na primeira e quarta edição e no tomo VII das Obras (com o título de: "Introducion a la edición de 1845").

[2] Juan Facundo Quiroga (1788-1845) pertenceu a uma poderosa família de grandes proprietários rurais de La Rioja. Desde jovem, ajudou seu pai a conduzir tropas de mulas. Foi voluntário no Regimento de Granaderos a Cavalo. Em 1816 voltou para sua província natal, colaborando ativamente com o exército do Norte – ao qual abastecia com gado e tropas – na luta contra os espanhóis. Sua preponderância se inicia em 1820, com o cargo de chefe militar das milícias dos Llanos. Desde 1822 domina a política de La Rioja – já que goza de uma enorme ascendência sobre a população rural da região, fato confirmado pelo caráter quase legendário que sua figura adquire, demonstrado, por exemplo, por um numeroso cancioneiro popular –, na qual se iniciou em meio ao calor das lutas pela hegemonia entre famílias rivais. Na metade de 1826, La Rioja é uma das poucas províncias que se pronuncia pela solução unitária no Congresso, mas, diante do fracasso da política andina e portenha, Quiroga abraça a política oposta. Outra razão para este fato é o conflito com as minas riojanas. Junto com outros governantes opostos à política centralista de Rivadavia, que culmina com a constituição unitária, levanta-se em armas, defendendo o lema "Religião ou morte". Sua luta contra os unitários, rápida e triunfal, apoiada por uma notável eficácia militar, e seu prestígio entre as massas camponesas iniciam-se ao derrotar Lamadrid em Tala *(cont.)*

expliques a vida secreta e as convulsões internas que destroçam as entranhas de um povo nobre! Tu possuis o segredo: revela-nos! Mesmo dez anos depois de tua trágica morte, o homem das cidades e o *gaucho* das planícies argentinas[3], ao tomar diversos caminhos no deserto[4], diziam: "Não, não morreu! Ainda vive, ele virá!".

"Certo, Facundo não morreu; está vivo nas tradições populares, na política e nas revoluções argentinas; em Rosas, seu herdeiro, seu complemento: sua alma passou para este outro molde, mais acabado, mais perfeito; e o que nele era só instinto, iniciação, tendência, transformou-se em Rosas[5] em sis-

---

(26/10/1826) e Rincón de Valladares. Em poucos meses, as vitórias de Quiroga mudam o equilíbrio do Interior, já que com elas obtém um poder efetivo. Estes triunfos consolidam um bloco de províncias centrais (Cuyo, La Rioja, Córdoba, Santiago del Estero). Derrotado por Paz em La Tablada e Oncativo, chega a Buenos Aires em 1830, onde é recebido com fervor. Com base no tratado de paz e auxílio recíproco que Guido assina com Paz, Quiroga fica sozinho frente a seus inimigos. Com a prisão de Paz, a Liga do Interior cai e Quiroga derrota completamente as forças unitárias, agora comandadas por Lamadrid, na cidade de Tucumán (4/11/1831), à frente de um exército federal. Participa da etapa preparatória da campanha no deserto realizada por Rosas e logo permanece durante um tempo em Buenos Aires. A pedido de Maza e do próprio Rosas, intervém como mediador em um conflito entre Salta e Tucumán. Cumprida sua missão e de regresso a Buenos Aires, não escuta advertências que dão como certo seu assassinato, que acontece em Barranca Yaco em 10 de fevereiro de 1835.

[3] O habitante das planícies da província de La Rioja.

[4] Denominam-se assim até o século passado na Argentina as áreas baldias de população cristã ou européia, freqüentemente ocupadas pelos indígenas não submetidos, especialmente os pampas e araucanos que delas faziam o cenário de suas andanças.

[5] *Juan Manuel de Rosas* (1793-1877), portenho, pertenceu a uma abastada família de terratenentes, de tradição colonial. Inicia-se muito cedo nas atividades de criação de gado. Seus severos hábitos de trabalho (compendiados mais tarde em suas *Instrucciones a los mayordomos de estancias* [Instruções aos administradores de estâncias]), sua autoridade férrea e um instinto certeiro sobre o contexto econômico faz com que passe de administrador de campos dos Anchorena para proprietário de *Los Cerritos*. Suas propriedades totalizavam, após um rápido incremento, 327 mil hectares. Com Terrero e Luis Dorrego instala, próximo de Quilmes, *Las higueritas*, estabelecimento destinado ao próspero negócio de salgar carnes e exportá-las, que conta com portos e uma frota própria. "Em 1836 sua fortuna, de acordo com declarações para os impostos, ultrapassavam os quatro milhões de pesos prata, e não havia algo parecido na província. Seus bens alcançavam um valor análogo ao de todos os produtos que a região bonaerense e algumas províncias vizinhas

tema, em efeito e fim. A natureza campestre, colonial e bárbara, transformou-se nesta metamorfose em arte, em sistema e em política regular, capaz de apresentar-se ao mundo como o modo de ser de um povo encarnado em um homem que pretendeu ser um gênio que domina os acontecimentos, os homens e as coisas. Facundo, provinciano, bárbaro, valente, audaz, foi substituído por Rosas, filho da culta Buenos Aires, sem sê-lo, ele próprio, culto; por Rosas, falso, coração gelado, espírito calculista, que faz o mal sem paixão e organiza lentamente o despotismo com toda a inteligência de um Maquiavel. Tirano sem rival hoje na

---

exportavam em um ano" (Horacio C. E. Giberti. *Historia económica de la ganadería argentina*. Buenos Aires: Solar/Hachette).

Rosas inicia-se na atividade política apoiando o partido *directorial*: com a sublevação de Tagle, Martín Rodríguez chama os Colorados del Monte: capitaneados por Rosas, restauram a ordem estabelecida. Rosas conta com o apoio decisivo de sua classe, que precisa da ordem necessária para continuar desenvolvendo a sua próspera atividade econômica. Volta a intervir diante do pedido de auxílio de Dorrego, com quem tem algumas divergências. Em 1829, as milícias de López e Rosas vencem Lavalle em Puente Márquez. Em 6 de dezembro do mesmo ano, Rosas é eleito para o cargo de governador da Província de Buenos Aires, dando a ele poderes extraordinários. Rosas recebe o apoio de diversos setores sociais da Província de Buenos Aires (majoritariamente do setor ligado à pecuária), entre os quais se incluem as camadas populares, adeptas do federalismo. Instrumenta politicamente o Partido Federal para obter um retorno à unidade na província. Contra a conspiração unitária, apela ao Pacto Federal (1831), pelo qual consegue um princípio de aliança entre Santa Fé, Buenos Aires e Entre Rios. Durante seu primeiro governo não consegue uma plena recuperação econômica e financeira, mas contém o processo de deterioração, reduzindo os gastos públicos e estabilizando a moeda. A campanha no deserto (1833-1834) assegura as fronteiras por longos anos.

De acordo com as circunstâncias, Rosas se aproximará, em maior ou menor grau, do protecionismo, que não ultrapassará de modo algum, de acordo com Julio Irazusta, um "livre-cambismo suave". Rosas sempre manterá a hegemonia portenha, que irá se deslocando paulatinamente para um doutrinarismo federal.

A partir de 1836, a *enfiteusis* – que afiança o regime latifundiário de posse da terra, mantendo a hegemonia dos grandes fazendeiros – é substituída pela venda de terras públicas. Nem esta medida nem a doação de terras implicam uma mudança na ordem social.

Rosas sai vitorioso do conflito com a França: consegue conservar intacta a soberania da Argentina e sua integridade territorial, defendendo com êxito o princípio de autodeterminação no continente americano, mas mantendo em seus aspectos essenciais a dependência econômica já existente. Entretanto, sua política econômica claramente conservadora consegue duplicar o valor das exportações pecuárias do país até a metade do século (com relação às exportações da época colonial). Derrotado por Urquiza em 1853, refugia-se na Inglaterra.

terra. Por que seus inimigos querem disputar com ele o título de Grande que lhe concedem seus conterrâneos? Sim; grande e muito grande é, para glória e vergonha de sua pátria, porque encontrou milhares de seres degradados que se alçam ao seu carro para arrastá-lo por cima dos cadáveres; mas também encontram-se aos milhares as almas generosas que, em quinze anos de luta sangrenta, não desistiram de vencer o monstro que nos propõe o enigma da organização política da República. Um dia virá, enfim, em que o resolvam; e a Esfinge Argentina, metade mulher, por ser covarde, e metade tigre, por ser sanguinária, morrerá aos seus pés, dando à Tebas do Prata a posição elevada a que tem direito entre as nações do Novo Mundo.

Entretanto, é preciso, para desatar este nó que a espada não pôde cortar, estudar prolixamente as voltas e revoltas dos fios que o formam, e procurar nos antecedentes nacionais, na fisionomia do solo, nos costumes e nas tradições populares os pontos em que estão unidos.

Documento Nº 6

~

FACUNDO

Capítulo 3
A Associação – a pulperia*

Dou tanta importância a estes pormenores porque eles servirão para explicar todos os nossos fenômenos sociais e a revolução que está sendo feita na República argentina; revolução que está desfigurada por palavras do dicionário civil, que a disfarçam e ocultam, criando idéias equivocadas; da mesma maneira que os espanhóis, ao desembarcar na América, davam um nome europeu conhecido a um animal novo que encontravam, saudando com o terrível nome de leão – que traz ao espírito a idéia da magnanimidade e da força do rei dos animais – ao miserável gato, chamado puma, que foge à vista dos cachorros, e o nome do tigre ao jaguar dos nossos bosques. Apesar de estes fundamentos que quero dar à guerra civil parecerem fúteis e desprovidos de nobreza, a evidência mostrará quão sólidos e indestrutíveis eles são.

A vida dos campos argentinos, tal como mostrei, não é um acidente vulgar: é uma ordem de coisas, um sistema de associação característico, normal, único – no meu entender – no mundo, e ele basta para explicar toda a nossa revolução. Antes de 1810 havia, na República argentina, duas sociedades diferentes, rivais e incompatíveis, duas civilizações diversas: uma, a espa-

---

* birosca ou venda de beira de estrada (N. do T.)

nhola, européia, civilizada, e a outra, bárbara, americana, quase indígena; e a revolução das cidades só iria servir de causa, de motivo, para que estas duas maneiras distintas de ser de um povo ficassem frente a frente, se enfrentassem e, depois de longos anos de luta, uma absorvesse a outra. Indiquei a associação normal da campanha, isto é, a dissociação mil vezes pior do que a tribo nômade; mostrei sua associação fictícia, na desocupação; a formação das reputações "*gauchas*": coragem, arrojo, destreza, violência e oposição à justiça regular, à justiça civil da cidade. Este fenômeno de organização social existia em 1810, ainda existe, modificado em muitos aspectos, modificando-se lentamente em outros e intacto em outros tantos. Estes focos de reunião dos *gauchos* valentes, ignorantes, livres e desocupados estavam disseminados no campo. A revolução de 1810 levou o movimento e o rumor das armas a todos os lugares. A vida pública, que até então tinha faltado a esta associação árabe-romana, entrou nas hospedarias mais afastadas e o movimento revolucionário trouxe, por fim, a associação bélica na *montonera** provincial, filha legítima da hospedaria e da estância, inimiga da cidade e do exército patriota revolucionário. A partir do desenvolvimento dos acontecimentos, veremos as *montoneras* provinciais com seus caudilhos à frente; com Facundo Quiroga, ultimamente triunfante em todo lugar; o campo sobre as cidades, estas dominadas em seu espírito, governo, civilização, e será formado, por fim, o Governo central, unitário, despótico, do estancieiro Juan Manuel Rosas, que crava na culta Buenos Aires a faca do *gaucho* e destrói a obra de séculos, a civilização, as leis e a liberdade.

---

* Grupo de paisanos a cavalo que intervinham nas lutas civis.

DOCUMENTO Nº 7

CAPÍTULO 1

Situação constitucional do Prata*

Apenas a vitória de Monte Caseros não coloca a Argentina de posse de tudo quanto necessita. Ela a coloca no caminho de sua organização e progresso e, sob este aspecto, esta vitória pode ser considerada um evento tão grande como a Revolução de Maio, que destruiu o governo colonial espanhol.

Sem que se possa dizer que voltamos ao ponto de partida (pois os Estados não percorrem sem razão o caminho dos padecimentos), encontramo-nos como em 1810, precisando criar um governo argentino e uma constituição que sirva de regra de conduta para esse governo. Toda a gravidade da situação reside nesta exigência.

Uma mudança que acontece nos escalões do governo apresenta menos inconvenientes quando existe uma constituição que pode reger a conduta do governo criado pela revolução. Mas a República argentina carece, hoje, de governo, de constituição e de leis gerais que exerçam seu papel. Esta é a diferença entre as recentes revoluções de Montevidéu e de Buenos Aires: existindo ali uma constituição, todo o mal desapareceu desde que o novo governo foi nomeado.

A República argentina, simples associação tácita e implíci-

---

* Juan Bautista Alberdi. *Bases y puntos de partida para la organización política de la República Argentina*. Buenos Aires: Ediciones Estrada, 1942.

ta hoje, tem que começar a criar um governo nacional e uma constituição geral que lhe sirva de regra.

Mas quais serão as tendências, propósitos ou objetivos, em vista dos quais a nova constituição deva ser concebida? Quais as bases e o ponto de partida da nova ordem constitucional e do novo governo, a ponto de serem instalados? Esta é a matéria deste livro, fruto do pensamento de muitos anos, ainda que redigido com a urgência da situação argentina.

Nele, proponho-me a ajudar os deputados e a imprensa constituintes a fixar as bases e os critérios para caminhar na questão constitucional.

Ocupando-me da questão argentina, tenho necessidade de tocar a questão da América do Sul para explicar com mais clareza de onde vem, onde está e para onde vai a República argentina, no que diz respeito ao seu destino político e social.

Documento nº 8

CAPÍTULO 21 – Continuação do mesmo assunto.
A federação pura não é possível na República argentina.
Qual federação é praticável no país?

A federação simples, a federação pura, não é menos irrealizável, nem menos impossível, na República argentina do que a unidade pura ensaiada em 1826. Uma federação simples não é outra coisa que uma eventual aliança, uma liga de poderes iguais e absolutamente independentes. Mas toda aliança é revogável por uma das partes contratantes, pois não existem alianças perpétuas e indissolúveis. Se tal sistema fosse aplicável às províncias do interior da República argentina, seria forçoso reconhecer em qualquer delas o direito de revogar por sua parte a liga federal, de separar-se dela e anexar-se a qualquer das outras repúblicas da América do Sul: Bolívia, Chile, Montevidéu. Entretanto, não existiria um argentino, por mais federal que fosse, que não qualificasse esse direito de heresia política ou crime de lesa-pátria. O próprio Rosas, disputando com Paraguai a sua independência, demonstrou que não via na República argentina algo mais do que uma simples e pura aliança de territórios independentes.

Uma federação simples exclui a idéia de um governo geral e comum aos confederados, pois não existe aliança que torne necessária a criação de um governo para todos os aliados. Desta forma, quando algumas províncias argentinas uniram-se parcialmente através de federações simples, não reconheceram um governo geral para a sua administração interior.

A federação simples exclui também toda idéia de nacionalidade ou fusão, pois toda aliança deixa intacta a soberania dos aliados. A federação pura no Rio da Prata tem contra si os antecedentes nacionais ou unitários que enumeramos mais acima; e, além disso, todos os elementos e condições atuais que formam a maneira de ser normal daquele país. Os unitários sempre tiveram razão ao classificar de absurda a idéia de associar as províncias interiores da República argentina com as da Confederação Germânica ou de outras Confederações de nações ou estados soberanos e independentes, no sentido que o Direito Internacional dá a esta palavra; mas enganaram-se quando acreditaram que não havia outro tipo de federação além das puras e simples alianças de poderes independentes e sem conexão.

A federação dos Estados Unidos da América do Norte não é uma simples federação, mas uma federação composta, uma federação unitária e centralista, digamos assim; e precisamente por esta razão subsiste até esta data e pôde trazer êxito ao país. Sabe-se que ela foi precedida de uma confederação ou federação pura e simples que em oito anos colocou aqueles Estados à beira da ruína.

Por sua parte, os federais argentinos de 1826 compreenderam mal o sistema que queriam aplicar em seu país.

Como Rivadavia trouxe da França o entusiasmo e a adesão ao sistema unitário que nossa revolução tinha copiado mais de uma vez desse país, Dorrego, o chefe do Partido Federal na ocasião, trouxe dos Estados Unidos sua devoção entusiasta ao sistema de governo federativo. Mas Dorrego, ainda que militar como Hamilton (o autor da Constituição norte-americana), não era publicista, e, apesar do seu talento indiscutível, não conhecia muito bem o governo dos Estados Unidos onde só esteve durante os quatro anos de seu desterro. Seu partido estava bem menos informado do que ele sobre a doutrina federalista.

Eles confundiam a *Confederação dos Estados Unidos* de 9 de julho de 1778 com a *Constituição dos Estados Unidos da América*, promulgada por Washington em 17 de setembro de 1787. Entretanto, entre estes dois sistemas existe uma diferença fundamental: o primeiro arruinou os Estados Unidos em oito anos e o outro restituiu-lhes a vida e conduziu-os à opulência que hoje desfrutam. O primeiro era uma simples federação; o segundo é um sistema misto federal e unitário. Washington decidiu sancionar este último e combateu com todas as suas forças a primeira federação simples e pura que felizmente foi abandonada antes de ser concluída. Assim é que os nossos unitários de 1826 citavam a favor de sua idéia a opinião de Washington, e os nossos federais, por outro lado, não sabiam responder que Washington era contrário à federação pura, sem ser partidário da unidade pura.

A idéia dos nossos *federais* não era de todo errônea e só pecava por ser muito extrema e exclusiva. Como os *unitários*, seus rivais, eles também representavam um bom princípio, uma tendência que procedia da história e das condições normais do país.

As coisas felizmente trazem-nos hoje ao verdadeiro momento, ao momento que representa a paz entre a *província* e a *nação*, entre a *parte* e o *todo*, entre o *localismo* e a idéia de uma *República argentina*.

Será, pois, nossa forma normal um governo misto, consolidado na unidade de um regime nacional; não indivisível como queria o Congresso de 1816, mas sim divisível e dividido em governos provinciais limitados, como o governo central, pela lei federal da República.

Se a imitação não é, por si mesma, uma razão, tampouco existe razão para fugir dela quando há motivo para segui-la. Não é porque os romanos e os franceses têm em seu direito civil um contrato chamado de venda que devemos apagá-lo do nosso apenas para sermos originas. Existe uma anatomia dos Estados, como existe uma anatomia dos seres vivos, que reconhece as leis e o modo de ser universais.

É praticável e deve praticar-se na República argentina a federação mista ou combinada com o nacionalismo, porque este sistema é a expressão da necessidade presente e o resultado inevitável dos fatos passados. Ela existiu de certa maneira no governo colonial como demonstramos mais acima, no qual a unidade do Vice-reinado e os governos provinciais coexistiram combinados e emanados, como aquele, da eleição direta do soberano.

A Revolução de Maio confirmou esta unidade múltipla ou complexa do nosso governo argentino através da promessa de manter a integridade territorial do Vice-reinado e da convocação dirigida às demais províncias para criar um governo de todo o Vice-reinado.

Recebeu também a sanção da ciência argentina, representada por ilustres publicistas. Os dois ministros do Governo de Maio de 1810 aconselharam a República a adotar esse sistema.

"Pode haver uma federação de uma só nação", dizia o Dr. Moreno.

O grande princípio deste tipo de governo (dizia) *encontra-se em que os Estados individuais, retendo a parte da soberania que precisam para seus negócios interiores,* cedem a uma autoridade suprema e nacional a parte da soberania que chamaremos eminente *para os negócios gerais; dizendo em outros termos, para todos aqueles pontos nos quais devem atuar como nação."*

"*Desejo certas modificações que suavizem a oposição dos povos* (dizia o Dr. Paso no Congresso de 1826), *e que tornem doce o que eles encontram amargo no governo de um só. Ou seja, as formas que nos regerão serão mistas de unidade e de federação.*"

Os hinos populares da nossa Revolução de 1810 anunciavam a aparição na face do mundo de *uma nova e gloriosa nação*, recebendo cumprimentos de todos os livres, dirigidos ao *grande povo argentino*. A musa da liberdade só via *um povo argentino, uma nação argentina*, e não muitas nações, e não catorze povos. No símbolo ou escudo de armas argentinas aparece a mesma idéia, representada por duas mãos entrelaçadas formando um só nó sem consolidar-se: emblema da união combinada com a independência.

Reaparece a mesma idéia na célebre ata de 9 de julho de 1816, na qual se lê: que perguntados os representantes dos povos se queriam que as Províncias da União fossem UMA NAÇÃO LIVRE E INDEPENDENTE, reiteraram seu voto cheios de ardor pela independência DO PAÍS.

Além disso, têm em seu apoio o exemplo do sistema de governo do primeiro país da América e do mundo: os Estados Unidos do Norte. É aconselhado pela sã política argentina e é hóstia da paz e da concórdia entre os partidos daquele país, tão longo tempo dividido, ávido já de repouso e de estabilidade.

Acaba de adotar-se oficialmente por um acordo celebrado em 31 de maio de 1851, entre os governadores de todas as províncias argentinas em San Nicolás de los Arroyos.

Ao mesmo tempo em que esse acordo declara ter chegado a hora de *compor, através de um Congresso Geral Federativo, a administração geral do país sob o sistema federal* (art. 2º), também declara *que as províncias são membros da Nação* (art. 5º), que o Congresso sancionará uma *Constituição nacional* (art. 6º), e que os deputados constituintes devem persuadir-se de que o bem dos povos não será alcançado *a não ser pela consolidação de um regime nacional regular e justo* (art. 7º). Aqui está a consagração completa da teoria constitucional da qual tivemos a honra de fazer parte neste livro. Agora será preciso que a Constituição definitiva não se desvie deste caminho.

A própria Europa nos oferece dois exemplos recentes para apoiar esta decisão: a Constituição helvécia de 12 de setembro de 1848 e a Constituição germânica ensaiada em Frankfurt na mesma ocasião, quando estas duas Confederações da Europa abandonaram o federalismo puro pelo federalismo unitário que propomos.

DOCUMENTO Nº 9

CAPÍTULO 31 – **Continuação do mesmo assunto. Na América, governar é povoar.**

Que nome dar, que nome merece um país composto de duzentas mil léguas de território e de uma população de oitocentos mil habitantes? Um deserto. Que nome dar à Constituição desse país? A Constituição de um deserto. Pois bem, esse país é a República Argentina; e qualquer que seja sua Constituição, não será outra coisa, por muitos anos, do que a Constituição de um deserto. Mas, qual é a Constituição que melhor convém ao deserto? A que serve para fazê-lo desaparecer; a que serve para fazer com que o deserto deixe de sê-lo no menor tempo possível e transforme-se em um país povoado. Logo este deve ser o fim político – e não pode ser outro – da Constituição argentina e, em geral, de todas as constituições da América do Sul. As constituições dos países despovoados não podem ter outro fim sério e racional, agora e por muitos anos, do que dar ao solitário e abandonado território a população que necessita, como instrumento fundamental de seu desenvolvimento e progresso.

A América independente é chamada a prosseguir em seu território a obra iniciada e deixada inacabada pela Espanha de 1450. A colonização, o povoamento deste mundo, novo até agora, apesar dos trezentos anos transcorridos desde o seu descobrimento, deve ser realizada pelos mesmos Estados americanos constituídos em corpos independentes e soberanos. A obra é a mesma, ainda que os autores sejam diferentes. Em outras épocas a Espanha nos povoava; hoje, nós mesmos nos povoamos. Para este fim capital devem ser dirigidas todas as nossas constituições. Precisamos de constituições, precisamos de uma política de criação, de povoamento, de conquista da solidão e do deserto.

Os governos americanos, como instituição e como pessoas, não têm outra missão séria, por enquanto, que a de formar e desenvolver a população dos territórios sob sua responsabilidade, apelidados de Estados antes do tempo.

A população de todos os lugares, e principalmente da América, formam a substância em torno da qual se realizam e desenvolvem todos os fenômenos da economia social.

Por ela e para ela tudo se agita e se realiza no mundo dos fatos econômicos.

Principal instrumento da produção intercede em seu benefício a distribuição da riqueza nacional. A população é o *fim* e o *meio* ao mesmo tempo. Neste sentido, a ciência econômica, segundo a palavra de um dos seus grandes órgãos, pode ser resumida inteiramente na ciência da população; pelo menos ela é o seu princípio e seu fim. Isso foi ensinado por um economista admirador de Malthus, o inimigo da população nos países que a têm de sobra, assim como, devido ao seu excesso, em momentos de crise.

Não será aplicável com mais razão à nossa América pobre, escravizada em nome da liberdade e ainda não totalmente constituída apenas por falta de população?

É, pois, essencialmente econômico o fim da política constitucional e do governo na América. Desta forma, na América governar é povoar. Definir de outro modo o governo é desconhecer sua missão sul-americana. O governo recebe esta missão da necessidade que representa e domina todas as demais na nossa América. No âmbito econômico, como em todos os demais, nosso direito deve ajustar-se às necessidades especiais da América do Sul. Se estas necessidades não são as mesmas que inspirou na Europa determinado sistema ou determinada política econômica, nosso direito deve seguir a voz da nossa necessidade e não o ditado que é a expressão de necessidades diferentes ou contrárias... Por exemplo, na presença da crise social que atingiu a Europa no final do último século devido à falta de equilíbrio entre as subsistências e a população, a política econômica protestou através da pluma de Malthus contra o aumento da população, porque viu neste aumento a origem certa ou aparente da crise; mas aplicar este princípio à nossa América, cuja população constitui precisamente o melhor remédio para o mal europeu temido por Malthus, seria o mesmo que colocar uma criança extenuada por falta de alimento sob o rigor da dieta pitagórica, pela simples razão de este tratamento ter sido aconselhado para um corpo doente de abundância. Os Estados Unidos têm a palavra antes que Malthus, com seu exemplo prático em matéria de população: devido ao seu rápido aumento, alcançaram os milagres do progresso que os faz ser o assombro e a inveja do universo.